Привет! 2

Schülerbuch für den
Russischunterricht

Kompetenzstufe B1
des Gemeinsamen europäischen
Referenzrahmens

Herausgeberin
Irmgard Wielandt

Autorinnen und Autoren
Iris Adler
Maike Heinz
Hans Georg Kallerhoff
Dr. Tatjana Lischitzki
Maria Manewitsch
Elena Nadchuk
Dr. Christina Schindler
Irmgard Wielandt

Beratung
Daniel Krüger

Herausgeberin	Irmgard Wielandt
Autorinnen und Autoren	Iris Adler, Sohland
	Maike Heinz, Nürnberg
	Hans Georg Kallerhoff, Dortmund
	Dr. Tatjana Lischitzki, Berlin
	Maria Heller, Berlin
	Elena Nadchuk, Jena
	Dr. Christina Schindler, Soest
	Irmgard Wielandt, München
Beratung	Daniel Krüger, Stuttgart
Redaktion	Regina Riemann
	Valeria Babanova
Illustrationen	Sybille Storch
Karten	Dr. Volkhard Binder
Umschlaggestaltung	groenland.berlin
Layoutkonzept und technische Umsetzung	Wladimir Perlin, Berlin
Bildrecherche	Susanne Scheffer

Zum Lehrwerk *Privet! 2* gehören außerdem folgende Titel:

Privet! 2 Arbeitsheft mit Hör-CD	ISBN 978-3-06-120130-2
Privet! 2 Arbeitsheft mit Hör-CD und Lösungen	ISBN 978-3-06-120137-1
Privet! 2 Handreichungen für den Unterricht mit CD-ROM	ISBN 978-3-06-120029-9

www. cornelsen.de

1. Auflage, 2. Druck 2013

Alle Drucke dieser Auflage sind inhaltlich unverändert und können im Unterricht nebeneinander verwendet werden.

© 2010 Cornelsen Verlag/Volk und Wissen Verlag, Berlin
© 2013 Cornelsen Schulverlage GmbH, Berlin

Das Werk und seine Teile sind urheberrechtlich geschützt.
Jede Nutzung in anderen als den gesetzlich zugelassenen Fällen bedarf
der vorherigen schriftlichen Einwilligung des Verlages.
Hinweis zu den §§ 46, 52a UrhG: Weder das Werk noch seine Teile dürfen ohne eine
solche Einwilligung eingescannt und in ein Netzwerk eingestellt oder sonst
öffentlich zugänglich gemacht werden.
Dies gilt auch für Intranets von Schulen und sonstigen Bildungseinrichtungen.

Druck: Stürtz GmbH, Würzburg

ISBN 978-3-06-120128-9

 Inhalt gedruckt auf säurefreiem Papier aus nachhaltiger Forstwirtschaft.

Inhaltsverzeichnis

> Die folgenden Angebote sind nicht obligatorisch abzuarbeiten. Die Auswahl der Übungen und Übungsteile richtet sich nach den Schwerpunkten des schulinternen Curriculums.

	Inhalt	Kommunikative Ziele	Grammatik	
Уро́к 1	Жизнь прожи́ть – не по́ле перейти́.			8
	Landeskunde	– Umgangsformen und Verhaltensregeln in einer Beziehung – Sprache im engsten Familienkreis – Familienzusammenhalt, Migration, Diaspora – Schulabschluss, Berufswünsche und Zukunftserwartungen		
1 А	Гла́вное в жи́зни – любо́вь.	– über Gefühle sprechen – Wertvorstellungen ausdrücken – erklären, wie man sich selbst und andere sieht – besprechen, wie man miteinander umgeht	– *Demonstrativpronomen* тот *Sg. und Pl.* – *rückbezügliche Pronomen* сам, свой, себя́ *sowie* друг дру́га – *Substantiv 3. Deklination Sg. und Pl.*	10
1 Б	У нас мно́го ро́дственников за грани́цей.	– über Verwandte sprechen – von jmdm. (etw.) in besonders freundlicher und familiärer Weise sprechen	– *Deklination von Verwandschaftsbezeichnungen Sg. und Pl.* – *Diminutiva* – *Possessivpronomen* его́, её, их	14
1 В	Никто́ не зна́ет, чего́ ждать за́втра.	– etwas verneinen – Befürchtungen und Erwartungen ausdrücken	– *verneintes Objekt im Gen.* – *doppelte (mehrfache) Verneinung* – *Negativpronomen*	18
1 Г	Информа́ция из Росси́и Э́то на́до знать.			22 23
Уро́к 2	Одна́ страна́, два контине́нта			24
	Landeskunde	– Goldener Ring, Sibirien, Kamtschatka – Klimazonen – Ökotourismus in Russland		
2 А	Лу́чше ме́ньше, да лу́чше!	– Dinge, Ort und Zeit vergleichend beschreiben	– *zusammengesetzter Komparativ (Adjektiv und Adverb)* – *einfacher Komparativ* – *Vergleiche mit* чем *(mit Gen.)*	26
2 Б	Ти́ше е́дешь – да́льше бу́дешь.	– vergleichend werten – besonders ausgeprägte Eigenschaften angeben – eine Reise planen und buchen	– *Superlativbildung mit* всего́/всех – *einfacher Komparativ von Adverbien mit und ohne Konsonantenwechsel*	30

	Inhalt	Kommunikative Ziele	Grammatik	
2 В	У приро́ды нет плохо́й пого́ды.	– über Wetter und Klima sprechen – diskutieren, wohin man am besten in den Urlaub fahren sollte – angeben, woher und wohin sich jmd. (etw.) bewegt	– *präfigierte Verben der Bewegung*	34
2 Г	Информа́ция из Росси́и Э́то на́до знать.			38 39
Уро́к 3	Вот что случи́лось!			40
	Landeskunde	– berühmte Naturforscher, Musiker, Komponisten, Schriftsteller		
3 А	Я ра́да, что ты жив.	– die eigene Reaktion auf ein Ereignis oder eine Äußerung ausdrücken – eine höfliche Bitte einleiten – sagen, was man benötigt – ein Ereignis, einen Unfall schildern – sein Befinden bei Erkrankung schildern	– *prädikative Verwendung von Kurzformen der Adjektive* – *Partizip Präteritum Passiv (Kurz- und Langform)*	42
3 Б	Вчера́шние хиты́ – сего́дняшняя кла́ссика?	– räumliche und zeitliche Verhältnisse ausdrücken – über den eigenen Musikgeschmack sprechen	– *weiche Adjektive (Sg. und Pl.)*	46
3 В	Расскажи́ мне что-нибудь о ру́сской литерату́ре.	– Unbestimmtes benennen – Rückfragen formulieren	– *Indefinitpronomen* – *indirekte Fragesätze ohne Fragewort*	50
3 Г	Информа́ция из Росси́и Э́то на́до знать.			54 55
Уро́к 4	Русь – Росси́я – вчера́ и сего́дня			56
	Landeskunde	– russische Geschichte – Ikonen, sowjetische Plakate		
4 А	Ца́рская Росси́я	– über Lebensplanung und Lebensläufe sprechen – Möglichkeiten reflektieren – Vermutungen äußern	– *Deklination der Substantive auf* -анин (-янин) – *Relativsätze mit* кото́рый	58
4 Б	Ве́тер переме́н	– über geschichtlich relevante Personen, Ereignisse und ihre Auswirkungen sprechen – eine eigene Biografie verfassen	– *Deklination russischer Familiennamen*	62

	Inhalt	Kommunikative Ziele	Grammatik	
4 В	Ру́сские о себе́	– Charaktereigenschaften benennen – spontan emotional reagieren	*– Interjektionen*	66
4 Г	Информа́ция из Росси́и Э́то на́до знать.			70 71
Уро́к 5	Вот на́ши люби́мые заня́тия.			72
	Landeskunde	– Sport – russisches Kino, Theater, Oper, Ballett		
5 А	Люби́мый вид спо́рта	– ausdrücken, was für Verpflichtungen man anderen gegenüber hat – erklären, was für ein Verhalten man von Anderen erwartet	*– Partizip Präsens Aktiv* *– Partizip Präteritum Aktiv* *– Partizip Präsens Passiv*	74
5 Б	Жизнь коротка́, иску́сство ве́чно.	– über räumliche und zeitliche Beziehungen sprechen – über Veranstaltungen informieren und Karten dafür besorgen	*– Adverbien des Ortes und der Zeit*	78
5 В	Договори́лись!	– sich verabreden – angeben, wann etw. geschieht – angeben, wem was gehört	*– umgangssprachliche Zeitangaben* *– Pronomen весь und чей (Sg. und Pl.)*	82
5 Г	Информа́ция из Росси́и Э́то на́до знать.			86 87
Уро́к 6	Всё могло́ бы быть по-друго́му.			88
	Landeskunde	– Zukunftsentwürfe und Utopien – große Maler, Schriftsteller, Poeten – historische Berühmtheiten		
6 А	Друга́я Росси́я, друга́я жизнь	– reale und irreale Bedingungen zum Ausdruck bringen – Absichten beschreiben	*– Konjunktiv* *– Adverbialsätze der Bedingung mit е́сли und когда́*	90
6 Б	Челове́к тво́рческий	– ein Bild beschreiben – einen höflichen Wunsch formulieren – den Zweck einer Handlung angeben	*– Adverbialsätze des Zwecks mit что́бы*	94

		Inhalt	Kommunikative Ziele	Grammatik	
	6 В	Так бы́ло, так и бу́дет. Йли нет?	– Datumsangaben und ungefähre Zeitangaben machen – Zahlen im Satzzusammenhang verwenden	– *Adverbialpartizipien* – *ungefähre Zahlenangaben* – *Deklination der Zahlwörter* – *Präteritum ohne -л*	98
	6 Г	Информа́ция из Росси́и Э́то на́до знать.			102 103

Портфо́лио – Selbstüberprüfung	105
Аудирование	105
Чте́ние	106
Письмо́	108
Говоре́ние	109
Медиа́ция	110

Zum Nachschlagen	112
Tipps zu Arbeitstechniken	112
– Hören	112
– Hör-Seh-Verstehen	115
– Lesen	116
– Schreiben von A bis Z	117
– Sprechen von A bis Z	120
– Sprachmittlung – Mediation	125
Поуро́чный слова́рь	127
Алфа́витный слова́рь (ру́сско-неме́цкий)	159
Алфа́витный слова́рь (неме́цко-ру́сский)	174
Ключи́ к зада́ниям портфо́лио	191
Э́то на́до знать!	193
– Станда́ртные выраже́ния для уро́ка	193
– Речевы́е оборо́ты	198
Präpositionen und ihre Rektion	200

Symbole

Ⓟ	Muster (пример)
!	Achtung!
◀ Г	Verweis auf die Grammatik-Seite der Lektion
🗩🗩	Partnerarbeit
🗩🗩🗩	Gruppenarbeit
📎	Projektarbeit
📁	Dossier
📕	Lesetext
SV	Sprachvergleich
DE | EN	Übung zum sprachenübergreifenden Lernen (Deutsch, Englisch)
⌒	Übung ist auf der Hör-CD
1)	fakultatives Angebot (orange Aufgabenziffer)
M	Mediation
︱	Blaue senkrechte Linie markiert erlernte Sprachmittel und Zielleistungen in jedem Abschnitt.
Это ты уже умеешь.	Beispiele für eingeführte Sprachmittel des Abschnitts

Abkürzungen

m	Maskulinum
f	Femininum
n	Neutrum
Sg.	Singular
Pl.	Plural
Nom.	Nominativ
Gen.	Genitiv
Dat.	Dativ
Akk.	Akkusativ
Instr.	Instrumental
Präp.	Präpositiv
Pers.	Person
Adv.	Adverb
jmd.	jemand
jmdm.	jemandem
jmdn.	jemanden
nicht dekl.	Wort wird nicht dekliniert
ungebr.	ungebräuchlich
v.	vollendeter Aspekt
uv.	unvollendeter Aspekt
zielger.	zielgerichtet
nicht zielger.	nicht zielgerichtet
ugs.	umgangssprachlich

Bildnachweis

Cover gettyimages und laif | **8** © Staffan Widstrand/CORBIS | **9** (3) © RIA NOVOSTI, 2009 | **13**; **14**; **16** René Heilig, Berlin | **22** Russische Filmwoche Berlin | **24**/1 www.wikipedia.de; /2 © N. A. Callow/Robert Harding World Imagery/Corbis; /3 picture-alliance/dpa; /4 © RIA NOVOSTI, 2009 | **26**/1 © RIA NOVOSTI, 2009; /2 www.wikipedia.de | **27** o; /1; /3 © RIA NOVOSTI, 2009; /2 © Smirnov Vladimir / ITAR-TASS/Corbis | **28**; **29**/1 © RIA NOVOSTI, 2009; /2 www.flickr.com | **30** (2) Extrem Events Matthias Jeschke e. K. | **32** /1 © Reuters/CORBIS; /2 © RIA NOVOSTI, 2009 | **35** © RIA NOVOSTI, 2009 | **38** /1 www.wikipedia.de; /2 R. Heilig, Berlin; /3 picture-alliance/ZB; /4 www.wikipedia.de | **40**/1 www.flickr.com; /2; /3 akg-images; /5 Emotive/F1online | **41** akg-images / RIA Nowosti | **46** (3) © RIA NOVOSTI, 2009 | **47**/1 akg-images; /2 © RIA NOVOSTI, 2009 | **48** © RIA NOVOSTI, 2009 | **51** akg-images | **54**/1 © RIA NOVOSTI, 2009; /2 akg-images | **56**/1 (c) Sotheby's/akg-images; /2; /3; /4 www.wikipedia.de | **57**/1; /3 akg-images; /2 picture-alliance/dpa | **58**; **59**/1; /2 www.wikipedia.de | **60**/1 Staatliche Tretjakow-Galerie, Moskau; /2 akg-images | **63**/1 picture-alliance/akg-images; /2 Ljudmila Romantschenko, Pskow | **66** © RIA NOVOSTI, 2009 | **67**/1 akg-images / Erich Lessing; /2 akg / Russian Picture Service; /3; /4 © RIA NOVOSTI, 2009; /5 akg-images | **70** L. Romantschenko, Pskow | **72**/1 www.istock.com; /2 www.project-photos.de; /3 www.istock.com; /4 R. Heilig, Berlin und www.istock.com; /5 Caro/Ruffer; /6 Outdoor Archiv / Pritz Franz | **75**/1 www.BilderBox.com; /2; /3 www.flickr.com | **80** www.wikipedia.de | **86**/1 © RIA NOVOSTI, 2009; /2 © Henri Bureau / Sygma / Corbis | **88**/1 akg-images / Erich Lessing; /2 © RIA NOVOSTI, 2009 | **89**/1 Valeria Sheremetieva, Berlin | **90** (5) L. Romantschenko, Pskow | **92** ullstein bild | **93** Cornelsen Archiv | **94** 1/ Bridgeman Berlin; /2 ullstein bild – AISA | **96** Cornelsen Archiv | **97**/1; /3; /4 akg-images; /2 www.wikipedia.de | **98** akg-images / RIA NOVOSTI | **99**/1 © RIA NOVOSTI, 2009; /2 akg-images; /3 Cornelsen Archiv; /4 www.wikipedia.de | **100** © dpa – Report | **102**/1 © RIA NOVOSTI, 2009; /2 akg-images/ RIA NOVOSTI; /3; /5; /6; /7;/8; /9; /10; /11; /12 akg-images; /4 Cornelsen Archiv | **105** akg-images / Marion Kalter | **108** © Marc Chagall/VG Bild-Kunst Bonn 2009.

Уро́к 1 Жизнь прожи́ть — не по́ле перейти́.

1) Прочита́й назва́ние уро́ка. SV

[1] Wendungen

Ты зна́ешь аналоги́чные выраже́ния[1] в неме́цком, англи́йском, францу́зском, ... языка́х?
Что ты ду́маешь об э́том?

2) Повтори́ склоне́ние существи́тельных.
Соста́вь предложе́ния с э́тими слова́ми.

У него́ есть друг (ма́ма, тётя).
У него́ нет дру́га.
Он помога́ет дру́гу.
Он встреча́ет дру́га.
Он говори́т с дру́гом.
Он ду́мает о дру́ге.

друг / подру́га
однокла́ссник / однокла́ссница
учи́тель / учи́тельница
учени́к / учени́ца
ма́ма / па́па
уро́к / шко́ла
ма́льчик / де́вочка
брат / сестра́

3) **Ответь** *на вопросы по образцу.*

(П)
— Кто ты?
— Как тебя зовут?
— Где ты живёшь?
— Что ты любишь делать?

— Я Алекс!
— Меня зовут Алекс Шмидт.
— Я живу в Берлине.
— Я люблю слушать музыку и есть мороженое.

4) **Какая** *у тебя семья? Расскажи.*

Где живут твои родственники?
Сколько у тебя родственников?
Ты часто ездишь к ним в гости?
Что для тебя главное в жизни?

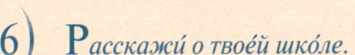

5) **Викторина**

Какие школы есть в России?
Какие оценки получают российские школьники?
Какие предметы они учат?
Когда у них начинается первый урок?
Какие иностранные языки они учат?

6) **Расскажи** *о твоей школе.*

В какой школе ты учишься?
Ты любишь ходить в школу?
Чего ты ждёшь от учителей?
А они от тебя?

1A Главное в жизни — любовь.

1) Дневник Андрея
а) Прочитай, что пишет Андрей.

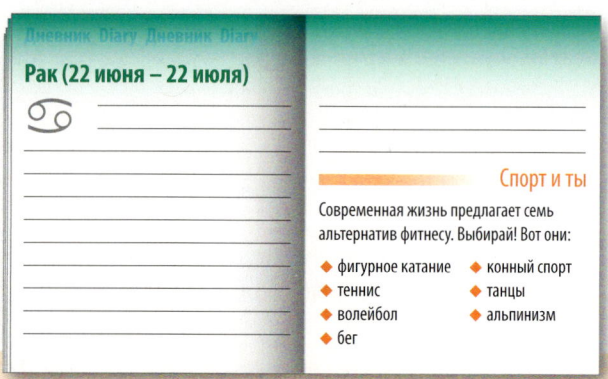

Что мне делать?
Вот я и встретился с той девушкой, с которой познакомился на дискотеке и которая мне очень понравилась.
Встретились мы в кафе, сидим, и она мне говорит, что у неё есть парень и с тем парнем она уже три года встречается. Но она предложила встречаться и со мной, потому что она не хочет потерять меня и его потерять тоже не хочет.
Я, конечно, не знаю, что мне делать. Я точно знаю, что я тоже не хочу потерять её. Как мне поступить в этой ситуации????????

б) Что правильно?

1. Андрей познакомился с девушкой (в кафе, в баре, на дискотеке).
2. У девушки уже есть (один парень, два парня, три парня).
3. Андрей хочет (с ней встречаться, с ней поговорить, с ней послушать музыку).
4. Девушка не хочет (с ним встречаться, потерять его, быть со своим парнем).
5. Девушка предложила (подумать, встречаться, потерять её).
6. Андрей не знает (как ему поступить, что сказать, с кем сидеть).

2) Посмотри на рисунок и передай ситуацию своими словами (7–10 предложений). Используй в своих предложениях эти выражения. ◀ Г 1, 2

- та девушка
- поступать/поступить с кем? с чем? в этой ситуации
- встречаться со своим парнем, со своей девушкой
- свой парень
- терять/потерять кого? что?
- эта ситуация, такая ситуация

🎵 **3)** Как бу́дет по-неме́цки, по-англи́йски, по-...? SV

Любви́ все во́зрасты поко́рны.

Кто сам не лю́бит никого́, того́, ка́жется мне, то́же никто́ не лю́бит.

ЛЮБИ́ МЕНЯ́, КАК Я ТЕБЯ́!

любо́вь-морко́вь

🎵 🎧 **4)** Послу́шайте пе́сню.
Как вы её понима́ете? О чём здесь идёт речь?

Ты мне ве́ришь и́ли нет?

Слова́: И. Коха́новский
Му́зыка: А. Ры́бников

1
Я заме́тила одна́жды,
Как зимо́й кусты́ сире́ни
Расцвели́, как бу́дто в ма́е —
Ты мне ве́ришь и́ли нет?
Ве́ришь мне и́ли нет?

2
Я тебе́, коне́чно, ве́рю,
Ра́зве мо́гут быть сомне́нья?
Я и сам всё э́то ви́дел —
Э́то наш с тобо́й секре́т,
Наш с тобо́ю секре́т!

3
А неда́вно я вида́ла,
Как луна́ в сосно́вых ве́тках
Заблуди́лась и засну́ла
Ты мне ве́ришь и́ли нет?
Ве́ришь мне и́ли нет?

4
Я тебе́, коне́чно, ве́рю.
Я и сам всё э́то ви́дел
Из око́шка в про́шлый ве́чер.
Э́то наш с тобо́й секре́т,
Наш с тобо́ю секре́т!

5
А во вре́мя звездопа́да
Я вида́ла, как по не́бу
Две звезды́ лете́ли ря́дом —
Ты мне ве́ришь и́ли нет?
Ве́ришь мне и́ли нет?

6
Я тебе́, коне́чно, ве́рю —
Ра́зве мо́гут быть сомне́нья.
Я и сам всё э́то ви́дел.
Э́то наш с тобо́й секре́т,
Наш с тобо́й секре́т!

5) На российских сайтах проходил форум среди молодёжи.
а) Назови тему этого форума.

Алина (17 лет)
По-моему, влюблённость всегда есть в начале каждой любви. Обычно она проходит быстро, а потом начинается любовь. →

Макс (18 лет)
⁵ И я думаю так, как Алина, потому что у меня уже была несколько раз влюблённость, но не любовь. Почему я говорю с такой уверенностью? Потому, что сам на себе испытал и точно знаю. →

Маша (16 лет)
Я тоже хочу сказать из своего опыта, что влюблённость быстро проходит. Правда,
¹⁰ настоящей любви я ещё не испытала. Но я жду и верю, что она обязательно будет.

Саша (17 лет)
Желаю тебе успехов! У меня это счастье уже есть. Я люблю, и меня моя девушка любит. Мы знаем друг друга уже 10 лет. В школе мы учились в одном классе, но сначала мы друг друга очень не любили. Мы всегда не понимали друг друга,
¹⁵ видеть друг друга не могли. Говорят: от любви до ненависти — один шаг.
У нас же всё, как видите, наоборот. Жизнь — это просто очень интересно. ☺
И у каждого свой путь. →

Денис (16 лет)
Молодёжь! Вот и я хочу поучаствовать в форуме и рассказать вам свою историю.
²⁰ Вот я, например, летом был в Германии у тёти. Там я познакомился с Аникой. Сначала я думал, что это любовь, но когда приехал домой в свой родной Барнаул и пришёл в свою школу, сразу понял, что это была влюблённость. Вы спрашиваете почему? Всё очень просто: я не хотел больше думать о своей девушке в Германии.
А там я только то и делал, что думал о ней — само собой разумеется! →

б) Schreibe alle Substantive heraus, die auf ein Weichheitszeichen enden.
Ordne sie nach dem Genus und dekliniere sie. ◀ Г3
в) Was ist deine Meinung? Stelle aus dem Redemittelverzeichnis (→ S. 198)
die Wendungen zusammen, die du hierzu verwenden könntest.

6) Finde im Wörterbuch die Bedeutung der folgenden Wörter.
Was haben sie gemeinsam? Von welchen Wörtern wurden
sie abgeleitet? Wie lauten die entsprechenden deutschen Suffixe? DE

знаменит		вежлив	
правильн		справедлив	
честн	**ость**	важн	**ость**
откровенн		нежн	
влюблённ		уверенн	
нов			

7) Прочитайте выражения.
Составьте небольшие рассказы.

не находить себе места

взять/брать себя в руки

себя

сам (сама, само; сами) себе на уме

представить/представлять себе

поверить в себя

(П) Антон давно понял, что он любит Алину. Но как ей об этом сказать? Трудно представить себе, как она ответит. Шло время. Больше ждать было просто невозможно. Ведь через два месяца каникулы, и Алина будет у бабушки в деревне. Что делать? Он не находил себе места.

Это ты уже умеешь.
– Вежливость нам помогает в жизни.
– На своём пути я встречал много знаменитостей.
– Покажи мне, пожалуйста, свои фотографии.
– Он сам себе друг.
– Они знают друг друга как самих себя.
– Я знаю ту девушку, которая любит того мальчика, который сидит там.

8) Прочитай вопросы и ответь на них.

1. Как ты понимаешь влюблённость?
2. Ты уже себя спрашивал: любовь это или влюблённость?
3. Как ты считаешь, это важный момент или не очень?
4. А как думает молодёжь в России об этом (→ упр. 5)?

9) Представь себе, что Андрей (→ упр. 1) – твой друг и напиши ему письмо. Напиши, что ты думаешь о тех, кто так поступает.

1Б   У нас мно́го ро́дственников за грани́цей.

1) В гостя́х у А́лекса ◂ Г 4, 5

А́лекс пока́зывает своему́ дру́гу Кри́стиану свои́ фотогра́фии.
Кри́стиан хо́чет знать всё о семье́ А́лекса.

а) Прослу́шай диало́г и скажи́, каки́е ро́дственники есть у А́лекса
и где они́ живу́т.

Му́рманск

А́лекс:	Смотри́, Кри́стиан, э́то мои́ ма́ма и па́па, когда́ они́ ещё бы́ли в Му́рманске. А э́то моя́ сестра́ О́ля, я и мой брат Ди́мка.
Кри́стиан:	А те лю́ди, кото́рые за ва́ми стоя́т, кто они́?
А́лекс:	Э́то ба́бушка с де́душкой по ли́нии ма́мы и моя́ тётя Ве́ра, а э́то их дом.
5 Кри́стиан:	У тебя́ мно́го тётей и дя́дей?
А́лекс:	Э́то как посмотре́ть. У ма́тери две сестры́, а у отца́ одна́ сестра́ и два бра́та, у кото́рых, кро́ме того́, есть жёны. Вот и счита́й.
Кри́стиан:	Я плохо́й матема́тик. Лу́чше расскажи́, где они́ живу́т.
А́лекс:	Ро́дственники мое́й ма́мы все живу́т в Му́рманске и́ли недалеко́ от него́, поэ́тому там у меня́ двою́родный брат и двою́родная сестра́. У одно́й тёти сын и дочь. Там и ба́бушка с де́душкой.
Кри́стиан:	А что с семьёй отца́?
А́лекс:	Они́ здесь, в Герма́нии, и в Казахста́не. Его́ роди́тели с сестро́й прие́хали в Герма́нию с на́ми, а бра́тья со свои́ми жёнами и детьми́ живу́т недалеко́ от А́лма-Аты́. Смотри́, э́то жена́ моего́ дя́ди Ко́сти, на́ша знамени́тость, потому́ что она́ актри́са.
Кри́стиан:	Ско́лько у тебя́ двою́родных бра́тьев и сестёр? То́лько, пожа́луйста, не говори́ опя́ть: счита́й.
20 А́лекс:	Хорошо́, то́лько мне самому́ на́до счита́ть. Ой, извини́, звоно́к.
Кри́стиан:	Да, иди́! Хорошо́, что не́ было телефо́нных звонко́в... *(Fortsetzung folgt.)*

Nom.	де́ти
Gen.	дете́й
Dat.	де́тям
Akk.	дете́й
Instr.	детьми́
Präp.	о де́тях

б) Кто э́то? Отве́ть по-ру́сски, по-англи́йски, по-францу́зски... SV

1. Дочь твои́х роди́телей для тебя́
2. Сын твои́х роди́телей для тебя́
3. Сестра́ ма́мы и́ли па́пы для тебя́
4. Брат ма́мы и́ли па́пы для тебя́
5. Дочь тёти и́ли дя́ди для тебя́
6. Сын тёти и́ли дя́ди для тебя́

2) Запиши таблицу в своей тетради. Кого (чего) здесь много (мало) или нет?

бабушка, дедушка, мать, отец, сестра, брат, тётя, дядя, двоюродная сестра, двоюродный брат,
день, звонок, чашка, дочка, девочка, мальчик, окно, число

братья		— братьев
сыновья	нет	— сыновей
друзья		— друзей

(П) бабушки — много бабушек

3) Скажи, сколько...

У него (брат 3, сестра 4, тётя 5, дядя 6, двоюродная сестра 7, двоюродный брат 8, друг 100).

Не имей сто рублей, а имей сто друзей!

4) Прослушай разговор Алекса с его братом и матерью. Скажи то же самое в нейтральном стиле.

Алекс: А, так это вы?! Кристиан, это мой братик Димочка и моя мама.
Дима: Я уже слышал о тебе от Сашки много раз.
Мама: Мальчики, я смотрю, вы тоже ещё чай не пили. Давайте пить чай! У меня и тортик есть.
Алекс: Мамочка, ты просто чудо! Это же мой любимый тортик.
Мама: Только папочке и Олечке немного оставим. Хорошо?

In der russischen Umgangsprache ist die Verwendung von Diminutiva sehr gebräuchlich:

мама — мамочка
папа — папочка
дочь — дочка
сын — сынок
брат — братик
сестра — сестричка

5) Немного об истории русской диаспоры
   а) Прочитай газетную статью.
   Назови как минимум 7 новых для тебя фактов.

[1] Zerfall

Мало кто знает, что в странах Евросоюза живёт почти 6 миллионов людей, которые говорят по-русски. Первая волна была после революции, вторая — после войны, третья — во время СССР и четвёртая — после распада[1] СССР. С этой четвёртой волной пришла в Германию русская субкультура.
С ней пришли русские радио- и телепрограммы, рестораны и магазины. Теперь в Германии живёт почти 4 миллиона русских или тех, кто говорит по-русски. Вот уже 15 лет я живу в Германии. Мне было 3 года, когда мои родители переехали из Барнаула в Дюссельдорф, потому что у моей матери немецкие корни. В Барнауле у нас остались бабушка с дедушкой по линии отца, а его брат, мой дядя, и другие родственники — в Белоруссии.
Сегодня я хочу написать о том, что значит для них семья. Обычно им очень важно иметь хорошие отношения в семье. Они активно помогают друг другу всегда. Вот вам конкретный пример.
Мои родители в Дюссельдорфе сразу стали работать. Я ходила в детский сад, а потом в школу. Но каждое лето я ездила на два месяца в Барнаул или в Белоруссию: важно было не забыть язык и культуру. Сейчас моя двоюродная сестра Аня из Минска живёт у нас, потому что она хочет выучить немецкий язык.
Здесь, в Германии, газеты пишут о многих проблемах. Но, к сожалению, они мало пишут о том, что хорошая семья — это очень важно!

Светлана Шнайдер

б) Проект: В твоей школе есть ребята из семьи мигрантов, в которой говорят по-русски. Составь список вопросов для интервью с ними. Возьми интервью и сделай презентацию результата в своём классе.

в) Поговорите в классе о презентации. Используйте выражения на стр. 199.

6) Разыграйте телефонный разговор. У вас в семье проблемы. Кто из родственников поможет и как? ◀ Г4

(П) К вам приезжают гости. Кто их встретит?

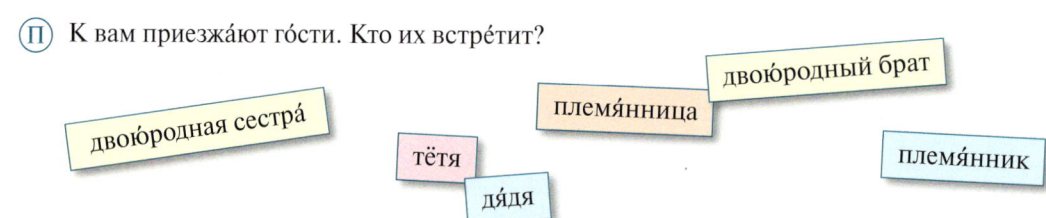

7) **А**ня пишет домой из Дюссельдорфа.

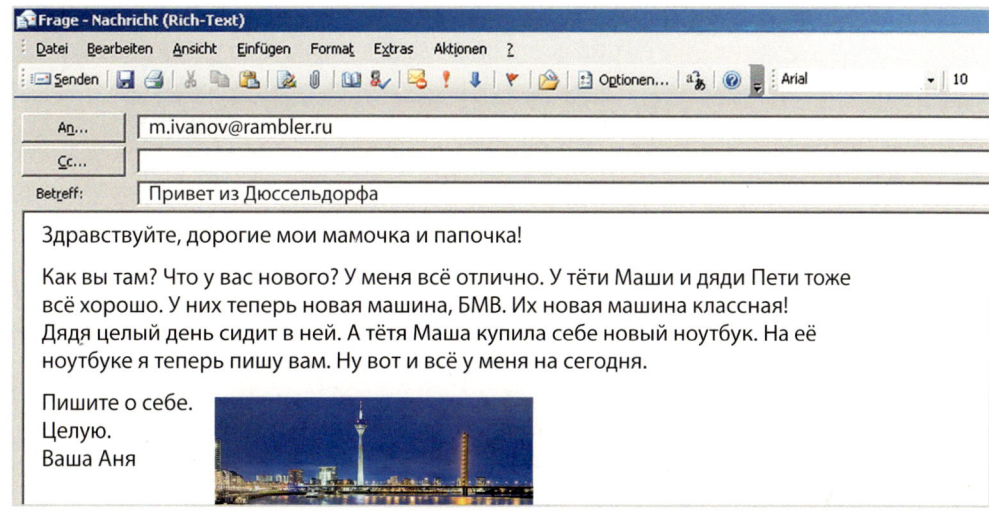

8) **У** кого что или кто есть? ◀ Г 5
   а) Прочитай и дополни.

   Это дядя Петя. У него есть машина. Это его машина.
   Это тётя Маша. У неё есть ноутбук. Это её ноутбук.
   У них есть …

его	у него
её	у неё
их	у них

   б) Составь предложения по образцу.

   (П) Это два брата. У них много сестёр. Это их сёстры.

   два брата ◆ две сестры ◆ несколько тётей ◆ мало дядей ◆ много жён ◆ один муж

   Это ты уже умеешь.
   – У тебя много братьев и сестёр?
   – У неё три тёти, но нет дядей.
   – У него большая семья?
   – Где живут его родственники?
   – У них есть дом. Это их дом.

9) **Н**апиши о своей семье (своих родственниках).
   Сделай коллаж с фотографиями.

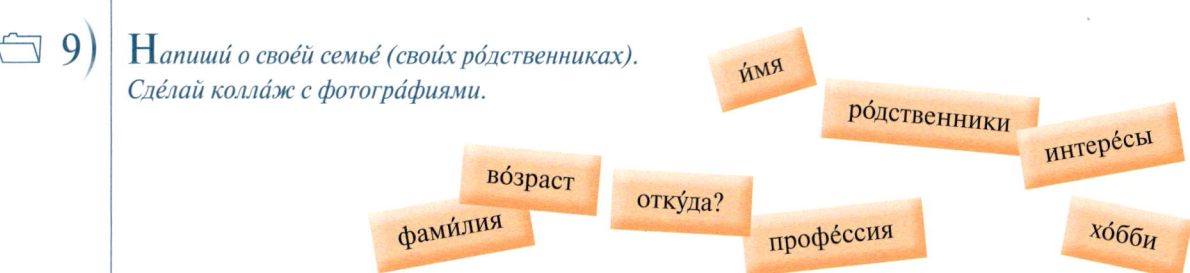

1B Никто не знает, чего ждать завтра.

1) Прослушай диалог и передай новую информацию своими словами.

Образование в России

Мартина и Марина учатся в 11-м классе кёльнской гимназии. Мартина — немка. А Марина — русская немка из Калининграда. Они стоят в коридоре своей школы и говорят друг с другом.

5 Марина: Слушай, Мартина, ты не представляешь. Подумала я, чем занимаются мои одноклассники в России, и посмотрела на сайте одноклассники.ru, где зарегистрировалась.

Мартина: Хочешь сказать, у тебя ничего не получилось?

Марина: Нет, всё получилось. Мне было интересно знать, какие планы у моих
10 одноклассников в России, потому что у них уже в этом году экзамены на аттестат зрелости.

Мартина: Ну и какие планы у них?

Марина: Никто ничего не знает. Нигде никакой информации нет. Все очень боятся экзаменов. Никто не знает, чего ждать от этого ЕГЭ — Единого
15 государственного экзамена.

Мартина: Чего они боятся? Никто ведь не требует от них только пятёрок?

Марина: От некоторых родители требуют. Другие требуют только пятёрок от себя сами. Большинство ищет уже сейчас подготовительные курсы при университетах или проходит тестирование.

Мартина: Я ничего не понимаю. Что значит: боятся, ждут, требуют, ищут..?

2) Что правильно?

1. Мартина и Марина учатся (в Калининграде, в Кёльне, в России).
2. Сайт называется (одноклассник.ru, одноклассники.ru, гимназия.ru).
3. У бывших одноклассников Марины экзамены на (зрелость, аттестат зрелости, аттестацию).
4. Хороших оценок требуют от них (родители, они сами от себя, учителя).
5. Большинство учеников уже сейчас ищет (подготовительные курсы, университеты, тесты).

3) Это совсем не так. ◀ Г6

(П) Все хотят хорошо учиться.   Никто не хочет плохо учиться.

1. Нам интересно всё.
2. Он учится в гимназии.
3. У них всегда есть свободное время.
4. Они любят говорить о проблемах.
5. Она любит помогать друзьям.

ничто
ни о чём
никто
ни с кем
нигде
никогда

4) **Разыграйте мини-диалоги.**

– Какие у тебя планы?   – ничего не знать

– Кого (чего) ты боишься?   – экзамены, контрольные работы, строгие учителя

– Чего ты от себя требуешь?   – дисциплина, самоконтроль, хорошие результаты

– Чего ты ждёшь от каникул?   – хороший отдых, интересные встречи, новые друзья

– Что ты обычно ищешь в Интернете?   – информация, новости, погода

5) **Марина даёт Мартине информацию о ЕГЭ из Интернета. Но для немецкой девушки этот текст трудный. Помоги Мартине, передай главную информацию на немецком языке.** M

ЕГЭ – это Единый государственный экзамен. На этом экзамене участники работают со стандартными материалами.

ЕГЭ проводят письменно на русском языке. Исключение – это экзамены по иностранным языкам.

5 ЕГЭ могут проводить не только в школе участников, но и в другом месте. Тогда школьник должен ехать до места экзамена не больше одного часа. На экзамен школьник идёт с паспортом или с другим документом, который он получает, когда регистрируется на экзамен.

Единый государственный экзамен проходит по определённым правилам. Эти
10 правила ещё раз рассказывают участникам перед началом экзамена. Только после этого школьники получают материалы для экзамена и бланки.

Сначала надо заполнить эти бланки. Когда бланки заполнили все участники экзамена, начинается сам экзамен, и организаторы экзамена говорят, когда точно будет конец
15 экзамена. Теперь участники могут начинать работу.

Когда идёт экзамен, можно выйти из класса в туалет или в медицинскую комнату только с одним из организаторов экзамена. В это время бланки находятся в аудитории, и в них пишут о выходе из аудитории.

20 Участники, которые всё сделали ещё до конца экзамена, могут выйти из класса. Но тогда до конца экзамена должно оставаться как минимум 15 минут.

> Schüler und Studenten in Russland wünschen sich gegenseitig Glück vor der Prüfung, indem sie sagen «Ни пуха, ни пера!» Darauf antwortet man «К чёрту!»

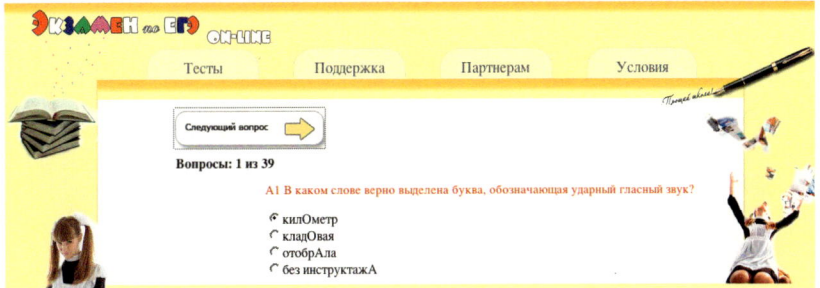

6) **Е**ГЭ – э́то... Объясни́.

   1. Ме́сто, где прохо́дит ЕГЭ
   2. Докуме́нты для ЕГЭ
   3. Бла́нки запо́лнили все уча́стники
   4. Вы́йти мо́жно
   5. До конца́ экза́мена 15 и бо́льше мину́т

7) **П**рое́кт: *Fasse die Informationen über die Einheitliche Staatliche Abschlussprüfung zusammen und präsentiere das Ergebnis vor der Klasse. Bilde dir eine eigene Meinung und begründe diese.*

8) **П**осмотри́ на диагра́мму и продо́лжи текст.

Профе́ссии, о кото́рых мечта́ют выпускники́ росси́йских школ
На приме́ре шко́лы № 1

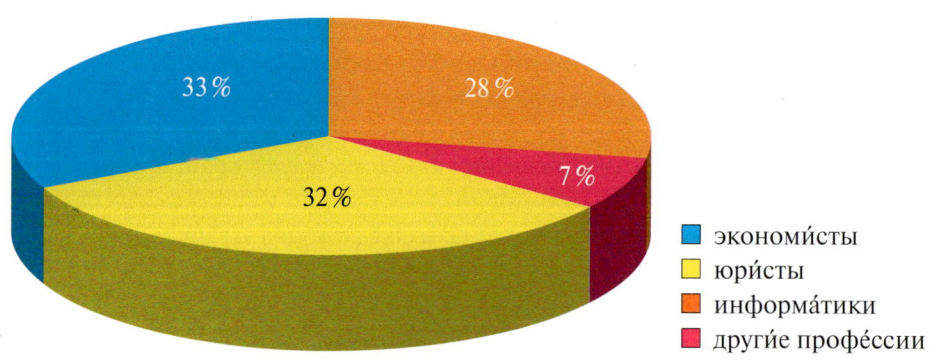

- экономи́сты
- юри́сты
- информа́тики
- други́е профе́ссии

На пе́рвом ме́сте стои́т профе́ссия экономи́ста. 33 % выпускнико́в мечта́ют и́менно об э́той профе́ссии. На второ́м ме́сте нахо́дятся юри́сты – э́то 32 %.

9) **F**inde statistische Angaben im Internet, die den Prozentsatz der Abiturienten in Deutschland und Russland (auch in anderen Ländern) zeigen, die sich für ein Studium an der Universität entscheiden. Halte diese Angaben in einer Tabelle fest. Welche Unterschiede gibt es?

10) Спроси́те друг дру́га по-ру́сски и отве́тьте.

1. Wovon träumst du?
2. Wo willst du arbeiten und warum?
3. Welchen Beruf haben deine Eltern?
4. Welche Berufe sind Prestigeberufe?
5. Was denkst du, warum diese Berufe Prestigeberufe sind?
6. Warum stehen Wirtschaftsberufe an erster Stelle im Diagramm (→ упр. 8)?
7. Warum wollen viele Abiturienten als Informatiker arbeiten?

11) О чём мечта́ют росси́йские шко́льники? А вы?

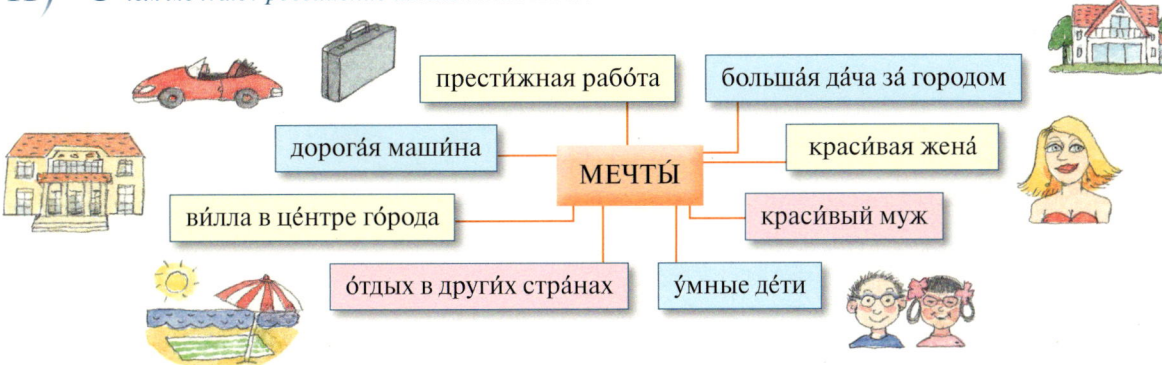

Э́то ты уже́ уме́ешь.
– Никто́ ничего́ не мо́жет поня́ть.
– Я не бою́сь экза́менов.
– Никогда́ не говори́ никогда́.
– Он тре́бует от свое́й сестры́ быть всегда́ до́брой.

12) Переведи́ на ру́сский, англи́йский, францу́зский, лати́нский. SV

1. Niemand erwartet etwas von dir.
2. Ich habe vor nichts Angst.
3. Meine Eltern verlangen von mir nichts.
4. Ich denke an niemanden.
5. Sie gehen nirgendwohin.

13) Спроси́те друг дру́га. Испо́льзуйте при э́том слова́ иска́ть, боя́ться, ждать, тре́бовать.

П   Что ты и́щешь?

14) Напиши́ e-mail партнёру в Росси́и о том, чего́ ты бои́шься, кто и чего́ от тебя́ тре́бует, чего́ ты ждёшь.

1Г   Информа́ция из Росси́и

1) Любо́вь-морко́вь

[1] unterscheidet sich von

[2] etwas

[3] zahlen für

Жизнь молодёжи в Росси́и сего́дня почти́ ниче́м не отлича́ется от[1] ва́шей жи́зни в Герма́нии. Но ко́е-что[2] есть. Наприме́р, когда́ па́рень идёт с де́вушкой в кафе́ и́ли в кино́, он обяза́тельно до́лжен плати́ть за[3] де́вушку. Обы́чно е́сли па́рень и де́вушка вме́сте, то они́ па́ра.

Фильм *Любо́вь-морко́вь*

2) Ру́сские посло́вицы[1] о любви́

Прочита́й со словарём. Как ты их понима́ешь? Ты зна́ешь анало́гичные приме́ры в други́х языка́х и культу́рах?

[1] Sprichwörter

Любо́вь зла – полю́бишь и козла́.

Лю́бишь ро́зу, так терпи́ шипы́.

Наси́льно мил не бу́дешь.

3) Приме́р те́ста ЕГЭ по ру́сскому языку́

В те́сте по ру́сскому языку́ две ча́сти.
В пе́рвой ча́сти 20 вопро́сов, а во второ́й ча́сти 10 вопро́сов.

Вот, наприме́р, оди́н вопро́с:

[1] ist der betonte Buchstabe hervorgehoben

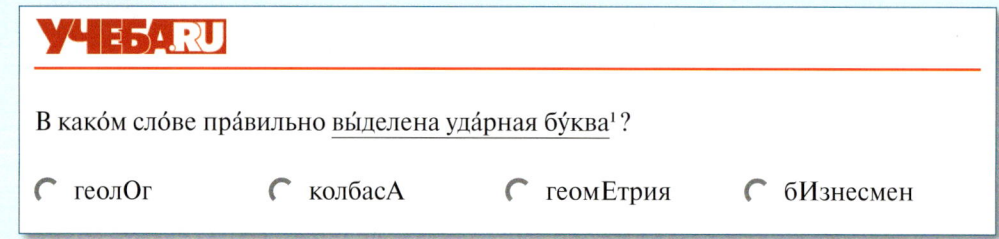

В како́м сло́ве пра́вильно вы́делена уда́рная бу́ква[1]?

○ геолОг   ○ колбасА   ○ геомЕтрия   ○ бИзнесмен

4) Сравни́ посло́вицы из ра́зных языко́в. SV

Без труда́ не вы́нешь и ры́бку из пруда́.
Ohne Fleiß kein Preis.
No pains, no gains.
Sans peine ne vient avoine.
No hay atajo sin trabajo.

Это надо знать.

Г1) Demonstrativpronomen тот: Deklination im Singular und Plural

	m	f	n	Pl.
Nom.	тот	та	то	те
Gen.	того	той	того	тех
Dat.	тому	той	тому	тем
Akk.	тот, того	ту	то	те, тех
Instr.	тем	той	тем	теми
Präp.	о том	о той	о том	о тех

Г2) Die rückbezüglichen Pronomen свой und сам (Pl. сами) werden wie Adjektive dekliniert, себя wie тебя.

Г3) Weibliche Substantive auf -ь und das männliche Substantiv путь

Deklination im Singular

Nom.	влюблённость	любовь	мать	дочь	путь
Gen.	влюблённости	любви	матери	дочери	пути
Dat.	влюблённости	любви	матери	дочери	пути
Akk.	влюблённость	любовь	мать	дочь	путь
Instr.	влюблённостью	любовью	матерью	дочерью	путём
Präp.	о влюблённости	о любви	о матери	о дочери	о пути

! Bei einigen Feminina fällt im Gen., Dat. und Präp. Sg. der Stammvokal -о- weg.
Die Substantive мать und дочь bilden in allen Kasus außer Nominativ und Akkusativ Singular den Wortstamm auf -ер.

Deklination im Plural

Nom.	тетради	матери	дочери	пути
Gen.	тетрадей	матерей	дочерей	путей
Dat.	тетрадям	матерям	дочерям	путям
Akk.	тетради	матерей	дочерей	пути
Instr.	тетрадями	матерями	дочерями[1]	путями
Präp.	о тетрадях	о матерях	о дочерях	о путях

[1] auch дочерьми

! Abstrakta bilden keinen Plural.

Г4) Verwandtschaftsbezeichnungen отец, сын, брат, сестра: Deklination

	m. Sg.	Pl.	Pl.	Pl.	Pl.
Nom.	отец	отцы	сыновья	братья	сёстры
Gen.	отца	отцов	сыновей	братьев	сестёр
Dat.	отцу	отцам	сыновьям	братьям	сёстрам
Akk.	отца	отцов	сыновей	братьев	сестёр
Instr.	отцом	отцами	сыновьями	братьями	сёстрами
Präp.	об отце	об отцах	о сыновьях	о братьях	о сёстрах

Г5) Die Possessivpronomen его, её, их

sind indeklinabel. **Наш**, **ваш** werden wie *хороший* dekliniert, **мой**, **твой**, **свой** ebenso, sind aber endbetont.
! Im Präp.: *о моём, о твоём, о своём.*

Г6) Die Negativpronomen

Никто und **ничто** werden wie die Fragepronomen *кто* und *что* dekliniert. Werden sie mit einer Präposition gebraucht, schreibt man sie getrennt: *ни у кого, ни с чем*. Bei der Verwendung im Satz wird die Verbform zusätzlich durch *не* verneint: *Я ни о чём не думаю*. **Нигде, никогда, никакой** verlangen ebenfalls eine doppelte Verneinung.

Урок 2 Одна страна — два континента

Россия — очень большая страна, она больше Германии почти в 48 раз.
Часть страны находится в Европе, другая часть — в Азии, а между ними находятся высокие горы Урала.

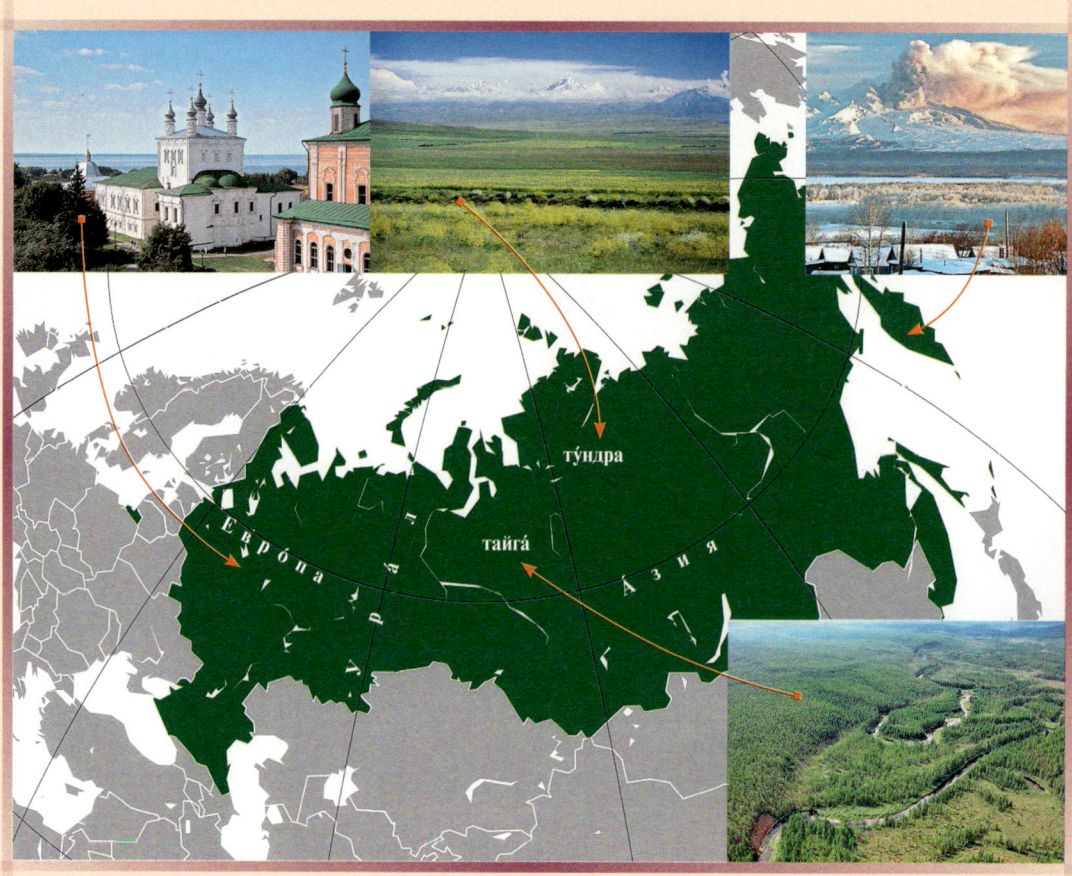

1) *Посмотри на фотографии. О каких городах (регионах) России ты уже слышал (слышала)?*

2) *Что ты больше хочешь увидеть?*

   Европейскую или азиатскую часть России?
   Города или ландшафты России?
   Большие русские города или маленькие?
   Современную или старую архитектуру?
   А ещё что?

3) **Проéкт:** *Macht innerhalb der Lerngruppe eine Umfrage zum Thema*
Что ты бóльше хóчешь увидеть в Россúи?
Erstellt einen Fragebogen zu den Reisepräferenzen, beantwortet die Fragen im Kugellager und präsentiert die Ergebnisse anschließend in Diagrammform.

4) **З**олотóе кольцó – это не кольцó из зóлота!

Золотóе кольцó Россúи – так называется туристúческий маршрýт по городáм Россúи на северо-востóке от Москвы. Все эти городá не óчень большúе, но óчень стáрые. Миллиóны турúстов посещáют их кáждый год, осмáтривают красúвые стáрые собóры и извéстные пáмятники архитектýры.

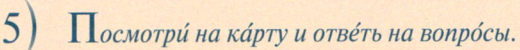

5) **П**осмотрú на кáрту и отвéть на вопрóсы.

У какóго гóрода сáмое длúнное назвáние?
Какóй из этих городóв – сáмый большóй гóрод Россúи?
Какúе городá нахóдятся на рекé Вóлге?

6) **К**то напúшет бóльше прáвильных предложéний за 10 минýт?

П Мы хотúм доéхать до центрáльного вокзáла на автóбусе.

здесь есть, здесь нет	вáжная достопримечáтельность
сдéлать фотогрáфию с	большáя плóщадь
хотéть доéхать до	центрáльный вокзáл
хотéть поéхать по	романтúческий парк
ждать недалекó от	дорогóй магазúн
хотéть увúдеть	мáленькое óзеро
находúться рядом с	архитектýрный пáмятник
нáдо получúть информáцию о	сáмые красúвые местá

7) **Н**айдú в Гермáнии úли в другúх стрáнах такúе туристúческие маршрýты с осóбенным назвáнием.

8) **С**остáвь туристúческий маршрýт по твоемý роднóму региóну.

2A Лучше меньше, да лучше!

1) По Золотому кольцу

По Золотому кольцу часто ездят группы школьников. Конечно, не у всех есть время посетить все города Золотого кольца. Некоторые не могут поехать в обзорный тур и выбирают один или два города.

📖 Прочитай, что рассказывает Максим, и ответь на вопрос: почему его класс поехал во Владимир?

Золотые ворота во Владимире

Я учусь в одиннадцатом классе, в этом году я заканчиваю школу. Во Владимир я приехал с классом и с Владимиром Ивановичем, нашим учителем географии.
5 Более любимого учителя у нас нет! Мы сами предложили ему поехать с нами в этот город в конце учебного года.
Ещё в четвёртом классе мы с ним учили, что такое Золотое кольцо. Перед
10 контрольной работой я выучил все города этого туристического маршрута по алфавиту:
Владимир,
Иваново,
15 Кострома,
Москва,
Переславль-Залесский,
Ростов Великий,
Сергиев Посад,
20 Суздаль,
Ярославль.
А учитель сказал: «Покажи их на карте!»
Я долго не мог их найти, только Москву и

Сергиев Посад

Владимир сразу увидел. Чтобы мне помочь, Владимир Иванович сказал:
25 «Покажи сначала, где Золотое кольцо начинается». Он думал, что я точно знаю, что оно начинается в Москве, потому что я сам — москвич. А я этого не знал и ответил: «У кольца не может быть начала, ведь оно круглое. Я начну с Владимира, в честь Вас!» Все начали смеяться. Мой друг Борис дал потом более серьёзный ответ. Владимир — старинный русский город, даже более старый, чем Москва.
30 Его назвали в честь князя Владимира Святославича, который основал его в конце X века.
Я тогда не получил двойку, просто на следующий день более основательно подготовился.
Ну, а когда мы с классом думали, куда поехать, ребята вспомнили эту историю
35 и сразу решили: едем сюда. Мы решили: лучше на несколько дней в один город, чем каждый день ехать по Кольцу в следующий город. Говорят ведь:
Лучше меньше, да лучше.

2) Пра́вильно и́ли непра́вильно?

1. Влади́мир Ива́нович прие́хал во Влади́мир с оди́ннадцатым кла́ссом.
2. Учи́тель сам предложи́л кла́ссу э́ту пое́здку.
3. В четвёртом кла́ссе Макси́м писа́л контро́льную рабо́ту о Влади́мире.
4. Москва́ — оди́н из городо́в Золото́го кольца́.
5. Золото́е кольцо́ начина́ется во Влади́мире.

Князь Влади́мир Святосла́вич

3) Отве́ть на вопро́сы.

1. Когда́ Макси́м зака́нчивает шко́лу?
2. Что сде́лал князь Влади́мир Святосла́вич?

4) Расскажи́.

Что Макси́м сде́лал непра́вильно пе́ред контро́льной рабо́той?
Почему́ класс на́чал смея́ться над Макси́мом?
Почему́ Макси́м не получи́л дво́йку?

5) Лу́чше ме́ньше, да лу́чше.

Объясни́, как ты понима́ешь э́ту посло́вицу. Как ты ду́маешь, э́та посло́вица — хоро́ший аргуме́нт про́тив обзо́рной пое́здки?

6) Стари́нные собо́ры Золото́го кольца́: Росто́в Вели́кий, Яросла́вль и Су́здаль.

а) Како́й го́род на како́й фотогра́фии? Найди́те в Интерне́те. Почему́ назва́ние кольца́ — Золото́е?

б) Найди́те информа́цию об одно́м из э́тих городо́в. Fertigt während der Recherche Notizen an und stellt der Klasse mindestens vier Fakten vor.

7) Переведи предложения. Сравни прилагательные. ◀ Г1

Москва – самый большой город Золотого кольца. Другие города этого маршрута меньше Москвы, но некоторые из них более старые, чем Москва. В Суздале, например, стоит кремль десятого века. Он меньше и старше московского Кремля, и многие туристы говорят, что он не менее красивый.

8) Сравни с английским. EN

по-русски	красивый	более красивый	менее красивый
по-английски	beautiful	more beautiful	less beautiful

а) Дополни эту таблицу в своей тетради. Используй эти слова.

трудный, известный, дорогой, популярный, серьёзный, интересный
famous, popular, difficult, serious, expensive, interesting

б) А слова funny (весёлый) и cheap (дешёвый) в эту таблицу нельзя написать. Почему?

9) Города Золотого кольца
а) Прочитай вопросы и найди компаратив к рано, поздно и далеко. Почему здесь нельзя сказать более или менее? ◀ Г2

1. Какой город дальше от Ярославля – Сергиев Посад или Кострома?
2. Кто жил во Владимире позже – Владимир Святославич или Владимир Мономах?
3. Какой город раньше назывался Загорск?

б) Найди ответы в Интернете.

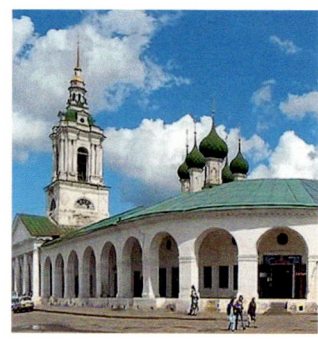
Кострома

10) Как правильно?
Was wird hier gesteigert – Adjektiv oder Adverb? Bilde Sätze, indem du die Klammern auflöst.

1. Маршрут по Золотому кольцу (популярный), чем маршруты по другим городам.
2. В этом году туристический сезон начался (поздно), чем в прошлом году.
3. По-моему, Сергиев Посад (красивый) Костромы.

11) Напиши предложения на тему Золотое кольцо с помощью информации из Интернета.

более/менее, тихий, высокий, старый, яркий, населённый, известный

12) **К***то живёт в России?*

Кажется, что ответить на этот вопрос очень просто: русские. Но это неправильно. Ведь Россия не только очень большая, но и многонациональная
5   страна. Здесь живут разные народы, и у каждого — своя культура и свой язык.
Население России — почти 150 миллионов человек. Европейская часть более населённая, чем азиатская, в ней живёт больше ста миллионов человек. Здесь находится политический центр России — её столица. А географический
10 центр России находится в Центральной Сибири, в городе Красноярске.

13) **В** *каких городах живёт больше миллиона человек?*
Сравни, где больше, а где меньше жителей, чем в твоём городе.

город	Воронеж	Красноярск	Москва	Нижний Новгород	Челябинск
население ≈	840 000	927 000	10 500 000	1 270 000	1 100 000

14) **К***акой город находится на границе между Европой и Азией?*
Прочитай текст и найди название этого города в атласе.

На фотографии ты видишь памятник *Европа — Азия*, который стоит на Урале, на границе между Европой и Азией. Он находится в большом городе, в котором живёт примерно 1 400 000 человек. Этот город назвали в честь святой Екатерины.

Это ты уже умеешь.
– Суздаль дальше от Москвы, чем Сергиев Посад.
– Санкт-Петербург – более населённый город, чем Челябинск, но менее населённый, чем Москва.
– Европейская часть России меньше азиатской.

15) **С***равни Россию и Германию, например, их города, столицы, реки, горы, население.*

(П) Москва больше Берлина.

16) **П***роект: Школьная поездка*
Gestaltet und präsentiert eine Website (ein Plakat, einen Flyer), um für Klassenreisen in eine bestimmte Region zu werben. Sehenswürdigkeiten sollen dargestellt und bebildert werden.

2Б Тише е́дешь – да́льше бу́дешь.

1) **М**еждуна́родная экологи́ческая автомоби́льная экспеди́ция «Пари́ж – Нью-Йо́рк Трансконтинента́ль – 2009»
а) Посмотри́ на рекла́му. Как ты ду́маешь, мо́жет быть автомоби́льная экспеди́ция экологи́ческой? Почему́?
б) Прочита́й газе́тную статью́ об иде́е э́той экспеди́ции и скажи́, как она́ тебе́ нра́вится.

Экспеди́ция «Пари́ж – Нью-Йо́рк Трансконтинента́ль – 2009» начала́сь в октябре́ 2008 го́да в Пари́же и дли́лась бо́льше го́да. В ней уча́ствовали 12 челове́к из Росси́и, Герма́нии, Аля́ски и Монго́лии. На автомоби́лях они́ прое́хали че́рез 20 стран, всего́ 44 000 киломе́тров. В Росси́и маршру́т шёл че́рез Каза́нь, Пермь, Екатеринбу́рг, Тюме́нь, Омск, Новосиби́рск, Алта́й, Яку́тию, Магада́н и Уэле́н на Чуко́тке. Е́хать по ту́ндре – тру́дно, е́хать по тайге́ – ещё трудне́е, но трудне́е всего́ прое́хать из Росси́и в Аме́рику по льду Бе́рингова проли́ва. Э́тот проли́в ме́жду контине́нтами ещё никто́ до них не пересека́л на автомоби́ле.
Кро́ме э́того реко́рда, у прое́кта «Трансконтинента́ль – 2009» была́ абсолю́тно инновацио́нная цель: экспеди́ция испо́льзовала то́лько биоэтано́л, что́бы показа́ть, что альтернати́вная эне́ргия помога́ет реши́ть пробле́му загрязне́ния окружа́ющей среды́.
Биоэтано́л загрязня́ет окружа́ющую среду́ ме́ньше, чем бензи́н. Что́бы нейтрализова́ть э́то загрязне́ние, уча́стники экспеди́ции посади́ли дере́вья.

в) Како́й эта́п экспеди́ции пока́зывает фотогра́фия спра́ва?

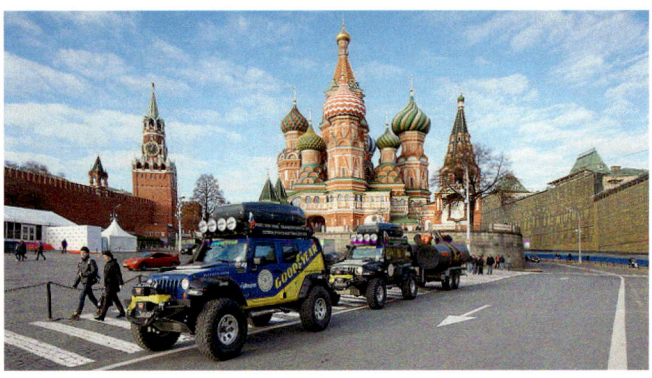

2) **П**окажи́ маршру́т экспеди́ции на ка́рте ми́ра. Каки́е эта́пы прое́хать бо́лее тру́дно, а каки́е – ме́нее? Почему́?

3) **Ч**то в э́том прое́кте лу́чше всего́ (ху́же всего́), важне́е всего́, интере́снее всего́, трудне́е всего́? ◀ Г 3

(П) Интере́снее всего́ прое́хать на автомоби́ле из Росси́и в Аме́рику.

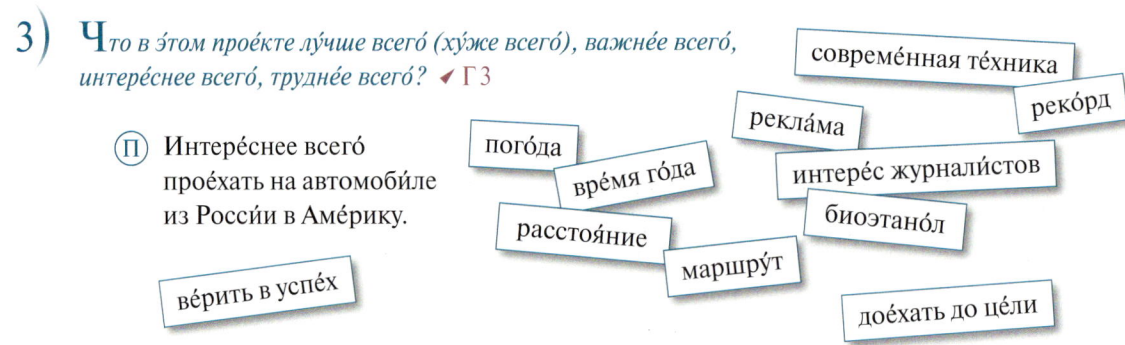

4) **И**нтервью с участником экспедиции M
Помоги сказать по-русски и по-немецки.

Русский журналист хочет взять интервью у немецкого участника экспедиции, но не говорит по-немецки. Тебе предложили быть переводчиком.

– Какая ваша главная цель?
– Wir wollen zeigen, dass das Problem der Umweltverschmutzung gelöst werden kann.
– Что важнее всего во время такой экспедиции?
– Außer gutem Wetter? Die richtige Kleidung!
– На Чукотке в этом году было очень холодно. Вам было трудно?
– Ja, es gab dort sehr viel Schnee. Deshalb konnten wir die Expedition nicht schon im Frühjahr abschließen.
– В России говорят: тише едешь – дальше будешь! Спасибо за интервью.
– Bitteschön.

5) **В**редит ли туризм природе?
Прочитай, что говорит Марина Павловна.

Марина Павловна работает в турфирме и занимается экотуризмом. Она организует поездки по национальным паркам и природным ландшафтам России. Чаще всего это индивидуальные туры для маленьких групп, например, походы.
Она говорит: «Туризм не должен вредить природе и природным ресурсам. Например, часто говорят, что массовый туризм вредит водным ресурсам. А я считаю, что, кроме этого, природе больше всего вредит неконтролируемый туризм, когда люди хотят «просто отдыхать на природе, как можно дальше от цивилизации» и не понимают, что вредят окружающей среде и экологическим системам. Хуже всего, когда они ещё думают, что это – экологический туризм».

Когда Марина Павловна работает?

6) **О**тветь на вопросы.

Какой туризм, по мнению Марины Павловны, хуже всего – массовый, индивидуальный, неконтролируемый или экологический?
А как, по-твоему, какой туризм лучше всего?

7) **К**ак туризм может вредить окружающей среде?
Ты можешь назвать примеры? Составь ассоциограмму.

8) **Н**арисуй карикатуру на туриста, который вредит природе.

9) Прочитай тексты из путеводителей. Скажи, почему это интересно для некоторых туристов.

Шахта *Мир*

В Якутии находится самая большая открытая алмазная шахта в мире: шахта *Мир*. Её диаметр — 1200 метров, а глубина более чем 600 метров. Сегодня работы идут под землёй, а туристы приезжают на *даймонд-туры*: посмотреть на этот памятник российской алмазной индустрии и купить ювелирные изделия.

Вулканы Камчатки

На востоке России находятся почти 30 активных вулканов. Один из самых активных вулканов в мире — Ключевской вулкан. Это самая высокая гора Камчатки (4750 метров). Вы турист-альпинист? Тогда это для Вас лучшая цель! С нами Вы можете подняться на этот вулкан!

10) У меня есть лучший отдых для Вас.
а) Кому Марина Павловна может предложить лучший отдых?

Марина Павловна предлагает

- поход «Золотые горы Алтая»
- водный тур по Алтаю
- не дороже, чем на самолёте
- ночёвка в палатке
- ПОЛНЫЙ ПАНСИОН
- ночевать на природе

Туристы хотят

- трекинг в Сибири
- круиз по морю
- рафтинг по Катуни
- ночевать в пятизвёздочной гостинице
- экскурсия по реке Катунь
- полупансион
- чем дешевле, тем лучше
- двухместный номер

ночь
ночёвка
ночное кафе
ночевать

б) Спросите друг друга, какой отдых вам кажется интереснее всего. Используйте хорошо — лучше (чем), плохо — хуже (чем), важно — важнее (чем).

11) Я хочу́ заброни́ровать тур.
Послу́шай диало́ги ме́жду Мари́ной Па́вловной и её клие́нтами
и скажи́, о чём они́ говоря́т.

❶ *Клие́нт:* Каки́е ту́ры Вы предлага́ете на кани́кулы?
 М. П.: Са́мые ра́зные. Вас интересу́ют акти́вные ту́ры?
 Клие́нт: Нет, меня́ интересу́ет ме́нее акти́вный о́тдых. Я хочу́ полете́ть на мо́ре.

❷ *Клие́нт:* Я хочу́ заброни́ровать но́мер в гости́нице в це́нтре го́рода.
 М. П.: Я могу́ предложи́ть Вам гости́ницу с ви́дом на парк.

❸ *М. П.:* Вы хоти́те по́лный пансио́н или полупансио́н?
 Клие́нт: То́лько за́втрак, пожа́луйста.

12) Заброни́руйте тур по Интерне́ту.

Где на э́той страни́це
ты мо́жешь найти́
– ско́лько стоя́т
 ра́зные ту́ры?
– а́дрес фи́рмы?
– вопро́сы фи́рме?

Э́то ты уже́ уме́ешь.
– Пробле́му загрязне́ния окружа́ющей среды́ мо́жно реши́ть.
– По моему́ мне́нию, тури́зм помога́ет эконо́мике страны́. Это важне́е всего́.
– Я хочу́ заброни́ровать двухме́стный но́мер с ви́дом на мо́ре и с по́лным пансио́ном.

13) Послу́шай диало́г. Како́й но́мер интересу́ет тури́ста?

14) Разыгра́йте ми́ни-диало́ги.

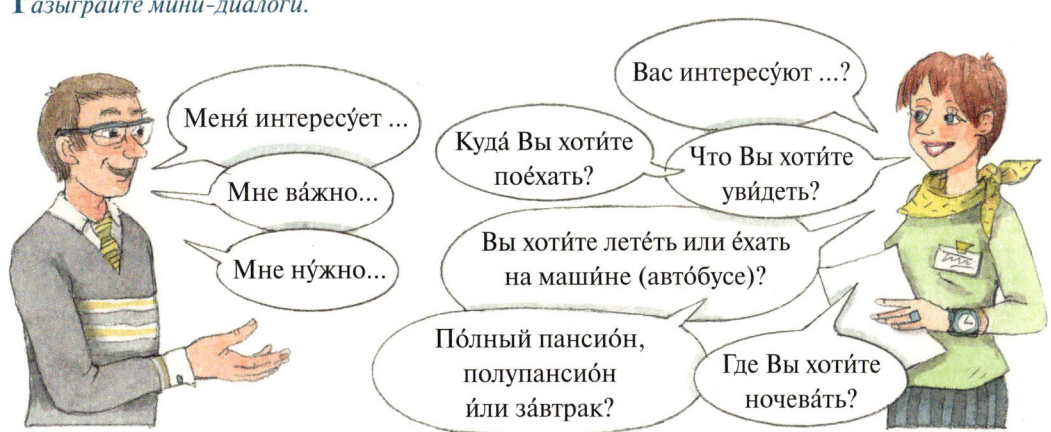

2В У приро́ды нет плохо́й пого́ды.

1) **К**ак ты ду́маешь, э́то пра́вильно?

> Не быва́ет плохо́й пого́ды — быва́ет плоха́я оде́жда.

2) **П**рослу́шай и прочита́й разгово́р. Скажи́, почему́ Све́ну жа́рко.

Свен: Как сего́дня со́лнечно! Со́лнце све́тит нам пря́мо в окно́.
Я ду́маю, на у́лице сего́дня горя́чая пого́да.
Ма́ша: Так по-ру́сски не говоря́т. Говоря́т: на у́лице жа́рко, а вода́ — горя́чая.
Свен: А как сказа́ть *Mir ist heiß*?
Ма́ша: Мне жа́рко. А зна́ешь, сего́дня всего́ 15 гра́дусов и ве́трено. Ве́чером бу́дет да́же ещё холодне́е — я смотре́ла прогно́з пого́ды, бу́дет дождь. Я ду́маю, тебе́ жа́рко, потому́ что на тебе́ о́чень тёплая оде́жда. Ты не хо́чешь снять сви́тер?
Свен: Да, пра́вда, лу́чше снять сви́тер. У меня́ под ним ещё футбо́лка.

3) **W**ie heißen die Adjektive zu den Adverbien?
Ordne sie passenden Substantiven zu.

пого́да   день   ночь
ве́чер   у́тро

(П) о́блачная ночь

ве́трено   хо́лодно   жа́рко   со́лнечно   дождли́во   о́блачно

4) **П**ра́здничная пого́да?
Отве́ть на вопро́сы с по́мощью табли́цы.

В како́м ме́сяце была́ хоро́шая пого́да, а в како́м плоха́я?
Когда́ бы́ло хо́лодно (тепло́, жа́рко)?
В како́й пра́здник бы́ло тепле́е всего́ (холодне́е всего́)?
В како́й день шёл снег?
Кака́я была́ пого́да, когда́ нача́лся уче́бный год?
Кака́я была́ пого́да в День Росси́и?
Когда́ лежа́л (шёл) снег?
Кака́я была́ пого́да в Же́нский день?

октя́брь
5
День учи́теля

май
9
День Побе́ды

?	?	14 февраля́	8 ма́рта	1 ма́я	12 ию́ня	1 сентября́
Но́вый год	Рождество́	?	?	?	?	?
лежи́т снег, −5 °C	идёт снег, −7 °C	моро́з, −14 °C	со́лнечно, +2 °C	идёт дождь, +17 °C	све́тит со́лнце, +23 °C	ве́трено, о́блачно, +12 °C

5) Снег – это радость

а) Прочитай стихотворение.

б) Скажи, что ты больше всего любишь делать, когда идёт или лежит снег. В каком месяце в твоём регионе чаще всего идёт снег?

Белые стихи

[1] kreist
[2] legt sich nieder
[3] freuen sich (über)
[4] Tier
[5] Vogel

Снег кружится[1],
Снег ложится[2] –
Снег! Снег! Снег!
Рады[3] снегу зверь[4] и птица[5]
И, конечно, человек!

Сергей Михалков

6) Прогноз погоды

Посмотри на прогноз погоды из Интернета и ответь на вопросы.

Для какого города этот прогноз?
На какие дни (числа) этот прогноз?
Какая погода будет в эти дни?

7) Ура, выходные!

Прослушай разговор и скажи, что Маша делала на выходных.

Маша: На выходных мы были на даче у бабушки. Нам ужасно повезло с погодой. И в субботу, и в воскресенье было 25 градусов, и всё время светило солнце.
5 *Свен:* Правда, повезло! И чем вы занимались?
Маша: Мы ходили купаться. На озере было классно!
Свен: А вода была не холодная?
Маша: Нет, тёплая. Теплее, чем на прошлых выходных.
10 *Свен:* И бабушка с вами купалась?
Маша: Нет, она была в огороде. Мы ей тоже помогали, собирали клубнику и варили из неё варенье.
Свен: Так ты работала, а не отдыхала.
Маша: Нет, что ты! На даче – всё отдых. Неважно, что я делаю. Я всегда езжу
15 на дачу на каникулах. Наша дача находится в деревне, и домик у нас деревянный. В нашей деревне нет современных коттеджей, там всё как раньше, у бабушки даже старинный самовар есть.

8) *Éдет или éздит? Выбери правильный глагол движения.*

1. Летом Свен часто (едет, ездит) отдыхать на Балтийское море.
2. На выходных Маша (ехала, ездила) с родителями на дачу.
3. Вчера мы (шли, ходили) на рок-концерт.
4. Самолёты в Москву (летят, летают) несколько раз в день.
5. Какая красивая девушка! Интересно, куда она (идёт, ходит)?
6. Самолёт из Берлина в Санкт-Петербург (летит, летает) 2 часа 15 минут.

9) *Уехать, приехать, доехать...*
Сравни. ◀ Г 4

Маша вошла в дом, а кошка вышла из дома.

— Вы не знаете, как дойти до станции?
— Вам нужно перейти через мост.

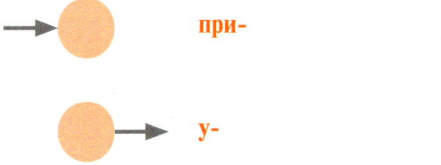

Маша с мамой приехали в деревню вчера. Они уедут завтра утром.

Через всю деревню можно пройти пешком всего за 40 минут.

10) *Скажи по-немецки.*

1. Самолёт перелетает через океан.
2. Участники экспедиции проехали через тайгу и тундру.
3. Поезд пришёл на Главный вокзал.
4. Обычно Андрей выходит из дома утром в 8 часов.
5. К сожалению, все друзья Кати уехали на каникулы.

11) *Выбери правильный глагол движения.*
Erkläre die Bedeutung des Präfixes und begründe die Verwendung des Aspekts.

1. Маша должна (прилететь/прилетать) в Сочи в 4 часа.
2. Из аэропорта она может (доехать/доезжать) до гостиницы на автобусе.
3. Ей нужно (выйти/выходить) на остановке Улица Южная.
4. В гостиницу Маша хочет (приехать/приезжать) к ужину.
5. Последний автобус в центр города обычно (уйти/уходить) в 21:15.

12) *Посмотри́ на карти́нки и вставь пра́вильный глаго́л движе́ния.*

Ура́! К нам [?] на́ша ба́бушка!

Интере́сно, кто сейча́с [?] из до́ма?

Авто́бус [?] че́рез мост ка́ждый день.

Его́ самолёт уже́ [?].

Э́то ты уже́ уме́ешь.
– Вчера́ бы́ло тепло́, а сего́дня жа́рко.
– Кака́я сего́дня пого́да? Сего́дня со́лнечно, но ве́трено.
– Зимо́й автомоби́ли переезжа́ют че́рез э́то о́зеро по льду.
– Самолёт прилете́л вчера́ и улети́т за́втра.

13) *Послу́шай прогно́з пого́ды для Со́чи и скажи́, кака́я пого́да там бу́дет. Каку́ю оде́жду ну́жно взять с собо́й?*

14) *Напиши́ по-ру́сски e-mail в гости́ницу.*

Frage,
– ob es Zimmer mit Meerblick gibt,
– ob ein Doppelzimmer für ein Wochenende (Datum) frei ist,
– wie viel eine Übernachtung kostet.

15) *Посмотри́ на биле́т и отве́ть на вопро́сы.*

На како́й по́езд э́тот биле́т?
Отку́да и когда́ по́езд ухо́дит?
Когда́ он прихо́дит в Москву́?
На каки́е места́ э́тот биле́т?

2Г   Информа́ция из Росси́и

1) Прочита́й информа́цию о са́мых больши́х приро́дных зо́нах Росси́и.
   а) Тайга́

[1] Braunbär

Тайга́ — са́мая больша́я приро́дная зо́на Росси́и. Здесь живёт бу́рый медве́дь[1] — си́мвол Росси́и. Во мно́гих ру́сских мультфи́льмах мо́жно уви́деть медве́дя Ми́шку, а о́чень мно́гие лю́бят *Ми́шек* есть! Это люби́мые ру́сские конфе́ты.

Э́ту карти́ну в Росси́и зна́ет ка́ждый. А почему́?

[2] Kiefernwald

У́тро в сосно́вом лесу́[2]
(И. И. Ши́шкин, К. А. Сави́цкий, 1889)

б) *Ту́ндра*

[3] Rentiere

Страна́ оле́ней[3] — так называ́ют ту́ндру, приро́дную зо́ну на се́вере Росси́и. Оле́нь — си́мвол ту́ндры. Ту́ндра — э́то уже́ А́рктика. Здесь о́чень холо́дный кли́мат, зимо́й моро́з (до −50 °C), и всегда́ лежи́т снег.
А зима́ здесь — 6 ме́сяцев!

2) Послу́шай пе́сню Кола́ Бельды́ «Пе́сня оленево́да[4]».
Почему́ он поёт, что оле́ни в ту́ндре — лу́чше всего́?

[4] Rentierzüchter

Е́дем-е́дем мы тайго́й
И неудержи́мо
Лес таёжный, лес густо́й
Пролета́ет ми́мо.
За спино́й лети́т снежо́к,
Мча́тся на́рты с кру́чи.
Бо́рзый конь — хорошо́,
И иша́к — хорошо́,
И верблю́д — хорошо́,
А оле́ни — лу́чше!

За медве́дем где́-то близ
Волк несётся ю́ркий.
Презира́ю ры́жих лис,
Вро́де чернобу́рки.
За спино́й лети́т снежо́к,
Мча́тся на́рты с кру́чи.
Ю́ркий волк — хорошо́,
Чернобу́рки — хорошо́,
И медве́дь — хорошо́,
А оле́ни лу́чше!

Э́то на́до знать.

Г1) *Adjektive und Adverbien: Bildung des zusammengesetzten Komparativs*

Positiv	Komparativ (Verstärkung): **бо́лее + Adj. (Adv.)**	Komparativ (Abschwächung): **ме́нее + Adj. (Adv.)**
ста́рый	бо́лее ста́рый	ме́нее ста́рый
	Э́то **бо́лее ста́рый** го́род, чем Москва́. Я ещё не ви́дел **бо́лее ста́рого** кремля́.	

Der zusammengesetzte Komparativ wird bei Attributen und Prädikatsnomen verwendet.
Im Satzzusammenhang bleiben *бо́лее* bzw. *ме́нее* unverändert, die Adjektivformen richten sich in Kasus, Numerus und Genus nach dem Substantiv.
! Der Konjunktion **als** entspricht im Russischen **чем**.

Г2) *Adjektive und Adverbien: Bildung des einfachen Komparativs*

Bei prädikativ verwendeten Adjektiven sowie Adverbien auf -o wird der einfache Komparativ gebildet.

	Positiv	Komparativ (Verstärkung): **Stamm + -ee**
Adjektiv	интере́сный	интере́сн**ее**
Adverb	интере́сно	интере́сн**ее**

! Formen mit *-e* wie in ста́рый – ста́рше sind <u>unregelmäßig</u>: мно́го – бо́льше, ма́ло – ме́ньше, ра́но – ра́ньше, по́здно – по́зже, далеко́ – да́льше, хорошо́ – лу́чше, пло́хо – ху́же, ча́сто – ча́ще.

! Der Vergleich erfolgt durch **чем** oder den **Genitiv**, z. B. älter als Moskau: *ста́рше*, <u>чем</u> *Москва́* oder *ста́рше Москвы́*. Vor *чем* steht immer ein Komma.

Г3) *Adjektive als Prädikatsnomen und Adverbien: Superlativbildung mit всех bzw. всего́*

Wird die einfache Komparativform durch den Genitiv von **всё** bzw. **все** ergänzt, erhält die Wendung die Bedeutung des Superlativs: *интере́снее всего́* (als alles) bzw. *интере́снее всех* (als alle).
Чита́ть – интере́снее всего́. Lesen ist am interessantesten (das Interessanteste von allem).
Э́та кни́га интере́снее всех (книг). Dieses Buch ist das interessanteste von allen.

Г4) *Verben der Bewegung: Präfigierung und Aspektbildung*

Präfix	Bedeutung	Beispiel Russisch	Beispiel Deutsch
в-	ein-, hinein-, herein-	войти́/входи́ть	hineingehen
вы-	aus-, hinaus-, heraus-	вы́йти/выходи́ть	herausgehen
до-	an-, hin- (bis)	дое́хать/доезжа́ть	ankommen
при-	an-, heran-, herbei-	прилете́ть/прилета́ть	heranfliegen
про-	hindurch-, vorüber-	прое́хать/проезжа́ть	vorüberfahren
у-	weg-, fort-, davon-	уйти́/уходи́ть	weggehen

! Aus *идти́* wird durch Präfigierung *-йти*, aus *е́здить* wird *-езжа́ть*.

Die unpräfigierten Verben der Bewegung sind immer unvollendet.
Durch Präfigierung entstehen Aspektpaare:

zielgerichtetes Verb + Präfix → v. Verb	nicht zielgerichtetes Verb + Präfix → uv. Verb
идти + при- → прийти *v.*	ходить + при- → приходить *uv.*

Урок 3   Вот что случилось!

Пётр Ильич Чайковский

Антон Павлович Чехов

15 августа 1728 года.
Мы хотели узнать: Америка и Азия – это два континента или один. Вот в чём была цель нашей экспедиции.
У нас было много разных проблем, но сегодня самая большая проблема – это ужасная погода. Нужно вернуться в Санкт-Петербург.

1) **Кто и что?**
Соедини тексты и картинки. Что подходит? Почему?
Составь одно предложение о тексте с картинкой.

2) **Ответь на вопросы к текстам.**

1. Как называется рассказ Чехова? Как ты думаешь, почему?
2. В чём была цель экспедиции Беринга?
3. Какая проблема – самая большая в экспедиции?
4. Где в первый раз в 1877 году можно было посмотреть *Лебединое озеро*?
5. Где отдыхали девушки?
6. На какой реке отдыхали Артур и Олег?

Дама с собачкой

Говорили, что в город приехала новая женщина: дама с собачкой. Дмитрий Дмитрич Гуров, который был в Ялте уже две недели, тоже интересовался новыми людьми. В павильоне у Берне он видел, как прошла дама, блондинка, с белым шпицем.

И потом он встречал её в городском саду несколько раз в день. Она гуляла одна с белым шпицем; никто не знал, кто она, и называли её просто так: дама с собачкой.

Нашим любимым родителям
Здесь всё классно, а у вас? Думаете о своих детях?
Обнимаем и целуем,
Таня и Лара

125040
г. Москва
ул. Нижняя
д. 7, кв. 11
Мороз Н. М.

Это я со своими новыми друзьями Артуром и Олегом. Рафтинг по Катуни – это просто супер!

3) **W**elche Gruppe kann in 5 Minuten die meisten Sätze bilden?
Bepunktung: 5 für gleiche Sätze, 10 für unterschiedliche, 15 für Sätze mit zusätzlichen Wörtern.

(П) Они́ иду́т к свои́м стра́нным ро́дственникам.

газе́ты	ду́мать	с	ва́ши	краси́вые	роди́тели
я	отдыха́ть	к	их	хоро́шие	ребя́та
Зи́на	быть	у	твой	ру́сские	актри́сы
мы	идти́	о	на́ши	интере́сные	ро́дственники
И́ра и Лю́ба	писа́ть	-	свой	стра́нные	уча́стники
Анто́н	люби́ть		мой	но́вые	друзья́
они́				ста́рые	бале́ты

3 A   Я ра́да, что ты жив.

1) Прочита́й, что Та́ня пи́шет в бло́ге о свои́х кани́кулах на мо́ре.

Про́шлым ле́том мы с подру́гой бы́ли у мои́х ро́дственников в краси́вом го́роде Со́чи на Чёрном мо́ре. Тётя Зи́на и дя́дя Ви́тя уже́ давно́ там живу́т, почти́ де́сять лет.
Мы с Ла́рой хоте́ли когда́-нибудь где́-нибудь отдыха́ть без роди́телей, там, где жа́рко и мо́жно загора́ть, купа́ться в мо́ре, чита́ть, обща́ться и, мо́жет быть, да́же познако́миться с интере́сными парня́ми...
Мы не бы́ли уве́рены, что на́ши роди́тели разреша́т нам пое́хать. Снача́ла мы спроси́ли у ма́мы Ла́ры, потому́ что она́ ча́ще, чем мой роди́тели, говори́т «да». Пото́м мы говори́ли с мои́ми роди́телям и сра́зу сказа́ли, что ма́ма Ла́ры согла́сна с на́шей пое́здкой. Мой роди́тели до́лго об э́том говори́ли и в конце́ концо́в сказа́ли, что мы мо́жем пое́хать. Класс!
Тётя Зи́на и дя́дя Ви́тя всё равно́ ка́ждый раз, когда́ мы говори́м по телефо́ну, приглаша́ют нас и говоря́т: «Мы вам бу́дем ра́ды».
Мы с Ла́рой купи́ли пода́рки для мои́х ро́дственников, но́вые бики́ни и всё, что нам каза́лось бу́дет ну́жным. И в конце́ концо́в мы с Ла́рой бы́ли гото́вы.
Два часа́ три́дцать мину́т на самолёте — и ты нахо́дишься в соверше́нно друго́м ми́ре! В Со́чи всё бы́ло так хорошо́. Мы загора́ли в на́ших но́вых бики́ни, чита́ли детекти́вы, купа́лись в мо́ре.
Как хорошо́, что мы с Ла́рой так похо́жи — мы лю́бим отдыха́ть. Мой брат, наприме́р, совсе́м не похо́ж на меня́. Он всегда́ хо́чет занима́ться спо́ртом и никогда́ не отдыха́ет.

2) Отве́ть на вопро́сы.

1. Где бы́ли Та́ня и Ла́ра про́шлым ле́том?
2. Почему́ они́ хоте́ли туда́ пое́хать?
3. Что ты узна́л (узна́ла) из те́кста о роди́телях Та́ни и Ла́ры?
4. Что де́лали Та́ня и Ла́ра пе́ред пое́здкой?
5. Чем они́ занима́лись во вре́мя кани́кул?
6. Что говори́т Та́ня о своём бра́те?

3) Кто согла́сен со мной? ◀ Г 1

(П) Он согла́сен с ней. Она́ согла́сна с ним. Они́ согла́сны друг с дру́гом.

согла́сен (с кем?)

похо́ж (на кого́?)

рад (кому́?)

гото́в

4) **Р**áфтинг по Катýни
   а) Прочитáй, что расскáзывает Вúтя, брат Тáни.

   Мы с Алексéем óчень лю́бим спорт. В Москвé мы игрáем в баскетбóл и футбóл как мúнимум пять раз в недéлю. Кáк-то я прочитáл о páфтинге и решúл познакóмиться с э́тим вúдом спóрта. Алексéй был срáзу соглáсен. Его пáпа читáл в газéте о ráфтинге по Катýни. Как интерéсно! Катýнь — мы готóвы!
   5 Наш пéрвый день началсá óчень хорошó, и мы бы́ли óчень ра́ды. В 12 часóв мы хотéли пообéдать. Но — какóй ýжас — я забы́л нáшу едý!
   Алексéй всегдá гóлоден как волк. Поэ́тому он, как всегдá, ел всё, что вúдел. Тóлько в э́тот раз э́то бы́ли не пельмéни, бутербрóды, блины́ и сок, а не знакóмые нам я́годы и водá из рекú. Чéрез два часá у Алексéя бы́ло зелёное лицó — емý бы́ло óчень
   10 плóхо, он был бóлен.
   Ах, да. Как мы нашлú врачá — э́то совсéм другáя истóрия. Так мы познакóмились с Артýром и Олéгом, нáшими нóвыми друзья́ми. Мы всем говорúли: «Бýдьте добры́, помогúте нам». И в концé концóв мы встрéтили их, и онú нам помоглú.
   Алексéю бы́ло плóхо, потомý что я забы́л едý. «Я виновáт в э́том», — сказáл я емý.
   15 Алексéй сказáл: «Нет, я сам виновáт». А когдá дóма мы расскáзывали о том, что случúлось, его мáма сказáла: «Как я рáда, что ты жив, что вы óба живы́!»

   З А
   З Б
   З В
   З Г

   б) Прáвильно или непрáвильно?

   1. Алексéй не хотéл прóбовать рáфтинг.
   2. Мáльчикам не понрáвилась идéя пáпы Алексéя.
   3. Вúтя и Алексéй встрéтили другúх мáльчиков, котóрые похóжи на них.
   4. Мáма Вúти сказáла, что онá рáда, что онú попрóбовали рáфтинг.

   в) Отвéть на вопрóсы к тéксту.

   1. Как чýвствовали себя́ Вúтя и Алексéй в пéрвый день канúкул?
   2. Почемý Алексéю стáло плóхо?
   3. Кто виновáт в том, что случúлось?

5) **Р**асскажú о себé.
   Сдéлай коллáж с фотогрáфиями и ассоциогрáммой о своúх канúкулах.

   На когó ты бóльше похóж, на Тáню úли её брáта?
   Что ты бóльше лю́бишь — отдыхáть на мóре úли занимáться спóртом?

6) **П**ослýшай диалóги.
   Что мóжно сказáть об э́тих лю́дях? Э́ти словá тебé помóгут.

   П Антóн и Борúс óчень похóжи друг на дрýга.
   Антóн óчень похóж на Борúса.

   соглáсен с (кем?)
   виновáт в (чём?)
   рад
   готóв
   рад (комý?, чемý?)
   похóж на (когó?)
   бóлен

7) У врача
Прослушай диалог.

Максим:	Апчхи!
Врач:	Будь здоров!
Максим:	Спасибо. Добрый день.
Врач:	Добрый день. Ты болен?
5 Максим:	Да, всё болит. И у меня температура.
Лара:	Апчхи!
Врач:	Будь здорова!
Лара:	Мы с братом очень устали. У меня сильно болит голова.
Врач:	Вы чувствуете себя плохо, потому что у вас грипп.
10	Вот вам рецепт.
Максим:	Спасибо большое.
Максим и Лара:	Апчхи! Апчхи! Апчхи!
Врач:	...и будьте здоровы!

8) В аптеке
а) Прослушай диалог.

Аптекарь:	Здравствуйте, Валентина Николаевна! Чем я могу вам помочь?
Валентина Николаевна:	Здравствуйте. Мне нужно лекарство от гриппа. Всё болит.
Аптекарь:	Вот, пожалуйста.
Валентина Николаевна:	Спасибо. Ах, и ещё моей сестре нужны эти таблетки... Вспомните, какие?
Аптекарь:	Да. Вот они. Вам нужен пакет?
Валентина Николаевна:	Да, будьте добры. Спасибо. До свидания.
Аптекарь:	До свидания, Валентина Николаевна.

б) Übersetze die unterstrichenen Sätze und vergleiche sie.
Was stellst du fest? Auf welches Wort beziehen sich die Formen
von нужен? DE ◂ Г2

в) Как сказать, что ты не здоров? (→ упр. 7, 8)

| я болен | мне нужно лекарство | ??? |

9) Что им нужно? Составь предложения по-русски.

Maksim		Tabletten.
Valentina	braucht	ein Rezept.
Meine Schwester		eine Tüte.

10) Что кому нужно?
Составьте диалоги у врача или в аптеке и разыграйте их.

1. **Л**ара – **л**екарство   2. **Р**оман – **р**ецепт   3. **Т**амара – **т**аблетки

11) Что вам нужно?
Вспомните как можно больше существительных. Спросите друг друга, что вам нужно (было, будет) в школе (для ужина, сейчас).

12) Беринг – Колумб царя
а) Прочитай текст и запиши главные факты об экспедиции Беринга. ◀ Г3

Витус Ионассен Беринг родился в Дании, но жил в России во времена царя Петра Первого. Царь интересовался географией России и других территорий и хотел иметь карты. В это время <u>было организовано</u> много экспедиций. Беринг как офицер русского флота руководил Камчатской экспедицией. Целью
5 этой экспедиции было узнать: <u>связаны</u> ли Азия и Америка или нет. Новый корабль <u>был построен</u>, и, когда в 1725 году всё было готово, экспедиция началась. Через три года экспедиция <u>была закончена</u>. Беринг так и не нашёл связи, но царь ответил ему, что задача <u>выполнена</u>, потому что вместо связи Беринг нашёл новый водный путь между Азией и Америкой. Этот водный путь <u>был назван</u> в его честь
10 Берингов пролив.

б) Переведи подчёркнутые выражения.

13) To-do list EN
Что уже было сделано английским участником экспедиции? Скажи по-русски.

| ✓ build a bridge | ✓ draw a map |
| ✓ buy bread | ✓ make a plan |

Это ты уже умеешь.
– Она очень рада.
– Будьте добры, помогите мне.
– Работа (была) сделана.
– Папа согласен с мамой.
– Мне нужна (была, будет) карта.

14) Сказано – сделано
Как вы понимаете это выражение? Как сказать это по-немецки?
Разыграйте пантомиму и покажите, что было сделано, написано и т. д.

15) Завтра – день рождения твоего друга (твоей подруги).
Ты хочешь подготовить для него (неё) маленький праздник.
Напиши, что ещё нужно и что уже сделано тобой.

Aufgepasst:
купить – куплен

(П) Кола уже куплена, но мне ещё нужен сок.

торт	салат	блины	✓ кола
конфеты	музыка	✓ мороженое	✓ игры
✓ приглашение	✓ бутерброды	сок	✓ открытка

3 Б   Вчера́шние хиты́ – сего́дняшняя кла́ссика?

1) **Р**у́сская молодёжь, ру́сская му́зыка
  а) Послу́шай диало́ги.

  1 Анто́н: Ли́за, ты зна́ешь после́дние хиты́ Земфи́ры?
     Ли́за: Коне́чно, все они́ в её но́вом альбо́ме *Z-Sides*. Но мне бо́льше нра́вится её сингл *Зи́мний сон*.

  2 Андре́й: Пе́сня Высо́цкого *У́тренняя гимна́стика* така́я смешна́я!
     Ле́на: Я согла́сна, но я сама́ не люблю́ занима́ться у́тренней гимна́стикой! Из сего́дняшних ру́сских певцо́в, певи́ц и групп почти́ никто́ не поёт на ру́сском языке́, и э́то мне не нра́вится.
     Андре́й: Да, э́то так. Но ра́нние пе́сни Алсу́, наприме́р, на ру́сском языке́ и да́же на тата́рском, потому́ что она́ из Татарста́на.

Алсу́

  3 Ка́тя: Что ты ду́маешь об А́лле Пугачёвой?
     Зи́на: Ну, в при́нципе она́ непло́хо поёт, и мои́ роди́тели слу́шают её пе́сни с удово́льствием. Но мне не нра́вится, когда́ все ду́мают, что я живу́ вчера́шним днём. Вот почему́ я слу́шаю совреме́нную му́зыку.

  4 Окса́на: Я так люблю́ Чайко́вского!
     Ди́ма: Ой, тогда́ тебе́ ну́жно пойти́ на ле́тний конце́рт класси́ческой му́зыки в па́рке. Он всегда́ быва́ет в пе́рвую суббо́ту ию́ня.

  б) Отве́ть на вопро́сы к диало́гам.

  1. Что в альбо́ме *Z-Sides*?
  2. Как называ́ется смешна́я пе́сня Высо́цкого?
  3. Каки́е пе́сни нра́вятся Ли́зе, каки́е Ле́не?
  4. Почему́ Зи́на не слу́шает пе́сни А́ллы Пугачёвой?
  5. Что быва́ет ле́том для тех, кто лю́бит класси́ческую му́зыку?

А́лла Пугачёва

2) **П**ослу́шайте и повтори́те.

бли́жний – удо́бный	сосе́дняя – удо́бная	да́льние – удо́бные
ве́рхний – краси́вый	после́дняя – краси́вая	ни́жние – краси́вые
высо́кий – хоро́ший	высо́кая – хоро́шая	высо́кие – хоро́шие

3) Lege in deinem Heft eine Tabelle für die Deklination der weichen Adjektive an und ergänze die Formen in allen Kasus mit Hilfe des Textes (→ упр. 1). ◀ Г 4

	m	f	n	Pl.
Nom.	зи́мний			после́дние

4) Как правильно?

— Ты уже читала (утренний) газету? Там написано о (зимний) концерте?
— Я (сегодняшний) газету ещё не видела. Может быть, она лежит на (нижний) или (верхний) этаже? Или в (соседний) доме, как (вчерашний) газета? В ней должен быть интересный текст об экспедиции на (Дальний) Восток.
— А ты в этом году была на (последний) (летний) концерте в парке?
— Нет, потому что я не поняла тему концерта *Люби (ближний) как самого себя*.

5) Пётр Ильич Чайковский

а) Прочитай текст. Запиши главные факты биографии Чайковского.

Пётр Ильич Чайковский — один из известных русских композиторов.
Он родился 25 апреля 1840 года в Воткинске. Чайковский уже в раннем возрасте познакомился
5 с музыкой. Его родители любили музыку: его мать, например, играла на фортепиано и пела.
В 1852 году Чайковский поступил в юридическое училище. В это время он начал заниматься музыкой. Чайковский был известен как неплохой пианист,
10 он хорошо импровизировал.
Через семь лет Чайковский окончил училище и начал работать в Министерстве юстиции. В свободное от работы время он посещал оперный театр, где оперы Моцарта и Глинки произвели на него сильное
15 впечатление.
В 1861 году он стал студентом консерватории и четыре года изучал композицию. Чайковский стал преподавателем и музыкальным критиком.
В своей жизни Чайковский сочинил 76 опусов, 10 опер, 3 балета (среди них — *Лебединое озеро*), которые часто исполняют на сегодняшних
20 международных сценах.
Композитор умер 25 октября 1893 года в Санкт-Петербурге.

Пётр Ильич Чайковский

б) Задайте друг другу вопросы о П. И. Чайковском.

в) Подготовьте презентацию об одном произведении П. И. Чайковского.

6) Земфира M

Группа русских учеников посещает вашу школу. В один из вечеров вы слушаете музыку. Твоему однокласснику Штефану очень нравится музыка Земфиры, и он хочет знать, кто она. Спроси о ней у своего русского партнёра и послушай его ответ. Запиши самое главное и потом переведи это для Штефана.

Земфира

7) Кто есть кто?

Найди информа́цию в Интерне́те о лю́дях, о кото́рых идёт речь в те́ксте упр. 1. Вы́бери одного́ певца́ (одну́ певи́цу) и запиши́ не́сколько предложе́ний о его́ (её) жи́зни и му́зыке. Пото́м предста́вь его́ (её) в кла́ссе.

Владимир Высо́цкий

А́лла Пугачёва

Алсу́

И́мя и фами́лия
Где роди́лся(-ла́сь)/живёт?
Ско́лько лет?
Изве́стные пе́сни
Жанр
Как стал(-а) изве́стным(-ой)?
Об одно́й пе́сне
Что ещё интере́сно?

8) А́вторская пе́сня

А́вторская пе́сня и́ли ба́рдовская му́зыка — жанр пе́сни, кото́рый возни́к в 50-е и 60-е го́ды в Сове́тском Сою́зе.
А́вторские пе́сни бы́ли напи́саны незави́симо от официа́льной культу́рной поли́тики и цензу́ры, и а́вторы-исполни́тели пе́ли их у себя́ до́ма на ку́хне и́ли про́сто не пока́зывали никому́ те́ксты пе́сен пе́ред исполне́нием на конце́рте. Но они́ пе́ли и на больши́х стадио́нах и бы́ли о́чень популя́рными и знамени́тыми. Те́ксты а́вторской пе́сни о́чень поэти́чные. Обы́чно э́ти пе́сни исполня́ются под гита́ру.

9) Прослу́шай пе́сню Була́та Окуджа́вы. Скажи́, каки́ми слова́ми он расска́зывает об Арба́те. Каки́е чу́вства к Арба́ту он выража́ет?

Була́т Окуджа́ва

Ты течёшь, как река́. Стра́нное назва́ние!
И прозра́чен асфа́льт, как в реке́ вода́.
Ах, Арба́т, мой Арба́т,
  ты — моё призва́ние.
Ты — и ра́дость моя́, и моя́ беда́.

Пешехо́ды твои́ — лю́ди невели́кие,
каблука́ми стуча́т — по дела́м спеша́т.
Ах, Арба́т, мой Арба́т,
  ты — моя́ рели́гия,
мостовы́е твои́ подо мной лежа́т.

От любви́ твое́й во́все не изле́чишься,
со́рок ты́сяч други́х мостовы́х любя́.
Ах, Арба́т, мой Арба́т,
  ты — моё оте́чество,
никогда́ до конца́ не пройти́ тебя́.

(1959)

Du fließt dahin wie ein Fluss. Welch sonderbarer Name! / Und dein Asphalt ist so klar wie Flusswasser. / Ach Arbat, mein Arbat, du bist mein Schicksal. / Meine Freude bist du und mein Leid.

Deine Fußgänger sind keine großen Leute, mit den Absätzen klappernd, gehen sie eilige ihren Geschäften nach. / Ach Arbat, mein Arbat, du bist meine Religion, dein Pflaster liegt unter mir.

Von der Liebe zu dir kann man nie genesen, auch wenn man vierzigtausend andere Pflaster liebt. / Ach Arbat, mein Arbat, du bist mein Vaterland,
nie kann man dich ganz durchmessen.

Kay Borowsky

10) Напиши́ текст о твое́й люби́мой пло́щади (у́лице, люби́мом ме́сте). Объясни́, почему́ ты лю́бишь э́то ме́сто.

11) Как стать суперзвездой?

Кто хочет стать популярным и знаменитым? Кто представляет себя в роли суперзвезды, мечтает об успехе, уже видит свои видеоклипы на всех музыкальных каналах?

Superzvezda.ru проводит музыкальный конкурс, который поможет победителю стать суперзвездой.

Молодые, талантливые певцы и певицы, у вас есть шанс! Напишите песню, пришлите её нам и напишите несколько слов о себе.

а) Ты тоже хочешь участвовать. Напиши свою песню и несколько слов о себе. Вспомни: для поп-музыки нужны всего несколько предложений (или слов).

б) Кто ваша суперзвезда?
Проведите конкурс в классе. Не забудьте призы для победителей. Желаем успехов.

Tipp: Verb- und Adjektivformen reimen sich oft.
гуляет — играет
голодный — холодный

Это ты уже умеешь.
– Я люблю зимнее солнце.
– Кто живёт на верхнем этаже?
– Лиза ещё не читала сегодняшнюю газету.
– В последнее время всё было хорошо.

12) Составь ассоциограмму на тему музыка.

 **13)** Подготовь презентацию о своей любимой группе (своём любимом исполнителе). Расскажи, как он (она) стал (стала) известным (известной).

14) Составьте хит-лист последних хитов для вашего класса.

15) Составьте акростих на тему музыка.
Это может быть одно предложение или просто слова.

Das alphabetische Wörterverzeichnis im Anhang wird dir helfen, Wörter mit den entsprechenden Anfangsbuchstaben zu finden. Gelegentlich dürfen die Wörter auch mit einem anderen Buchstaben beginnen, sollen dann aber den Buchstaben des Wortes kreuzen.

(П) **р**ебята **р**итм
   энергично **э**моция
   поют **п**есня
   (предложение) (слова)

3 B Расскажи́ мне что́-нибудь о ру́сской литерату́ре.

🎧 **1)** *Литерату́рный кружо́к*
а) *Прочита́й текст.*

Ребя́та в шко́льном литерату́рном кружке́ разгова́ривают о том, что мо́жно сде́лать, что́бы бо́льше ученико́в интересова́лись литерату́рой.

Ле́на: Есть каки́е-нибудь иде́и?
Све́та: Мы мо́жем пригласи́ть како́го-нибудь а́втора, и он мо́жет почита́ть что́-либо из своего́ произведе́ния.
Ми́ша: Гм, да. Э́то хоро́шая иде́я. Но я ду́маю, лу́чше, когда́ ребя́та са́ми что́-то
5 де́лают. То́лько тогда́ им бу́дет интере́сно.
Ле́на: Я согла́сна. Ну что? Рассказа́ть что́-либо о како́м-нибудь а́вторе?
Све́та: Почему́ нет? И́ли о како́м-нибудь расска́зе како́го-либо а́втора.
Ле́на: И́ли вы́брать како́е-нибудь стихотворе́ние и́ли каку́ю-нибудь дра́му!
10 *Све́та:* Да, э́то хоро́шая иде́я.
Ле́на: Ми́ша, не молчи́, а скажи́, ты согла́сен?
Ми́ша: Гм, да. В при́нципе, да. Но я ду́маю, ещё лу́чше, когда́ ученики́ действи́тельно де́лают что́-то са́ми.
15 *Све́та:* Мы зна́ем тебя́, у тебя́ уже́ есть каки́е-нибудь иде́и.
Ми́ша: Ну, наприме́р, ученики́ мо́гут са́ми написа́ть каки́е-нибудь стихотворе́ния и́ли расска́зы. И э́то обяза́тельно
20 до́лжен быть ко́нкурс, тогда́ они́, наве́рное, поуча́ствуют, потому́ что ко́нкурсы всегда́ всем о́чень интере́сны.

б) *Отве́ть на вопро́сы к те́ксту.*

1. Почему́ встреча́ются Ле́на, Све́та и Ми́ша?
2. Каки́е иде́и у Све́ты и Ле́ны?
3. Что ду́мает Ми́ша?
4. Есть ли у тебя́ ещё каки́е-нибудь иде́и?

2) *Кто́-то что́-то сказа́л.*
Du hast schon in Abschnitt A Fragewörter in Verbindung mit -нибудь und -то (когда́-нибудь, где́-то) kennengelernt. ◀ Г 5

– Worin unterscheidet sich die Verwendung der dir schon bekannten Wortverbindungen von denen, die du hier im Text findest?
– Schau dir auf der Grammatikseite (S. 55) die Verwendung von *-нибудь, -либо* und *-то* an. Gehe dann noch einmal den Text durch und begründe die Verwendung der jeweiligen Form.
– Suche dir drei verschiedene Beispiele mit diesen Wortverbindungen aus dem Text. Wie gibst du sie auf Deutsch wieder?

3) **Литерату́рный ко́нкурс в шко́ле**
   Ребя́та в кружке́ литерату́ры нарисова́ли плака́т.
   Как ты ду́маешь, что в нём хорошо́, а что не так хорошо́? Почему́?

Ка́ждый мо́жет уча́ствовать.
Оригина́льность — гла́вное.
Не́жность и́ли не́нависть — те́ма не важна́.
Кто напи́шет лу́чшие стихотворе́ния?
У кого́ есть уве́ренность в себе́?
Расска́з и́ли рома́н — жанр не ва́жен.
Среди́ нас суперзвёзды литерату́ры?!!

4) *Зи́не о́чень нра́вится иде́я литерату́рного ко́нкурса, но она́ не зна́ет, что ей ну́жно де́лать. Поэ́тому она́ спроси́ла Све́ту. Вот что Све́та ей отве́тила.*

Вы́бери како́го-[?] писа́теля и́ли како́е-[?] произведе́ние како́го-[?] а́втора и расскажи́ что́-[?] о нём. И́ли сама́ сочини́ како́е-[?] литерату́рное произведе́ние и предста́вь его́.

5) **Кто́-то из уча́стников ко́нкурса вы́брал э́то стихотворе́ние А. С. Пу́шкина.**

[1] Damaszener Stahl
[2] зо́лото

Зо́лото и була́т[1]

«Всё моё», — сказа́ло зла́то[2];
«Всё моё», — сказа́л була́т.
«Всё куплю́», — сказа́ло зла́то;
«Всё возьму́», — сказа́л була́т.
(1826)

Алекса́ндр Серге́евич
Пу́шкин

а) Прочита́й стихотворе́ние и расскажи́ свои́ми слова́ми, о чём идёт речь.
б) Переведи́ э́то стихотворе́ние на неме́цкий язы́к.
в) Нарису́й э́то стихотворе́ние.
г) Вы́учите стихотворе́ние и разыгра́йте его́ как ми́ни-диало́г.
д) Напиши́те стихотворе́ние по образцу́ *Зо́лото и була́т*. Что мо́гут сказа́ть, наприме́р, влюблённность, любо́вь, о́пыт, ложь, не́нависть?

6) **Ва́ня хо́чет рассказа́ть о своём люби́мом а́вторе А. С. Пу́шкине.**
   Снача́ла он спра́шивает ребя́т о том, что они́ уже́ зна́ют о нём. Что спра́шивает он, что отвеча́ют они́?

А я зна́ю, что он та́кже написа́л [?] рома́н.

Я то́лько зна́ю [?] о стихотворе́нии *Зо́лото и була́т*.

Вы зна́ете [?] о [?] стихотворе́нии Пу́шкина?

[?] уже́ слы́шал о Пу́шкине?

Да, [?] мне о нём [?] рассказа́л. Поэ́т роди́лся в 1799 году́.

7) Мужчи́на из сосе́днего до́ма – ру́сский. Он ча́сто тоску́ет по Росси́и. Он интересу́ется ру́сской литерату́рой. Его́ люби́мый писа́тель – Лев Никола́евич Толсто́й. У твои́х роди́телей есть вопро́сы. Помоги́ им. М

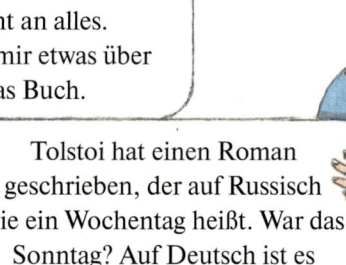

8) Фа́кты из биогра́фий изве́стных писа́телей
Запиши́ информа́цию об одно́м из а́второв.

1. Толсто́й постро́ил шко́лы для дете́й.
2. Изве́стная дра́ма Че́хова – *Дя́дя Ва́ня*, изве́стный расска́з – *Да́ма с соба́чкой*.
3. Го́род Ца́рское Село́ сего́дня называ́ется Пу́шкин, потому́ что поэ́т там учи́лся в ра́ннем во́зрасте.
4. Толсто́й ду́мал, что хоро́шему челове́ку ну́жно жить в дере́вне.
5. В до́ме Пу́шкина на Арба́те в Москве́ сего́дня музе́й.
6. Че́хов написа́л в письме́, что для писа́теля важне́е зада́ть пра́вильные вопро́сы, чем дать отве́ты на вопро́сы жи́зни.
7. Че́хов и Толсто́й бы́ли друзья́ми и иногда́ встреча́лись в Я́сной Поля́не, где жил Толсто́й.
8. Толсто́й жил о́чень до́лго. Он у́мер в 1910 году́.

9) Соста́вьте (пра́вильные и́ли непра́вильные) предложе́ния о писа́телях со сло́вом **ли** по образцу́. ◀ Г 6

– Я хочу́ знать, был **ли** Толсто́й гра́фом. – Да, он был гра́фом.
– Я не зна́ю, стро́ил **ли** Че́хов шко́лы для дете́й. – Нет, Толсто́й стро́ил шко́лы.

10) Найди́те бо́льше информа́ции об одно́м из писа́телей в уро́ке 3 В и в Интерне́те.

11) Расскажи́ о други́х ру́сских писа́телях и произведе́ниях ру́сской литерату́ры, кото́рые ты зна́ешь, и́ли о твоём люби́мом а́второ и́ли произведе́нии.

И́мя, о́тчество, фами́лия
Роди́лся
У́мер
Произведе́ния (жанр, назва́ния)
Осо́бенности
Ещё интере́сно

12) Объявле́ния в ру́сском магази́не недалеко́ от твоего́ до́ма
Ча́сто в таки́х объявле́ниях мо́жно встре́тить иностра́нные слова́.
Как ты ду́маешь, почему́ э́то так? Как сказа́ть э́то по-ру́сски?

13) Сравни́ образова́ние выраже́ний. DE | EN

Deutsch	Englisch	Russisch
Buchladen	?	кни́жный магази́н
?	city center	?
Wochentag	?	день неде́ли

14) От каки́х слов образо́ваны э́ти слова́? Найди́ други́е приме́ры.

(п) самолёт — сам, лета́ть

турфи́рма   многонациона́льный   се́веро-восто́к   спортце́нтр
телепрогра́мма   двухме́стный   экотури́зм   а́втор-исполни́тель

> Э́то ты уже́ уме́ешь.
> — Расскажи́ мне что́-нибудь о ру́сской литерату́ре.
> — Кому́-то он об э́том когда́-то уже́ расска́зывал.
> — Учи́тель спроси́л, зна́ешь ли ты ру́сских компози́торов.

15) И́гра Кто я?

Вы́бери одного́ писа́теля, но не говори́ однокла́ссникам, кого́ ты вы́брал (вы́брала). Собери́ всю информа́цию из уро́ков о нём. Вы́бери информа́цию по ва́жности: но́мер 1 — са́мая ва́жная информа́ция. Скажи́ са́мую нева́жную информа́цию однокла́ссникам. Кто быстре́е всех узна́ет, кто ты?

3 Г   Информа́ция из Росси́и

1) Послу́шай пе́сни и отве́ть на вопро́сы.

Михаи́л Ю́рьевич Ле́рмонтов

1. Каки́е у тебя́ чу́вства, когда́ ты слу́шаешь э́ту му́зыку?
2. В како́й ситуа́ции нахо́дится челове́к, кото́рый поёт пе́сню?
3. Кака́я пе́сня тебе́ бо́льше понра́вилась? Почему́?

Выхожу́ оди́н я на доро́гу[1]

[...]
В небеса́х[2] торже́ственно[3] и чу́дно[4]
Спит земля́ в сия́нье[5] голубо́м.
Что же мне так бо́льно и так тру́дно,
Жду ль чего́[6], жале́ю[7] ли о чём.
Жду ль чего́, жале́ю ли о чём.
[...]

М. Ю. Ле́рмонтов

[1] = путь [2] = в не́бе, hier: am Himmel
[3] feierlich [4] wundersam [5] Schein
[6] = жду ли я чего́ [7] bedauere

Позови́[1] меня́ ти́хо по и́мени

[...]
Позови́ меня́, ти́хая Ро́дина[2].
Позови́ меня́ на зака́те[3] дня.
Позови́ меня́, грусть[4], печа́ль[5] моя́,
позови́ меня́.
Позови́ меня́ на зака́те дня.
Позови́ меня́, грусть, печа́ль моя́,
позови́ меня́.
[...]

Любэ́

[1] rufe [2] Heimat
[3] (Sonnen-)Untergang, hier: abends
[4] Wehmut, Traurigkeit [5] Traurigkeit

2) Каки́е слова́ в э́тих пе́снях опи́сывают[1] чу́вства?
Говоря́т, что и́менно э́ти слова́ опи́сывают ру́сскую ду́шу[2].

[1] beschrieben
[2] Seele

3) Когда́ э́то бы́ло?
а) Прочита́й со словарём.

Е́сли ты чита́ешь текст, наприме́р, о ру́сских писа́телях XIX ве́ка, то ча́сто мо́жешь уви́деть две да́ты: «Че́хов роди́лся 17/29 января́ 1860 го́да и у́мер 2/15 ию́ля 1904 го́да». Почему́ э́то так?
Ю́лий Це́зарь ввёл[1] юлиа́нский календа́рь, а в 1582 году́ па́па Григо́рий XIII ввёл но́вый, григориа́нский календа́рь. На за́паде сра́зу ста́ли жить по но́вому календарю́, но в Росси́и э́то сде́лали то́лько в XX ве́ке, по́сле револю́ции. Вот почему́, когда́ мы говори́м, наприме́р, о да́тах в Росси́и в XIX ве́ке, всегда́ есть две да́ты — одна́ по ста́рому, юлиа́нскому, и одна́ по но́вому, григориа́нскому, календарю́.

[1] führte ein

Анто́н Па́влович Че́хов

б) Отве́ть на вопро́сы.

1. Чем отлича́ется григориа́нский календа́рь от юлиа́нского?
2. Когда́ в Росси́и пра́зднуют Рождество́ и Ста́рый Но́вый год?
3. Почему́ назва́ние *Октя́брьская револю́ция* (25 октября́) непра́вильно для За́пада, где в э́то вре́мя григориа́нский календа́рь был уже́ введён? Как мо́жно назва́ть её пра́вильнее?

Это на́до знать.

Г1) Adjektive: Prädikative Verwendung von Kurzformen

Von den meisten Adjektiven können Kurzformen gebildet werden. Sie werden vom Stamm des Adjektivs abgeleitet und sind nur nach Genus und Numerus veränderlich.
Einzelne Adjektive haben nur Kurzformen, z. B. *рад*.

m	n	f	Pl.
похо́ж_	похо́же	похо́жа	похо́жи
согла́сен_ [1]	согла́сно	согла́сна	согла́сны

[1] **!** *-o-* oder *-e-*Einschub bei Stammauslaut auf zwei Konsonanten mit *-к-* oder *-н-*.
Mit Formen von *быть* wird Präteritum und Futur ausgedrückt, z. B. Она́ была́ (бу́дет) согла́сна с ним.

Г2) Adjektive: Kongruenz der Kurzformen von ну́жный

кому́?	Kurzform	что?
Мне	ну́жен_	каранда́ш_.
Ей	ну́жно	лека́рство.
Сестре́	нужна́	кни́га.
Ему́	нужны́	кни́ги.

Kurzform von *ну́жный* richtet sich in Genus und Numerus nach dem Subjekt des Satzes, sie stehen also immer im Nominativ.

Г3) Verben: Partizip Präteritum Passiv

Das Partizip Präteritum Passiv erkennt man an den Suffixen *-нн-, -енн-(-ённ-), -т-*.
Es gibt Lang- und Kurzformen (s. Г1).

Langform	Kurzform
Suffixe: *-нн-, -енн-/-ённ-, -т-*	Suffixe: *-н-, -ен-/-ён-, -т-*
дом, постро́енный в 1999 году́ (das Haus, das 1999 erbaut wurde)	дом (был) постро́ен (das Haus wurde erbaut)
на́чатая экспеди́ция (die begonnene Expedition)	экспеди́ция (была́) начата́ (die Expedition wurde begonnen)

Г4) Adjektive: Weiche Deklination

	m	n	f	Pl.
Nom.	зи́мний	зи́мнее	зи́мняя	зи́мние
Gen.	зи́мнего	зи́мнего	зи́мней	зи́мних
Dat.	зи́мнему	зи́мнему	зи́мней	зи́мним
Akk.	unbelebt = Nom., belebt = Gen.	Nom.	зи́мнюю	unbelebt = Nom., belebt = Gen.
Instr.	зи́мним	зи́мним	зи́мней	зи́мними
Präp.	о зи́мнем	о зи́мнем	о зи́мней	о зи́мних

Г5) Indefinitpronomen (unbestimmte Pronomen)

Fragepronomen + *-нибу́дь, -ли́бо, -то* = Indefinitpronomen	
-нибу́дь, -ли́бо: Die betreffende Erscheinung ist dem Sprecher unbekannt oder gleichgültig.	*-то*: Die betreffende Erscheinung ist dem Sprecher unbekannt oder er will sie nicht genau benennen.
Мне кто́-нибудь звони́л?	Кто́-то звони́л.

! Die Verbindungen mit *кто-, что-, како́й-* werden dekliniert: кого́-то, чему́-либо, каки́м-нибудь

Г6) Indirekte Fragesätze ohne Fragewort

Indirekte Entscheidungsfragen (im Deutschen *ob*) werden mit der Fragepartikel *ли* gebildet.
Der Satz beginnt mit dem Satzglied, auf dem der Nachdruck liegt, darauf folgt die Fragepartikel *ли*.
Я спроси́ла его́: «Ты лю́бишь чита́ть?» → Я спроси́ла его́, лю́бит **ли** он чита́ть.

Урок 4   Русь – Россия – вчера и сегодня

Великий князь
Владимир Святославич
(980 – 1015)

Введение христианства[1] на Руси началось в 988 году. В то время Русь была нестабильным государством, столицей которого был Киев. Страной правил киевский великий князь Владимир Святославич. Мудрый князь знал, что только одна религия для всех может дать государству больше стабильности. Так он стал христианином и приказал своему народу креститься.

[1] Einführung des Christentums

Иван IV Грозный
(1533 – 1584)

Иван IV Грозный был первым царём России. Он был умным и образованным, но очень жестоким человеком, тираном. Он провёл разные реформы и расширил территорию страны. За его характер люди его назвали Грозным.

Пётр I был простым и весёлым человеком, но строгим царём и энергичным реформатором. Он посетил Европу и хотел европеизировать Россию. В 1703 году Пётр I основал город Санкт-Петербург, и в 1712 году объявил его столицей России. Так как он много сделал для развития страны, его назвали Пётр Великий.

Пётр I Великий (1682–1725)

Екатерина II Великая – самая знаменитая царица России. Её настоящее имя – София Фредерика Августа. Сильная императрица провела важные реформы, вела разные войны и тоже расширила территорию России. Но не все люди были довольны её правлением[2]. В 1773 – 1775 годах крестьяне восстали против системы крепостного права[3].

[2] Regierung, Herrschaft
[3] Leibeigenschaft

Екатерина II
Великая (1762–1796)

1) **В**ыберите одного из этих знаменитых людей и узнайте как можно больше о его жизни и о времени, в которое он жил.

2) **S**ammelt wichtige Ereignisse der europäischen Geschichte des 20. Jahrhunderts, die mit der Geschichte Russlands verknüpft sind und ordnet diese zeitlich zu.

3) **E**rstelle eine Übersicht über die im Text verwendeten Verben. Finde den jeweiligen Aspektpartner und ergänze die fehlenden Formen des Präteritums (m, f, n und Pl.).

В 1917 году́ под руково́дством В. И. Ле́нина произошла́ Октя́брьская револю́ция, а в 1922 году́ был осно́ван СССР. По́сле сме́рти Ле́нина к вла́сти пришёл И. В. Ста́лин. Для люде́й э́то бы́ло тяжёлое вре́мя терро́ра: тю́рьмы, лагеря́, расстре́лы. В 1941 году́ начала́сь Вели́кая Оте́чественная война́[6].

[6] Großer Vaterländischer Krieg

Влади́мир Ильи́ч Ле́нин (1917—1922) и Ио́сиф Виссарио́нович Ста́лин (1922 —1953)

Никола́й II был после́дним царём Росси́и. В 1914 году́ Росси́я вступи́ла в Пе́рвую мирову́ю войну́[4]. При Никола́е II состоя́лось не́сколько револю́ций, ситуа́ция в стране́ была́ крити́ческой, и в конце́ концо́в импера́тор отрёкся от престо́ла[5]. Росси́я ста́ла респу́бликой. В ночь на 17 ию́ля 1918 го́да большевики́ расстреля́ли бы́вшего импера́тора, его́ жену́ и дете́й.

[4] Erster Weltkrieg
[5] dankte ab

Никола́й II (1894—1917)

Михаи́л Серге́евич Горбачёв (1985 —1991)

М. С. Горбачёв был пе́рвым и после́дним президе́нтом СССР. Он хоте́л измени́ть систе́му, но не знал, как э́то сде́лать.

Мно́гие бы́ли недово́льны его́ рефо́рмами, и в 1991 году́ СССР распа́лся. Тепе́рь в Росси́и, как и в любо́й демократи́ческой стране́, ка́ждые 4 го́да прохо́дят вы́боры. За после́дние го́ды президе́нтами Росси́и бы́ли Б. Н. Е́льцин, В. В. Пу́тин и Д. А. Медве́дев.

4) Bilde so viele Sätze im Präteritum wie möglich. Ersetze dann in den Sätzen die Objekte durch Personalpronomen. Stelle noch einmal alle Personalpronomen in einer Tabelle zusammen.

князь Влади́мир	говори́ть (с)	страна́
Пётр I	прийти́ (к)	наро́д (крести́ться)
Екатери́на II	приказа́ть	го́род
Никола́й II	провести́	ра́зные во́йны
В. И. Ле́нин	расши́рить	Росси́я
И. В. Ста́лин	посети́ть	террито́рия
М. С. Горбачёв	основа́ть	рефо́рмы
большевики́	восста́ть (про́тив)	царь
	пра́вить	власть

4A Царская Россия

1) На уроке истории учительница рассказывает о русских царях.
a) Прочитай текст.

[1] Herrschaft

❶ «Этот царь жил в XVI веке. Он был первым царём Руси. Во время его правления[1] значительно увеличилась территория страны, потому что он успешно вёл войны со многими государствами. Старшего сына Ивана он убил в припадке ярости[2]. Царь был образованным человеком и талантливым писателем».

[2] in einem Wutanfall

[3] Preußen

❷ «Этот царь родился в XVII и умер в XVIII веке. В юности он учился в Пруссии[3] и Голландии. Когда он вернулся в Россию, он основал город на Балтийском море. Кроме того, этот царь являлся большим реформатором и провёл политические, экономические и другие реформы. Он основал российский военно-морской флот. Его сын Алексей, который был против его реформ, умер в тюрьме».

❸ «Эта царица жила в XVIII веке. Она была немецкой принцессой, и когда приехала в Россию, познакомилась с историей, литературой, культурой страны и выучила русский язык. Так как её муж был слабым царём, она организовала переворот[4]. Как царица она вела войны — в основном против Турции и Польши — и проводила реформы в образовании: строила школы для сирот и для девушек».

[4] Staatsstreich

[5] dankte ab

❹ «Этот царь родился в XIX и умер в XX веке. Он был последним царём России. В начале XX века многие люди были недовольны ситуацией в стране, поэтому в 1905 году они совершили революцию и заставили царя реформировать государство, а в 1917 году, когда он отрёкся от престола[5], Россия стала республикой. После Октябрьской революции царь был расстрелян вместе с семьёй».

б) Скажи, о каких царицах и царях рассказывает учительница.
Информация на → стр. 56—57 поможет тебе.

2) Что случилось?
Stelle Vermutungen an, worum es hier geht. Finde dann heraus, was die Hintergründe für diese Tat waren.

Иван Грозный и сын его Иван
16 ноября 1581 года
(И. Е. Репин, 1870—1873)

3) Какой это был царь?
a) Расскажи об одном из русских царей. Используй текст на → стр. 56—57 и рассказ учительницы.
б) Как ты думаешь, почему царей называют великими?

Я думаю, что…
По-моему…
Мне кажется, что…
На мой взгляд…
Может быть…

4) **А** *как жили в России простые люди?* ◀ Г 1
   а) Прочитай текст.

Московский дворик (В. Д. Поленов, 1878)

Простые люди **были** ремесленник**ами** или крестьян**ами**. Крестьяне **были** несвобод**ными**. У крепостных крестьян не было возможности выбирать будущих жён или мужей. Крепостных крестьян продавали и покупали. **Ими владели** другие люди, прежде всего дворяне. В 1861 году, после реформы, крестьяне **стали** свобод**ными**. Но так как большинство из них не имело возможности купить землю, почти все крестьяне **остались** бед**ными**.

*б) Finde heraus, was das Besondere an den hervorgehobenen Verben
in den Sätzen ist. Übersetze die Sätze. Zu diesen Verben gehören auch*
править, руководить, оказаться, остаться, являться *und* работать.

в) Suche die Formen von крестьянин *и* дворянин *im Text.
Welche Besonderheiten stellst du fest?*

5) **Ч**ем *помочь крестьянам? Какое окончание правильно?*

П. А. Столыпин

Русским крестьянам трудно было купить земл ? , и скоро у страны начались серьёзные проблемы, потому что многие крестьяне были бедн ? и у них было мало продуктов. Поэтому в 1906 году Пётр Аркадьевич Столыпин, который был очень умн ? министр ? , провёл реформы. Банки давали крестьянам кредиты. Эти реформы оказались эффективн ? , и скоро крестьяне стали владеть земл ? и продавать продукты. К сожалению, некоторые люди в России остались недовольн ? . В 1911 году Столыпина убили. Но его реформы оказались очень важн ? для России в начале XX века.

6) **Русская икона** ◀ Г2
   а) Прочитай текст.

Святая Варвара

Клаус, немецкий ученик, который две недели живёт в Санкт-Петербурге, вместе со своим партнёром Иваном пришёл в гости к его бабушке, Варваре Борисовне. Бабушка, милая старая женщина, хочет всё узнать о Клаусе, его семье и о том, как ему нравится город. Клаус вежливо отвечает на все вопросы бабушки. Его всё время удивляют картины, которые висят в гостиной у бабушки Ивана. В конце концов он спрашивает её:

Клаус: Какие у Вас интересные картины. Я таких никогда не видел.
В. Б.: Это иконы, картины святых людей. Ты, по-моему, уже знаешь, как много церквей и соборов у нас в Санкт-Петербурге.
Там ты можешь увидеть ещё больше икон.
Клаус: Да, я знаю. Но почему здесь у Вас эти две иконы?
В. Б.: Я, как много людей в России, верующая, и мы с мужем хотели иметь иконы наших святых. Как ты видишь, на одной иконе — святая Варвара, а на другой — Иоанн Креститель¹.
День ангела — очень важный праздник для верующих.
Клаус: В Германии тоже празднуют день ангела, но мне кажется, что для русских этот день важнее.
В. Б.: Да, день ангела является очень важным в русской православной церкви. Очень много лет он был одним из самых важных дней в жизни людей.
Клаус: Интересно. Почему?
В. Б.: Раньше в России детей называли и крестили именами святых, а имя, как правило, выбирали по дню рождения. Поэтому и простые люди, и даже цари праздновали свой день ангела, то есть день своего святого. Всё изменилось во время СССР. Тогда людям нельзя было ходить в церковь.
Клаус: Но ведь сегодня в России демократия.
В. Б.: Это так. После перестройки в России очень много людей опять стало ходить в церковь. Клаус, твой святой — Николай. И так как я знала, что ты сегодня ко мне придёшь в гости, я купила тебе маленькую икону святого Николая.
Клаус: Ой, какой красивый подарок. Большое Вам спасибо. Сегодня вечером я напишу родителям e-mail и расскажу им об этом.

¹ Johannes der Täufer

б) Разыграйте первую часть диалога между Клаусом и бабушкой. Что бабушка хочет узнать о Клаусе и его семье?

в) Представь себе, что ты Клаус, и напиши e-mail родителям. Расскажи им, о чём рассказала тебе бабушка Ивана.

7) **П**одготовьте доклад об иконах, их истории и значении.

8) **Е**сть ли в вашем городе (регионе) русская православная церковь? Где она находится? Вы уже были в ней?

Иоанн Креститель

9) *Дополни правильные формы.*

1. — Бабушка, (который) живёт у вас в квартире, — это мама твоей мамы?
2. — Как зовут другого дедушку, (который) я пока не видел?
3. — Хочешь поехать на дачу, (который) находится на Ладожском озере?
4. — Давай поедем с моими друзьями, (который) ты уже знаешь.

10) **К**то это? ◂ Г3

а) *Finde heraus, worauf sich* который *bezieht. Bestimme Numerus, Genus und Kasus.*

Ольга, <u>брат которой</u> работает в музее, часто ходит на выставки.
Николай Петрович, у <u>жены которого</u> мы вчера были, летом всегда на даче.
Родители Ивана, в <u>квартире которых</u> живёт Клаус, — очень милые люди.

б) *Сравни с немецким и английским* DE | EN

die Mutter, deren Mann ...	the mother, whose husband ...	мать, муж которой...
Peter, dessen Oma ...	Peter, whose grandmother ...	Пётр, бабушка которого...
die Kinder, deren Vater ...	The children, whose father ...	Ребята, отец которых...

11) **С**оставь предложения.

(П) Учительница | уроки | очень интересные | уже 5 лет | работать в нашей школе.
Учительница, уроки которой очень интересные, уже 5 лет работает в нашей школе.

Клаус | друг | жить | Санкт-Петербург | любить играть в теннис.
Девушка | мать | работать | учительница | знать всё | об истории России.
Пётр I | сын | быть | слабый человек | жить только 52 года.
Николай II | сын | звать | Алексей | быть | последний царь | Россия.

Это ты уже умеешь.
— В XIX веке в России землёй владели только дворяне.
— Политиков, реформы которых оказались неэффективными, не выбирают второй раз.

12) **П**рослушай текст о жизни С. В. Ковалевской и ответь на вопросы.
а) Кем она была? Передай главные этапы её жизни.
б) Что говорит её биография об общественном положении женщин в то время?

13) **К**ем быть? Расскажи о себе и своих родственниках.

(П) Мой брат хотел стать юристом, а стал учителем. Когда он был студентом, он работал на каникулах с детьми и понял, что любит эту профессию.

4Б Ве́тер переме́н

1) Прочита́й текст. EN

I follow the Moskva
Down to Gorky Park
Listening to the wind of change
An August summer night
Soldiers passing by
Listening to the wind of change

The world is closing in
Did you ever think
That we could be so close, like brothers
The future's in the air
I can feel it everywhere
Blowing with the wind of change

Э́то пе́рвая часть пе́сни, кото́рую пе́ла неме́цкая рок-гру́ппа *Ско́рпионс* на англи́йском языке́ в 1989 году́. В 1985 году́ Михаи́л Серге́евич Горбачёв стал Генера́льным секретарём Коммунисти́ческой па́ртии[1] Сове́тского Сою́за — еди́нственной[2] па́ртии в стране́, кото́рая тогда́ называ́лась СССР. Горбачёв по́нял,
5 что стране́ нужны́ экономи́ческие и полити́ческие рефо́рмы. Он хоте́л бо́льше демокра́тии и свобо́ды для люде́й. Э́та поли́тика называ́лась поли́тикой гла́сности и перестро́йки. Кро́ме того́, Горбачёв положи́л коне́ц[3] конфли́кту ме́жду СССР и США — так называ́емой[4] холо́дной войне́. Поли́тики э́тих стран на́чали диа́лог друг с дру́гом.
10 Так как и лю́ди в СССР чу́вствовали переме́ну, респу́блики на ю́ге, за́паде и се́веро-за́паде страны́ захоте́ли стать незави́симыми. В конце́ 1991 го́да СССР распа́лся, а Горбачёв переста́л быть главо́й госуда́рства. Сего́дня на террито́рии бы́вшего СССР нахо́дится Росси́йская Федера́ция и не́сколько незави́симых госуда́рств.

[1] Generalsekretär der Kommunistischen Partei
[2] die einzige
[3] setzte ein Ende
[4] so genannte

2) Отве́ть на вопро́сы к те́ксту.

1. Что гру́ппа *Ско́рпионс* понима́ет под *ве́тром переме́н* (wind of change)?
2. Как называ́лась поли́тика М. С. Горбачёва?
3. Каки́е после́дствия име́ла поли́тика М. С. Горбачёва?

3) Посмотри́ на ка́рты в нача́ле и в конце́ уче́бника и скажи́, каки́е ча́сти бы́вшего СССР ста́ли незави́симыми госуда́рствами.

4) Führe Recherchen zum Zerfall der Sowjetunion durch.
a) Informiere dich genauer über Ereignisse der Zeit, insbesondere über den Kalten Krieg, die Begriffe гла́сность und перестро́йка und Unabhängigkeitsbestrebungen der Sowjetrepubliken.
б) Wie haben deine Eltern oder Verwandten das Ende der Sowjetunion erlebt? Führe eine Zeitzeugenbefragung durch.

5) Немецкие русские или русские немцы?
   а) Прочитай текст.

Екатерина II пригласила немцев в Россию, потому что они были хорошими ремесленниками. Многие из них остались жить в России. Но во время Второй мировой войны их положение стало очень трудным, потому что Сталин считал их врагами. Многие оказались в тюрьмах и лагерях. Только после перестройки русские немцы получили возможность вернуться в Германию.

б) Что правильно, а что неправильно?

1. Екатерина II пригласила немцев в Россию.
2. Время Второй мировой войны оказалось трудным для немцев.
3. Сталин помог немцам переехать в Германию.
4. Во время перестройки немцы хотели жить в России.

в) Informiert euch über die Geschichte der deutschen Auswanderer in Russland und stellt die wichtigsten Daten und Ereignisse auf einer Wandzeitung dar.

6) Ирина рассказывает.
   а) Прочитай и прослушай текст.

Я родилась в Казахстане. Приехала в Германию семь лет назад, когда мне было одиннадцать. С тех пор моя семья переезжала несколько раз, теперь мы живём в Берлине. Так как я сразу пошла в немецкую школу, мой русский язык остался на детском уровне. Я общаюсь в основном с русской молодёжью, но со временем мы стали говорить не по-русски, а на языке, в котором смешиваются русский и немецкий. Например, мы говорим: «Я пошла на Bahnhof». Хотя я пытаюсь говорить на одном или на другом языке, мне это не всегда удаётся. Я пока не знаю, кем хочу стать. В свободное время подрабатываю в кафе, но, конечно же, не могу себе представить остаться там на всю жизнь.
Переселенцы чувствуют себя здесь по-разному. У многих из поколения моих родителей есть только одно желание — вернуться назад. Другие в Германии начинают новую жизнь, занимаются бизнесом, делают карьеру. Третьи радуются тому, что могут «дать своим детям лучшее будущее» но и не потеряли связь с бывшей родиной. А мы, их дети, — самые разные люди, у нас свой взгляды, мысли, поведение.
(Ирина Мюллер, 18 лет)

б) Задайте друг другу вопросы к тексту и ответьте на них.

7) Русские фамилии ◀ Г 4
а) Переведи предложения.

— Я люблю стихотворения А. С. Пушкин**а**.
— Моя тётя любит слушать песни А. Пугачёв**ой**.
— Мои родители недавно были в гостях у Смирнов**ых**.

б) Напиши таблицу в тетради и вставь правильные окончания.

m	f	Pl.
Смирнов	Смирнова	Смирнов**S**
Смирнов**S**	Смирнов**A**	Смирнов**A**
Смирнов**S**	Смирнов**A**	Смирнов**A**
Смирнов**S**	Смирнов**S**	Смирнов**A**
Смирнов**A**	Смирнов**S/A**	Смирнов**A**
Смирнов**S**	Смирнов**A**	Смирнов**A**

Es gibt auch Namen ukrainischer Herkunft, die nicht dekliniert werden, z. B. Кличко, Нетребко, Плющенко.

A = Adjektivendung
S = Substantivendung

8) Как её фамилия?
Bilde die weiblichen Formen.

Пушкин, Толстой, Есенин, Сафин, Достоевский, Солженицын, Кличко, Ковалевский, Чехов

9) Составь предложения.

(П) Я часто встречался с Р. В. Ивановым.
Мама напишет письмо С. Б. Виноградовой.

встретиться/встречаться с,
поужинать/ужинать с,
подарить/дарить цветы, увидеть/видеть,
поговорить/говорить с, знать, ждать,
поздравить/поздравлять с днём рождения,
любить, пойти/идти к, написать/писать

Р. В. Иванов, А. А. Фомкина,
И. И. Максименко,
В. А. Дубровский,
З. В. Трубецкая, Л. М. Зощенко,
Ю. О. Стасов, С. Б. Виноградова,
К. С. Ростовцев, В. Н. Матвеева

10) Раньше и сегодня. Прочитай предложения.
Erkläre die Bedeutung der hervorgehobenen Verben.

Раньше в Москве жило 8 миллионов людей. За последние 20 лет число жителей города **увеличилось**: сегодня в нём живёт почти 11 миллионов людей.
У СССР была территория величиной 22 миллиона квадратных километров. Территория России **уменьшилась** на 24 процента по сравнению с территорией СССР.
Многое **изменилось** и в жизни людей: раньше они обычно отдыхали на даче. А сегодня многие отдыхают за границей.

11) **Ра́ньше и тепе́рь**
а) Скажи́, что бы́ло ра́ньше и как э́то измени́лось, увели́чилось и́ли уме́ньшилось.

[1] Pferdestärke (PS)

самолёт:
30 пассажи́ров

самолёт:
200 пассажи́ров

маши́на:
20 лошади́ных сил[1]

маши́на:
250 лошади́ных сил

1970 год:
телефо́н

2010 год:
моби́льник

1985 год:
компью́тер

2010 год:
ноутбу́к

б) Найди́те други́е приме́ры. Запиши́те и́ли нарису́йте то, что измени́лось и чи́сла/да́ты.

Э́то ты уже́ уме́ешь.
— Мы говори́ли с П. Б. Серге́евым и с А. В. Ко́стиной.
— За после́дние три го́да в стране́ мно́гое измени́лось.

12) Проведи́те интервью́ со шко́льниками из семе́й мигра́нтов в ва́шей шко́ле.

13) Сравни́ жизнь Ири́ны (→ упр. 6 стр. 63) со свое́й жи́знью.

14) Напиши́ свою́ биогра́фию.

роди́ться — прие́хать — учи́ться — хоте́ть стать — рабо́тать — жить — подраба́тывать — занима́ться — сде́лать карье́ру — перее́хать — обща́ться

15) Der Direktor deiner Schule begrüßt die Austauschpartner aus Russland, die nun schon seit 20 Jahren aus St. Petersburg kommen. Gib für die Gäste den Inhalt der Rede wieder. **M**

— Er weist darauf hin, dass viele Leute auch noch gern an den Austausch denken, wenn sie längst schon arbeiten und Karriere gemacht haben.
— Er ist stolz darauf, dass die Kontakte schon so lange bestehen, obwohl sich in der Zeit viel in Russland und Deutschland geändert hat.
— Er dankt besonders der Direktorin der russischen Partnerschule, Frau Lavrova, für ihr langjähriges Engagement.

4B Ру́сские о себе́

1) Михаи́л Задо́рнов: Мы

а) Прочита́й текст со словарём.

Мы удиви́тельные лю́ди! Хоти́м жить, как все, при э́том быть не похо́жими на остальны́х. Мы всегда́ счита́ем себя́ умне́е други́х, поэ́тому постоя́нно ока́зываемся в дурака́х.

Лени́вые, но энерги́чные. Устаём на о́тдыхе – отдыха́ем на рабо́те. Пла́чем на сва́дьбах, а на поми́нках поём часту́шки[1]. Ни́щие, но всегда́ хорошо́ оде́тые! Необразо́ванные, но, как никто́, разга́дываем[2] кроссво́рды!

Мы потряса́ющие[3] лю́ди! Большинство́ из нас уве́рено, что встре́ча с трубочи́стом – к деньга́м. С хромы́м[4] – к здоро́вью. И е́сли ве́чером вы́нести из до́му му́сорное ведро́, то нау́тро в до́ме не бу́дет де́нег. Мы хва́лим друг дру́га несовмести́мыми слова́ми «стра́шно краси́в», «ужа́сно умён» и «дья́вольски[5] здоро́в».

Но са́мое гла́вное – мы живём, не замеча́я всего́ э́того[6]. Зато́ с мечто́й, что когда́-нибудь нам обяза́тельно повезёт.

[1] singen Scherzlieder auf Gedenkfeiern
[2] hier: lösen
[3] hier: unglaublich
[4] hinkender Mensch
[5] teuflisch
[6] ohne all das zu merken

М. Задо́рнов

б) Что ду́мает Задо́рнов о ру́сских? Соста́вь предложе́ния.

| Ру́сские | отдыха́ют
пла́чут
устаю́т
хва́лят друг дру́га
хотя́т жить
хотя́т быть
счита́ют себя́ | умне́е други́х
как все
на рабо́те
не похо́жими на остальны́х
несовмести́мыми слова́ми
на сва́дьбах
си́мволом сча́стья
на о́тдыхе |

2) Ordne den im Text genannten Eigenschaften Antonyme zu.

★ у́мный ★ лени́вый ★ энерги́чный ★ необразо́ванный ★ стра́нный ★ ни́щий
★ норма́льный ★ трудолюби́вый ★ бога́тый ★ образо́ванный ★ вя́лый ★ глу́пый

3) Вы́скажи своё мне́ние о те́ксте Задо́рнова. Ты согла́сен с пози́цией а́втора?

4) Как ты понима́ешь э́ту карикату́ру?

5) Социализм – это...
   а) Прочитай информацию о советских плакатах.

[1] erlangte

В годы революции и гражданской войны плакат приобрёл[1] большое значение.
В эти тяжёлые дни выходило мало газет. Очень часто газету заменял плакат.

Плакаты и их образы были понятны каждому, текстом был только краткий лозунг.

Плакаты стали использовать в целях воспитания и образования. Появились плакаты с пропагандой социализма и труда.

Большое внимание уделялось любви к родине, нравственности, дружбе народов, спорту и здоровью. Плакаты давали советы и родителям.

б) Прочитай лозунги и переведи их со словарём.
в) Как ты думаешь, о каких проблемах того времени говорят эти плакаты?
г) Объясни, какой образ человека показан на этих плакатах.

6) Что вы знаете о роли женщины в XX веке в России и в Германии? Соберите информацию. Обсудите результаты в классе.

67

7) Поли́тика в анекдо́тах.
   а) Прочита́й анекдо́ты со словарём.

   ❶ Карл Маркс захоте́л вы́ступить в СССР по ра́дио.
   – Хотя́ вы и коммунисти́ческий основополо́жник, сказа́л ему́ Бре́жнев, – я не могу́ оди́н реши́ть тако́й ва́жный вопро́с. У нас коллекти́вное руково́дство.
   – Я скажу́ то́лько одну́ фра́зу!
   Сказа́ть одну́ фра́зу Бре́жнев разреши́л под свою́ отве́тственность.
   Маркс подошёл к микрофо́ну и сказа́л:
   – Пролета́рии всех стран, прости́те меня́!

   ❷ – Что в Сове́тском Сою́зе са́мое постоя́нное?
   – Вре́менные тру́дности.

   ❸ – Почему́ сове́тское со́лнце с утра́ тако́е ра́достное?
   – Потому́ что оно́ зна́ет, что к ве́черу бу́дет на за́паде.

   ❹ – Скажи́те, э́то уже́ коммуни́зм, и́ли бу́дет ещё ху́же?

   б) Прочита́й сове́тские ло́зунги.

   СССР – всему́ ми́ру приме́р.
   Наро́ды на́шей страны́ дру́жбой сильны́.
   Где власть наро́да – там побе́да и свобо́да.

   *в) Сравни́ анекдо́ты с официа́льными ло́зунгами и плака́тами
   (→ упр. 5 стр. 67). Чем они́ отлича́ются?*

8) Ах, как здо́рово!
   а) Переведи́ выраже́ния со словарём.

   б) Schreibe die Tabelle in dein Heft und ordne die Ausdrücke dort ein.

Erleichterung (облегче́ние)	Begeisterung (восто́рг)	Entsetzen (у́жас)	Erstaunen (изумле́ние)	Einverständnis (согла́сие)

9) Не мо́жет быть!
   а) Прослу́шай диало́ги.
   б) Соста́вьте похо́жие диало́ги.

10) Анекдо́ты расска́зывают в любы́е времена́.
Как ты ду́маешь, о како́м вре́мени идёт речь в э́тих анекдо́тах? Почему́?

[1] böse

❶ Прие́хал в Москву́ но́вый ру́сский со свое́й жено́й
и шестиле́тним сы́ном. Оте́ц говори́т ему́:
— За́втра в шко́лу пойдёшь, в пе́рвый класс.
— Урра́ааааа!
На сле́дующий день сын прихо́дит домо́й из шко́лы злой[1].
— Что случи́лось? — спроси́л оте́ц.
— Вы обеща́ли пе́рвый класс... А там сту́лья деревя́нные!

❷ — Пра́вда ли, что при коммуни́зме проду́кты мо́жно бу́дет зака́зывать по телефо́ну?
— Пра́вда. Но выдава́ть их бу́дут по телеви́зору.

❸ — Бу́дет ещё ху́же!
— Ху́же уже́ не бу́дет!

Э́то ты уже́ уме́ешь.
— За́втра не бу́дет контро́льной по исто́рии.
— Сла́ва бо́гу!

— Вме́сто контро́льной мы пойдём в музе́й.
— Здо́рово!

11) Угада́й.

Когда́ мне бо́льно, я говорю́: [?]	Стоп!
Когда́ мне тру́дно, я говорю́: [?]	Ура́!
На конце́рте я говорю́: [?]	Ой!
На у́лице стои́т знак: [?]	Бра́во!
Когда́ я рад, я говорю́: [?]	Ох!

12) Спроси́те свои́х роди́телей (знако́мых, ро́дственников, друзе́й), что они́ по́мнят об СССР и перестро́йке. Соста́вьте кра́ткие за́писи. Сравни́те результа́ты в кла́ссе.

13) Нарису́й полити́ческую карикату́ру и́ли полити́ческий плака́т.

4Г   Информа́ция из Росси́и

1) Флаг и герб Росси́и

а) Прочита́й те́ксты о фла́ге и гербе́ Росси́йской Федера́ции.

[1] Deutung

Флаг Росси́и с 1991 го́да. Цвета́ фла́га: бе́лый, си́ний и кра́сный. В на́ше вре́мя нет официа́льного толкова́ния[1] цвето́в.

[2] stellt einen zweiköpfigen (Doppel-)Adler dar

[3] hält Zepter und Reichsapfel

Госуда́рственный герб Росси́йской Федера́ции представля́ет собо́й изображе́ние двугла́вого орла́[2]; над орло́м — три истори́ческие коро́ны Петра́ Вели́кого. Орёл де́ржит ски́петр и держа́ву[3]. В це́нтре — изображе́ние свято́го Гео́ргия.

б) Informiere dich über die Bedeutung der Farbsymbolik der russischen Flagge im Laufe der Geschichte.

в) Vergleiche mit der Farbsymbolik der Fahne der Bundesrepublik Deutschland.

2) Узна́й президе́нта

а) Прочита́й текст со словарём.

Уже́ ра́но шко́льники в Росси́и у́чатся люби́ть свою́ ро́дину. И в Интерне́те мо́жно найти́ сайт Президе́нта Росси́и, где он знако́мит шко́льников со свое́й рабо́той. Там президе́нт отвеча́ет и на вопро́сы молоды́х люде́й. А для тех, кто хо́чет стать президе́нтом, есть да́же шко́ла президе́нтов. О шко́ле президе́нтов он пи́шет:

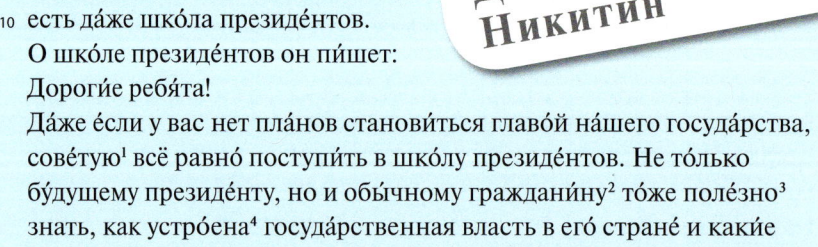

[1] rate
[2] einfacher Bürger
[3] nützlich
[4] aufgebaut
[5] Pflichten
[6] nachkommen

Дороги́е ребя́та!
Да́же е́сли у вас нет пла́нов станови́ться главо́й на́шего госуда́рства, сове́тую[1] всё равно́ поступи́ть в шко́лу президе́нтов. Не то́лько бу́дущему президе́нту, но и обы́чному граждани́ну[2] то́же поле́зно[3] знать, как устро́ена[4] госуда́рственная власть в его́ стране́ и каки́е обя́занности[5] до́лжен выполня́ть[6] тот, кто стои́т во главе́ госуда́рства.

б) Объясни́, почему́ поле́зно посеща́ть шко́лу президе́нтов.

в) Зада́й вопро́сы президе́нту.

 г) Informiert euch auf der Seite des Präsidenten, welche Informationen die Kinder dort noch erhalten.

Э́то на́до знать.

Г1) *Maskulina mit den Suffixen* -анин, -янин: *Deklination*

	Sg.		Pl.	
Nom.	крестья́нин_	англича́нин_	крестья́не	англича́не
Gen.	крестья́нина	англича́нина	крестья́н_	англича́н_
Dat.	крестья́нину	англича́нину	крестья́нам	англича́нам
Akk.	крестья́нина	англича́нина	крестья́н_	англича́н_
Instr.	крестья́нином	англича́нином	крестья́нами	англича́нами
Präp.	о крестья́нине	об англича́нине	о крестья́нах	об англича́нах

Г2) *Substantive des Typs* вре́мя: *Deklination*

	Sg.	Pl.
Nom.	вре́мя	времена́
Gen.	вре́мени	времён_
Dat.	вре́мени	времена́м
Akk.	вре́мя	времена́
Instr.	вре́менем	времена́ми
Präp.	о вре́мени	о времена́х

Ebenso wird das Substantiv *и́мя* dekliniert.

Г3) *Das Relativpronomen* кото́рый *in attributiver Funktion*

	по-неме́цки	по-ру́сски
Beziehungswort männlich → кото́рого	Peter, dessen Oma ...	Пётр, ба́бушка кото́рого...
Beziehungswort weiblich → кото́рой	die Großmutter, deren Mann ...	ба́бушка, муж кото́рой...
Beziehungswort Plural → кото́рых	die Kinder, deren Vater ...	Ребя́та, оте́ц кото́рых...

Г4) *Russische Familiennamen: Deklination*

Familiennamen auf *-ов, -ев, -ёв, -ин, -ын* werden teils wie Adjektive dekliniert, teils wie Substantive.

m	f	Pl.
Ивано́в_	Ивано́ва	Ивано́вы
Ивано́ва	Ивано́вой	Ивано́вых
Ивано́ву	Ивано́вой	Ивано́вым
Ивано́ва	Ивано́ву	Ивано́вых
Ивано́вым	Ивано́вой	Ивано́выми
Ивано́ве	Ивано́вой	Ивано́вых

Familiennamen auf *-о́й, -а́я, -(к)ий* werden wie Adjektive dekliniert.

m	f	Pl.
Толсто́й	Толста́я	Толсты́е
Толсто́го	Толсто́й	Толсты́х
Толсто́му	Толсто́й	Толсты́м
Толсто́го	Толсту́ю	Толсты́х
Толсты́м	Толсто́й	Толсты́ми
Толсто́м	Толсто́й	Толсты́х

! Nicht dekliniert werden russische Familiennamen auf *-ово, -аго, -ых, -их*, z. B.: *Хитрово́, Черны́х* sowie ukrainische Familiennamen auf *-енко* und *-ко*, z. B.: *Ковале́нко, Франко́*.

Уро́к 5 Вот на́ши люби́мые заня́тия.

5

1) *Что мо́жно де́лать в свобо́дное вре́мя?*

Свобо́дное вре́мя — э́то вре́мя, свобо́дное от шко́лы, уро́ков и рабо́ты. Все прово́дят своё свобо́дное вре́мя так, как им э́то бо́льше всего́ нра́вится. Есть лю́ди, кото́рые прово́дят э́то вре́мя интере́сно и акти́вно. А есть и таки́е, кото́рые ничего́ не де́лают, а про́сто лежа́т на дива́не.

1. Как ты прово́дишь своё свобо́дное вре́мя?
2. Каки́е у тебя́ хо́бби и интере́сы?

2) *Посмотри́ на фотогра́фии и расскажи́, что ты ви́дишь.*

3) *Чем лю́бит занима́ться росси́йская молодёжь?*
   а) Прочита́й текст.

> В свобо́дное вре́мя я с удово́льствием занима́юсь спо́ртом, потому́ что я о́чень акти́вный челове́к. Э́тим ле́том, наприме́р, я ча́сто пла́вал в о́зере, ката́лся на велосипе́де и ходи́л в похо́ды. Зимо́й я то́же не бу́ду сиде́ть до́ма, а бу́ду ката́ться на лы́жах и́ли конька́х и пла́вать в бассе́йне. (И́горь, 16 лет)

> У меня́ мно́го ра́зных хо́бби. Хо́бби но́мер оди́н — э́то кни́ги. Я прочита́ла уже́ все кни́ги до́ма и тепе́рь ча́сто хожу́ чита́ть кни́ги в библиоте́ку. Я чита́ю почти́ всё: истори́ческие рома́ны, детекти́вы... Хо́бби но́мер два — э́то живо́тные. Я их о́чень люблю́. Мои́ роди́тели подари́ли мне на день рожде́ния соба́ку — го́лден ретри́вера. Я ка́ждый день хожу́ с ней в парк. А ещё мне о́чень нра́вится изуча́ть исто́рию моего́ родно́го го́рода Яросла́вля. За́втра, наприме́р, я пойду́ в истори́ческий музе́й. (Ната́ша, 17 лет)

> Я о́чень люблю́ путеше́ствовать[1]. В про́шлом году́ я вме́сте с роди́телями е́здил в Санкт-Петербу́рг, Волгогра́д и Ни́жний Но́вгород. В э́том году́ мы е́дем на по́езде в Сиби́рь, на о́зеро Байка́л, а обра́тно лети́м на самолёте. Моя́ мечта́ — пое́хать за грани́цу, наприме́р, в Ита́лию и́ли Фра́нцию. (Ива́н, 18 лет)

> У меня́ мно́го друзе́й, поэ́тому я провожу́ своё свобо́дное вре́мя вме́сте с ни́ми. Сего́дня по́сле шко́лы я встреча́юсь с друзья́ми в па́рке. Пото́м мы все вме́сте пойдём в молодёжный клуб. Там мы бу́дем игра́ть в насто́льный те́ннис и́ли в компью́терные и́гры. (Оле́г, 18 лет)

[1] reisen

б) Скажи́, каки́е фотогра́фии подхо́дят к каки́м те́кстам?

в) Bestimme den Aspekt und die Zeiten der Verben im Text. Begründe dabei die Verwendung des Aspekts.

73

5A Любимый вид спорта

1) *Газета* Спорт в школе
Прочитай отрывок из газетной статьи.

ПРЕЗИДЕНТСКИЕ СОСТЯЗАНИЯ

26 сентября начинается Всероссийский спортивный фестиваль школьников *Президентские состязания*, ежегодно проходящий в городе Сочи. Цель этих соревнований – заинтересовать учащуюся молодёжь в регулярных занятиях физической культурой и спортом.

Фестиваль *Президентские состязания* играет важную роль в воспитании молодых россиян, имеющих довольно плохой уровень физической подготовки. Это зависит не только от того, что в школах нет учителей по физической культуре, но и от отсутствующей у детей мотивации к занятиям спортом.

В фестивале участвуют более 50 класс-команд, которые приехали из разных городов России. Каждая класс-команда, состоящая из 20 человек, должна участвовать не менее чем в пяти дисциплинах.

Обязательные виды программы для всех команд: президентское многоборье, конкурс художественной самодеятельности и эстафета. Остальные виды – по выбору. Каждый школьник, принимающий участие в фестивале, может участвовать в нескольких видах программы.

Президентское многоборье включает в себя
- бег на 30 м;
- бег на 1000 м;
- подтягивание[1] (для мальчиков);
- отжимание[2] (для девочек);
- прыжок в длину[3].

[1] Klimmzug
[2] Liegestütz
[3] Weitsprung

2) Правда ли, что…?
Задайте друг другу вопросы к тексту и ответьте на них.

(П) – Правда ли, что *Президентские состязания* начинаются в сентябре?
– Да, это правда. *Президентские состязания* начинаются в сентябре.

1. Всероссийские спортивные соревнования проходят в Крыму.
2. В фестивале принимают участие только учителя.
3. У российских школьников отличная физическая подготовка.
4. Молодёжь в России очень любит заниматься спортом.
5. В Сочи приехали школьники из разных городов России.
6. Есть шесть обязательных дисциплин.
7. Эстафета – обязательный вид программы.

3) Учащийся, учащаяся, учащиеся. ◀ Г1
а) Найди в тексте (→ упр. 1) все причастия и напиши их в свою тетрадь.
б) От каких глаголов они образованы?

(П) проходящий – проходить

4) **E**-*mail от друга из России.* ◀ Г2
Прочитай письмо и переведи его.

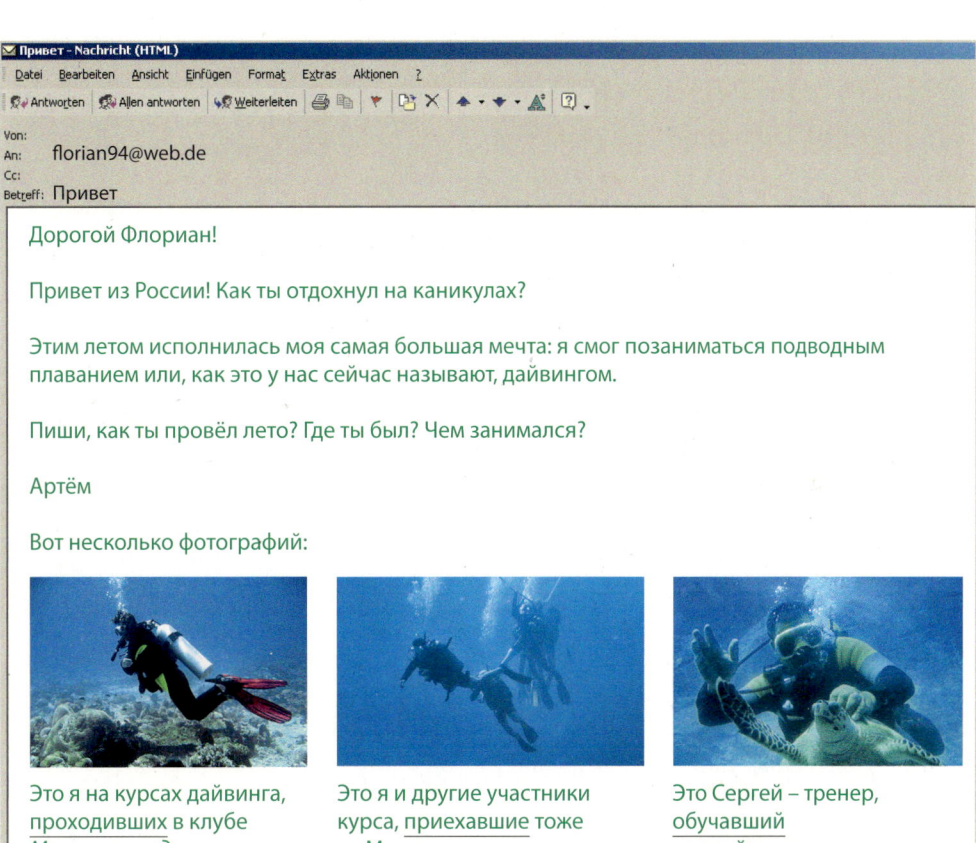

5) *Как это будет по-немецки? Переведи со словарём.*

1. Команда, забившая последний гол, вышла в финал.
2. Судья дисквалифицировал спортсмена, нарушившего правила игры.
3. Спортсмены, не прошедшие допинг-контроль, не могут участвовать в эстафете.

6) *Ты когда-нибудь занимался редкими или экстремальными видами спорта?*
Задайте друг другу вопросы и ответьте на них.

Где?	заниматься	ещё раз	гольф ★ кикбоксинг ★
Когда?	играть	много раз	рафтинг ★ крокет ★ скайсёрфинг ★
С кем?	(не) нравиться	никогда	реслинг ★ банджи-джампинг ★
Почему?	участвовать в соревнованиях	никогда больше	альпинизм ★ сноубординг ★ паркур ★ парашютный спорт ★ фристайл

7) Посмотри и прочитай комикс. Объясни, кому из них что важно в жизни. Как они выражают свои чувства?

8) *Что подходит? Выбери правильную форму.* ◀ Г3

1. (Уважаемые, Уважаемым, Уважаемых) участники соревнований, пожалуйста, пройдите на старт.
2. Ученики охотно приходят в спортивную секцию, (проводимая, проводимую, проводимой) молодым тренером.
3. Так (называемый, называемая, называемое) скайсёрфинг — очень опасный вид спорта.

9) *Тест: Ты честный игрок?*

	редко	часто	всегда
1. Ты соблюдаешь правила.	3	2	1
2. Ты уважаешь противника.	3	2	1
3. Ты уважаешь решение судьи.	3	2	1
4. Ты достойно принимаешь поражение.	3	2	1
5. Ты умеешь оставаться скромным после победы.	3	2	1

- **5–7 очков:** Молодец! Ты честный игрок, для тебя победа не самое главное, ты ведёшь себя достойно, когда другие ведут себя нечестно.
- **8–11 очков:** Ты можешь быть честным и можешь уважать своего противника. Ты на правильном пути.
- **12–15 очков:** Ты хочешь победить любой ценой и не умеешь контролировать свои эмоции, когда проигрываешь. Ты не всегда готов принять решение судьи. Тебе надо ещё многому учиться.

10) *Скажи по-другому. Какие принципы честной игры ты знаешь? Назови их с помощью слов нужно, надо или должен, должна, должны. Используй следующие слова.*

- иметь одинаковые шансы
- быть честным
- контролировать эмоции
- уважать противника
- соблюдать правила
- уметь проигрывать

> Это ты уже умеешь.
> – Учащаяся молодёжь не очень любит спорт.
> – Футболист, игравший не по правилам, получил жёлтую карточку.
> – Спартакиада – это соревнования школьников, ежегодно проводимые в школе.

11) *Честная игра*
Sammelt weitere Regeln des „Fair Play".
Wurdet ihr schon einmal mit diesen Regeln selbst konfrontiert?

12) *Расскажи о себе. Какую роль играет спорт в твоей жизни? Составь краткие записи.*

13) Gestalte eine Fotoreportage zu einem Sportereignis an deiner Schule oder in deiner Lieblingssportart. Präsentiere sie vor deinen Mitschülern.

5 Б   Жизнь коротка́, иску́сство ве́чно.

1) Куда́ пойти́ в воскресе́нье?

а) Послу́шай и прочита́й, о чём говоря́т Ни́колас и его́ росси́йский друг Дани́л, кото́рый прие́хал в го́сти в Герма́нию.

Дани́л:	Ни́колас, что мы бу́дем де́лать в воскресе́нье?
Ни́колас:	Зна́ешь, снача́ла я хоте́л пойти́ с тобо́й на дискоте́ку, а пото́м поду́мал, что лу́чше пойти́ в кино́.
Дани́л:	Вот здо́рово! То́лько я не смогу́ поня́ть, о чём говоря́т в фи́льме. Он ведь на неме́цком языке́. А неме́цкий я ещё не о́чень хорошо́ зна́ю.
Ни́колас:	Э́то не пробле́ма. Я хочу́ пойти́ с тобо́й на неде́лю росси́йского кино́, где мо́жно посмотре́ть фи́льмы на ру́сском языке́. Э́тот фестива́ль прохо́дит сейча́с здесь, в Берли́не. Ка́ждый год росси́йские режиссёры и звёзды кино́ привозя́т в Берли́н но́вые фи́льмы и, коне́чно, кла́ссику ру́сского кино́. Всё э́то мо́жно посмотре́ть в кинотеа́трах *Бродве́й*, *Интернациона́ль* и в *Росси́йском до́ме нау́ки и культу́ры*.
Дани́л:	Да, пра́вда? Я не знал, что в Герма́нии лю́ди интересу́ются росси́йским кино́. А что там мо́жно посмотре́ть?
Ни́колас:	Ра́зные фи́льмы: кримина́льную дра́му, три́ллер, коме́дию и, коне́чно же, худо́жественное кино́.
Дани́л:	Вы́бор большо́й. Ра́зные жа́нры. И те́мы, наве́рное, то́же ра́зные?
Ни́колас:	Мо́жно узна́ть, как в Росси́и живу́т, лю́бят и страда́ют, как пра́зднуют и и́щут смысл жи́зни.
Дани́л:	И ты понима́ешь всё, о чём говоря́т актёры в кино́?
Ни́колас:	Не всегда́. Но все фи́льмы иду́т с неме́цкими субти́трами. А по́сле ка́ждого фи́льма мо́жно поговори́ть по-неме́цки и́ли по-ру́сски о фи́льме и свои́х впечатле́ниях.
Дани́л:	Э́то о́чень хорошо́! А ты уже́ вы́брал фильм, кото́рый мы бу́дем смотре́ть?
Ни́колас:	Нет. Я хоте́л тебя́ спроси́ть, что тебе́ бо́льше нра́вится? В програ́мме есть, наприме́р, фи́льмы про молодёжь, про любо́вь и́ли кинокла́ссика.

б) Отве́ть на вопро́сы.

1. Как Ни́колас хо́чет провести́ воскресе́нье с Дани́лом?
2. Где пока́зывают фи́льмы на ру́сском языке́?
3. Каки́е фи́льмы мо́жно посмотре́ть?
4. О чём э́ти фи́льмы?
5. Для кого́ пока́зывают росси́йские фи́льмы?

2) Неде́ля росси́йского кино́ M

Твои́ друзья́ из А́нглии хотя́т посмотре́ть ру́сские фи́льмы.
Расскажи́ им, каки́е фи́льмы иду́т на фестива́ле.

Datum	Kino International	Russisches Haus	Broadway Kino
25.11.	Откры́тие: Стиля́ги 19:00 (115 мин.)		
26.11.		Любо́вь-Морко́вь 2 20:30 (100 мин.)	Бу́бен, бараба́н 20:30 (105 мин.)
27.11.		Пала́та но́мер шесть 18:00 (83 мин.)	Ко́шечка 18:00 (100 мин.)

3) История кино

а) Прочитай названия кинофильмов и переведи их.
Как ты думаешь, о чём они?

¹ gehärtet wurde
² Schneeball (Pflanze)

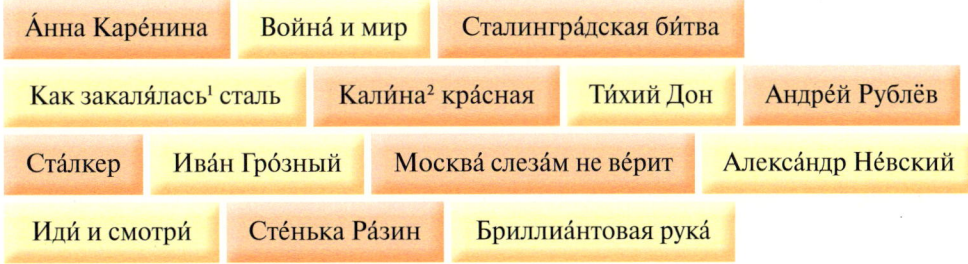

- Анна Каренина
- Война и мир
- Сталинградская битва
- Как закалялась¹ сталь
- Калина² красная
- Тихий Дон
- Андрей Рублёв
- Сталкер
- Иван Грозный
- Москва слезам не верит
- Александр Невский
- Иди и смотри
- Стенька Разин
- Бриллиантовая рука

б) Соберите информацию об одном из фильмов и сравните с вашими предположениями о его содержании. Составьте краткие записи. Расскажите о нём своим одноклассникам.

в) Выбери один фильм, посмотри его и передай содержание той сцены, которая понравилась тебе больше всего.

4) Билеты на балет

Прочитай текст и скажи, что советуют Сергею.

Уважаемые участники форума!
Я уже давно пытаюсь достать билет на балет *Щелкунчик* Чайковского, но всё пока без результата. Вы сами знаете, что в театральных кассах Большого театра купить билет почти невозможно. А у моей девушки в субботу день рождения.
Я хотел подарить ей билет на *Щелкунчик*. Она просто обожает Чайковского.
Может быть, у кого-нибудь есть лишний билет на эту субботу или это воскресенье?
Я буду Вам очень благодарен.
С нетерпением жду Ваших ответов. ☺ Сергей

Привет, Сергей!
У меня, к сожалению, нет лишнего билета. Но я хочу тебе дать совет.
Попробуй заказать билет через интернет-портал.
Например, через этот: www.bileta.net
Успехов! ☺ Павел

Билета.net?
Он есть у нас!

Привет, Сергей!
У меня есть два билета на *Щелкунчик*. Их мне подарила бабушка на день рождения. Но, правда, я совсем не интересуюсь балетом. Билеты на 27 октября, начало в 20.00, ваши места в первом ряду. Позвони, чтобы мы договорились о встрече 975 98 84.
Успехов! ☺ Макс

◯ **5)** Скажи́те, у Вас есть биле́ты?

а) Послу́шай диало́ги и найди́ к ним подходя́щие карти́нки.

б) Разыгра́йте похо́жие диало́ги. Испо́льзуйте э́ти слова́.

◯ **6)** Виртуа́льная экску́рсия по Большо́му теа́тру
Послу́шай и прочита́й текст. Переда́й гла́вное содержа́ние.

Зри́тельный зал Большо́го теа́тра

Дорого́й гость, добро́ пожа́ловать на виртуа́льную экску́рсию по Большо́му теа́тру. Сейча́с мы нахо́димся в гла́вном фойе́ теа́тра. Отсю́да по двум пара́дным ле́стницам[1] мо́жно подня́ться наве́рх, в ве́рхние я́русы зри́тельного за́ла. Внутри́ зри́тельный зал состои́т из пяти́ я́русов. Здесь мо́гут сиде́ть приме́рно 2100 зри́телей. Внизу́, у сце́ны, нахо́дятся парте́р и амфитеа́тр, спра́ва и сле́ва — ло́жи Бенуа́р[2], над ни́ми — ло́жи и балко́ны бельэта́жа и други́х я́русов. Сза́ди нахо́дится Ца́рская ло́жа. А тепе́рь посмотри́те вверх. Там, на плафо́не[3], — Аполло́н и де́вять муз, си́мволы ра́зных ви́дов иску́сства. И наконе́ц, впереди́, пе́ред на́ми, — сце́на Большо́го теа́тра.

[1] Haupttreppe
[2] Logen direkt neben der Bühne
[3] Stuckdecke

7) Где? Куда́? Отку́да? ◀ Г4

а) Übertrage die Tabelle in dein Heft und fülle sie mit allen Adverbien aus dem Text (→ упр. 6).

куда́?	где?	отку́да?	когда́? (на) ско́лько вре́мени?
?	спра́ва — сле́ва	?	?

б) Допо́лни табли́цу изве́стными тебе́ наре́чиями.

8) Вверх и́ли вверху́?

1. У тебя́ жизнь ещё (вперёд, впереди́).
2. Не смотри́ (наза́д, сза́ди), а смотри́ то́лько (вперёд, впереди́).
3. (Спра́ва, Напра́во) нахо́дится кинотеа́тр.
4. Иди́те (сле́ва, нале́во), а пото́м пря́мо.
5. (Внизу́, Вниз), в парте́ре ещё есть свобо́дные места́.
6. (Снача́ла, Пото́м) я хочу́ сде́лать уро́ки, а (снача́ла, пото́м) пойти́ в кино́.

Э́то ты уже́ уме́ешь.
– У Вас нет ли́шнего биле́та?
– Пожа́луйста, два биле́та на вече́рний сеа́нс.
– Кто сиди́т спра́ва от меня́?
– Когда́ начина́ется спекта́кль?

---

9) Посмотри́ на биле́т и отве́ть на вопро́сы.

1. Когда́ спекта́кль (да́та и вре́мя)?
2. Где прохо́дит спекта́кль?
3. Каки́е на биле́те ряд и ме́сто?
4. Ско́лько сто́ит биле́т?

10) В О́перном теа́тре Зе́мпера M
Ру́сский тури́ст хо́чет купи́ть биле́ты в о́перный теа́тр в Дре́здене.
Vermittle zwischen dem Touristen und dem Verkäufer.

T.: Здра́вствуйте. Вы не мо́жете мне сказа́ть, каку́ю о́перу мо́жно посмотре́ть сего́дня ве́чером?
V.: Guten Tag. Heute Abend steht die Zauberflöte von Mozart auf dem Programm.
T.: Волше́бная фле́йта! А у Вас есть ещё биле́ты?
V.: Ja, es sind noch im Parkett und im 1. Rang rechts und 2. Rang links Plätze frei.
T.: Мне, пожа́луйста, 2 биле́та в парте́р.
V.: 167,00 Euro bitte.
T.: Вот, пожа́луйста. Скажи́те, пожа́луйста, а кто дирижёр орке́стра?
V.: Hier, bitte sehr, in der Programmübersicht steht das alles darin.

11) Ру́сские кинофи́льмы
Узна́йте, есть ли в ва́шем регио́не кинотеа́тры, где мо́жно посмотре́ть росси́йские фи́льмы в оригина́ле. Посмотри́те програ́мму и расскажи́те, каки́е фи́льмы там иду́т.

12) Соста́вьте диало́г у ка́ссы.

5B Договори́лись!

1) Всем обо всём
a) Послу́шай и прочита́й диало́ги.

1
Стас: Приве́т, Вади́м. Как дела́?
Вади́м: Приве́т, Стас. Всё о'кей. А у тебя́?
Стас: У меня́ то́же всё о'кей. Что ты бу́дешь де́лать за́втра ве́чером? Мы с друзья́ми хоти́м пойти́ в Игрома́кс поигра́ть в бо́улинг. Пойдёшь с на́ми?
Вади́м: Зна́ешь, я не могу́. У меня́ за́втра весь день уже́ распланирован по мину́там. Снача́ла трениро́вка в спорти́вной шко́ле, пото́м репети́ция в клу́бе. Там вся на́ша гру́ппа собира́ется. А ещё ско́ро контро́льная рабо́та по фи́зике, на́до всё повтори́ть. Большо́е спаси́бо за приглаше́ние, но за́втра я не могу́.
Стас: Жа́лко. А мо́жет в друго́й день? А?
Вади́м: Дава́й в пя́тницу и́ли в суббо́ту. Хорошо́? А то все остальны́е дни у меня́ уже́ за́няты.
Стас: Договори́лись!

★ ★ ★

2
Ка́тя: Ой, Лар, приве́т! Как жизнь?
Лари́са: Приве́т, Кать! У меня́ всё хорошо́. А что?
Ка́тя: Да вот, у меня́ есть биле́ты в теа́тр на сего́дня на *Ма́стера и Маргари́ту*, а всем друзья́м не́когда — у всех ребя́т и девчо́нок каки́е-то дела́. Мо́жет, ты со мной пойдёшь?
Лари́са: С удово́льствием! Зна́ешь, я уже́ всю неде́лю пыта́лась купи́ть биле́т на э́тот спекта́кль. Но мне всё не везло́.
Ка́тя: Я ра́да, что ты мо́жешь пойти́ со мной в теа́тр. Тогда́ до ве́чера. Встре́тимся в шесть пе́ред теа́тром.
Лари́са: Пока́, Кать, до ве́чера. И спаси́бо тебе́ огро́мное.

b) Что пра́вильно?

1. Стас пригласи́л Вади́ма пойти́ поигра́ть (в ка́рты, в бо́улинг, в волейбо́л).
2. У Вади́ма за́втра (бу́дет вре́мя, ма́ло вре́мени, не бу́дет вре́мени).
3. Вади́му на́до (в шко́лу, на стадио́н, на репети́цию).
4. У Ка́ти есть ли́шний биле́т (на о́перу, на спекта́кль, на бале́т).
5. Лари́са (хоте́ла, не хоте́ла, не могла́) купи́ть биле́т в теа́тр.
6. Лари́са и Ка́тя встре́тятся (у кинотеа́тра, у теа́тра, у ка́ссы).

2) У всех есть всё. ◀ Г5
Bilde sinnvolle Sätze. Verwende dabei das Pronomen весь *und die folgenden Wörter.*

сде́лать ★ пригласи́ть ★ быть
пое́хать ★ провести́ ★ приве́тствовать
жела́ть ★ звони́ть по телефо́ну

уро́ки ★ друзья́ ★ ве́чер
класс ★ кани́кулы ★ го́сти
хоро́шее ★ суббо́та

3) **У** меня сегодня много дел.

а) Посмотри на страницу записной книжки Дениса и расскажи, что и в какое время он сегодня делает.

б) А что вы сегодня делаете? Спросите друг друга по образцу.

(П) – У меня тренировка в 14:00. А что у тебя в это время?
– А я занимаюсь музыкой.

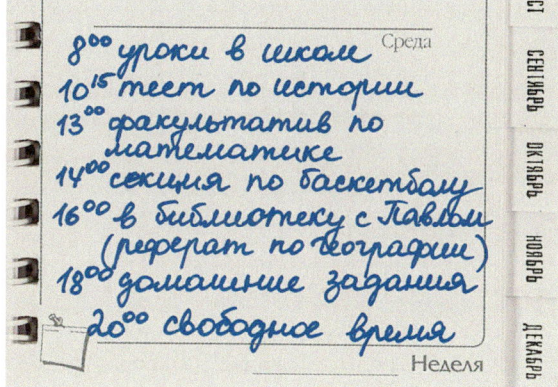

4) **К**оторый час?

а) Послушай, как ещё можно сказать, сколько сейчас времени.

без пятнадцати пять
или
без четверти пять

полдень
полночь

половина третьего
или
полтретьего

пятнадцать минут первого
или
четверть первого

б) Разыграйте мини-диалоги.

(П) – Сколько времени?
– Пять минут первого.

– Который час?
– Полшестого.

в) А как это будет по-английски, по-французски, по-немецки, ...? SV
Сравни с другими языками, которые ты знаешь.

5) **О**сторожно: Тетрис

а) Послушай текст и ответь на вопросы.

1. Почему звонит Дима своему другу Мише?
2. Что предлагает Миша?
3. В какое время Дима и Миша хотят встретиться?
4. Как проводит время Дима?
5. Когда Дима начинает играть?

б) Собери информацию об истории игры Тетрис.

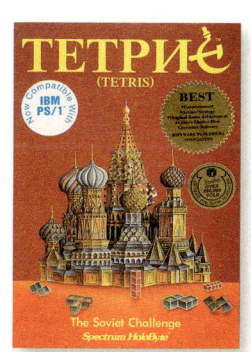

6) Что сегодня идёт по телевизору?
a) Прочитайте программу телепередач и расскажите друг другу, что и когда можно посмотреть по телевизору.

05:00	«Доброе утро, Россия!»	10:35	Баскетбол. Мужчины.	16:10	Давай поженимся!
05:45	Музыка на канале	12:15	«Едим дома»	17:10	«Адвокат» Телесериал
06:00	18:00 «Сегодня»	12:55	Улицы мира	18:10	Самая смешная реклама
06:25	Бизнес-время	13:10	Друзья животных	18:20	Реальные истории
07:15	«Так никто не любит» Телесериал	13:25	«История киномузыки» Документальный фильм	19:05	«Любовь в Берлине» Телесериал
08:00	10:00, 12:00, 16:00 Евроньюс	13:40	«Свадьба старшего брата» Телесериал	20:00	«Время» (с субтитрами)
08:30	«Папины дочки» Телесериал	14:00	«Винни Пух» Мультфильм	20:25	«Три дня Виктора Чернышёва» Драма
09:25	«Комиссар Рекс» Телесериал	14:25	«Маленькая Вера» Художественный фильм	21:30	«Олигархи» Документальный фильм

б) Спросите друг друга, что вы хотите посмотреть из этой программы. Почему?

7) Русское телевидение в Германии.
a) Посмотри на рекламу. Что здесь предлагают? По какой цене?

б) Finde heraus, welche russischen Programme man per Kabel oder Satellit in Deutschland empfangen kann. Und an deinem Wohnort?

8) Чей? Чья? Чьё? Чьи? ◀ Г5
Finde heraus, wie die Formen von чей *im Deutschen wiedergegeben werden.*

Чат-тема	Чья музыка тебе нравится? Гости: 5
Жанна92	Чью музыку я слушаю? Я слушаю музыку разных стилей и направлений. Это зависит от настроения.
Ксеня	Чья музыка лучше? Что за вопрос? Ну, конечно же, у Tokio Hotel самая лучшая музыка! Я от неё без ума! Нет слов. Они лучшие! ☺
Павлик	А я просто люблю музыку. И чьи песни звучат, когда я слушаю радио, мне всё равно. Я слушаю всё.
Кира	А как вам Коля Басков, чьё пение нравится, наверное, всем женщинам России. Я обожаю его песни!!!!!! ☺ ☺ ☺
Олег	Когда меня спрашивают: «Какой это певец?» или «Чья это песня?», я не могу ничего сказать. Потому что я вообще ничего не слушаю.

9) Чьё это?

а) Спросите друг друга и ответьте на вопросы.

П песня *Утренняя гимнастика*
— Чья это песня? — Это песня В. Высоцкого.

б) Wie fragt man nach dem Besitzer (Urheber) auf Englisch, Französisch, Latein,... SV
*в) Wähle eine der Persönlichkeiten aus und suche Informationen über sie.
Fertige Notizen an.*

Песенка об Арбате	балет *Щелкунчик*	В. Высоцкий	А. П. Чехов
фильм *12*	пьеса *Дядя Ваня*	П. И. Чайковский	Н. Михалков
песни *Ангел* и *А у моей любви*	опера *Пиковая дама*	Б. Окуджава	Алсу
фильм *Иван Грозный*	песня *Утренняя гимнастика*	С. Эйзенштейн

Это ты уже умеешь.
— Без пятнадцати три я не могу.
— Концерт начинается в полседьмого.
— Я слушаю музыку всех стилей.
— Чьё это произведение?

10) Скажи это по-русски.

— Treffen wir uns heute um halb zehn vor der Disko?
— Du, ich kann nicht. Meine Schwester und ich, wir gehen heute Abend mit unseren Eltern ins Theater. Stell dir vor, sie haben für uns alle Karten für *Boris Godunow* ergattert!
— Wirklich? Ich war auch schon mit meinen Eltern drin. Hat mir super gefallen. Ging nur sehr lange. Wann ist die Vorstellung heute?
— Um sieben. Aber wir treffen uns schon vorher, um halb sechs, und gehen noch zusammen essen. Sag mal, wie spät ist es eigentlich jetzt?
— Dreiviertel fünf.
— Huch! Schon? Ich muss los! Tschüss.
— Tschüss. Und schönen Abend.

11) Давай встретимся!
*Договорись с другом или подругой о встрече.
Используй следующие выражения.*

| Невский проспект дача, дома, кафе, кинотеатр, парк, цирк | Я не могу, у меня... Лучше... (Может...) 17:00, среда, выходные (дни), другой день | Договорились! Тогда до... вечер, завтра, пятница, выходные, встреча |

5 Г Информа́ция из Росси́и

1) Из исто́рии ру́сского теа́тра
а) Прочита́й текст.

Яросла́вль – ро́дина росси́йского теа́тра. Здесь, в Яросла́вле, в 1750 году́ Фёдор Григо́рьевич Во́лков основа́л пе́рвый Ру́сский публи́чный[1] профессиона́льный теа́тр. Ру́сский – потому́ что здесь игра́ли ру́сские актёры на ру́сском языке́. Публи́чный – потому́ что в него́ могли́ пойти́ все, в отли́чие от[2] други́х теа́тров. Профессиона́льный – потому́ что актёры рабо́тали за де́ньги, актёрство[3] ста́ло их профе́ссией. Сейча́с Во́лковский теа́тр – оди́н из са́мых знамени́тых и больши́х теа́тров росси́йской прови́нции. Здесь рабо́тает бо́лее 200 челове́к. В репертуа́ре 28 спекта́клей по произведе́ниям не то́лько таки́х кла́ссиков как Н. В. Го́голь, А. П. Че́хов, Ф. М. Достое́вский, Л. Н. Толсто́й, Д. Бокка́ччо, Б. Брехт, но и совреме́нных а́второв. Кро́ме Во́лковского театра́льного фестива́ля с 2009 го́да здесь прохо́дит молодёжный театра́льный фестива́ль, где свои́ рабо́ты представля́ют молоды́е актёры и режиссёры.

[1] öffentlich
[2] im Gegensatz zu
[3] Schauspielerei

б) Посети́ сайт Теа́тра и́мени Во́лкова. Узна́й, что идёт в теа́тре. Како́й спекта́кль ты хо́чешь посмотре́ть? Почему́?

в) Собери́ информа́цию о Во́лковском театра́льном фестива́ле. Расскажи́ о нём свои́м однокла́ссникам.

2) Звёзды ру́сского бале́та
а) Прочита́й биогра́фию Р. Нуре́ева.

Рудо́льф Нуре́ев роди́лся в 1938 году́ в по́езде, кото́рый шёл на Да́льний Восто́к. Его́ шко́льные го́ды прошли́ в го́роде Уфе́. В 17 лет он поступи́л в Ленингра́дское хореографи́ческое учи́лище[1]. Че́рез три го́да он стал соли́стом Теа́тра о́перы и бале́та и́мени С. М. Ки́рова[2]. В 1961 году́ во вре́мя гастро́лей[3] в Пари́же попроси́л полити́ческого убе́жища[4] и с э́того вре́мени жил и рабо́тал за грани́цей. Рудо́льф Нуре́ев снялся́[5] во мно́гих фи́льмах-бале́тах и в двух худо́жественных фи́льмах. В 1983 – 1989 года́х он был худо́жественным руководи́телем[6] бале́та пари́жской *Гранд-опера́*. С 1991 го́да он на́чал про́бовать себя́ как дирижёр. У́мер Рудо́льф Нуре́ев 6 января́ 1993 го́да в Пари́же.

[1] Fachschule für Tanz
[2] сего́дня Марии́нский теа́тр (Санкт-Петербу́рг)
[3] Gastspiel
[4] Asyl
[5] spielte mit
[6] künstlerischer Leiter

б) Собери́ информа́цию о том, в каки́х бале́тах Рудо́льф Нуре́ев сыгра́л гла́вную роль.

Это на́до знать.

Г1) *Partizipien Präsens Aktiv*

Partizipien des Präsens Aktiv werden nur von unvollendeten Verben gebildet. Man erkennt sie an den Suffixen **-ущ- (-ющ-)** (Verben der *e*-Konjugation) und **-ащ- (-ящ-)** (Verben der *u*-Konjugation).

Infinitiv	3. Pers. Pl.	Partizip Präsens Aktiv
писа́ть *uv.*	пи́шут	пи́ш**ущ**ий, -ая, -ее; -ие
чита́ть *uv.*	чита́ют	чита́**ющ**ий, -ая, -ее; -ие
учи́ться *uv.*	у́чатся	уча́**щ**ийся, -аяся, -ееся; -иеся
говори́ть *uv.*	говоря́т	говоря́**щ**ий, -ая, -ее; -ие

Г2) *Partizipien Präteritum Aktiv*

Partizipien des Präsens Aktiv werden von vollendeten und unvollendeten Verben gebildet. Man erkennt sie an den Suffixen **-вш-** bei Stammauslaut auf einen Vokal oder **-ш-** bei Stammauslaut auf einen Konsonanten.

Infinitiv	3. Pers. Pl.	Partizip Präteritum Aktiv
чита́ть *uv.*	чита́ют	чита́**вш**ий, -ая, -ее; -ие
прочита́ть *v.*	прочита́ют	прочита́**вш**ий, -ая, -ее; -ие
нести́ *uv.*	несу́т	нё**с**ший, -ая, -ее; -ие
принести́ *v.*	принесу́т	принё**с**ший, -ая, -ее; -ие

Г3) *Partizipien Präsens Passiv*

Partizipien des Präsens Passiv werden nur von unvollendeten Verben gebildet. Man erkennt sie an den Suffixen **-ем-** (Verben der *e*-Konjugation) und **-им-** (Verben der *u*-Konjugation).

Infinitiv	3. Pers. Pl.	Partizip Präsens Passiv
организова́ть	организу́ют	организу́**ем**ый, -ая, -ее; -ие
люби́ть	лю́бят	люби́**м**ый, -ая, -ее; -ие

Г4) *Adverb: Adverbien des Ortes und der Zeit*

Adverbien des Ortes bezeichnen den Ort, die Richtung oder den Ausgangspunkt einer Bewegung.

где?	сле́ва — спра́ва	впереди́ — сза́ди	наверху́, вверху́ — внизу́	до́ма
куда́?	нале́во — напра́во	вперёд — наза́д	наве́рх, вверх — вниз	домо́й
отку́да?	сле́ва — спра́ва	спе́реди — сза́ди	све́рху — сни́зу	из дому

Adverbien der Zeit bezeichnen einen Zeitpunk oder einen Zeitraum, z. B. *снача́ла, пото́м, ча́сто, тепе́рь, за́втра, ле́том, со вре́менем, всё вре́мя*.

Г5) *Das bestimmende Pronomen* весь *und das Fragepronomen* чей

	m	n	f	Pl.
Nom.	весь_, чей_	всё, чьё	вся, чья	все, чьи
Gen.	вс**его́**, ч**ьего́**		вс**ей**, чь**ей**	вс**ех**, чь**их**
Dat.	вс**ему́**, чь**ему́**		вс**ей**, чь**ей**	вс**ем**, чь**им**
Akk.	unbelebt = Nom., belebt = Gen.	всё, чьё	вс**ю**, чь**ю**	unbelebt = Nom., belebt = Gen.
Inst.	вс**ем**, чь**им**		вс**ей**, чь**ей**	вс**е́ми**, чь**и́ми**
Präp.	обо вс**ём**, о чь**ём**		обо вс**ей**, о чь**ей**	обо вс**ех**, о чь**их**

Урок 6   Всё могло бы быть по-другому.

1) Моя мечта – стать футболистом.
Придумай историю к картинкам.

Кем хочет стать мальчик?
Что он будет делать в будущем?

2) Составьте ассоциограммы к этим темам.
a) Sortiert die Begriffe nach Wortarten.
б) Die Substantive könnt ihr dann auch noch nach Deklinationstyp,
die Verben nach Konjugationstyp ordnen.

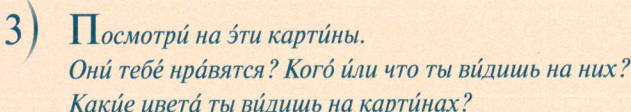

знаменитые русские
история России
искусство
желания

3) Посмотри на эти картины.
Они тебе нравятся? Кого или что ты видишь на них?
Какие цвета ты видишь на картинах?

Большевик (Б. М. Кустодиев, 1920)

Купчиха за чаем (Б. М. Кустодиев, 1918)

4) А когда это было?
Спроси́те друг дру́га и отве́тьте на вопро́сы.

П — Когда́ роди́лся Алекса́ндр Серге́евич Пу́шкин?
— Он роди́лся 29 ма́я 1799 го́да.

Портре́т худо́жника
Ши́шкина
(И. Н. Крамско́й, 1880)

1988

А. С. Пу́шкин	написа́ть/писа́ть
И. Н. Крамско́й	нарисова́ть/рисова́ть
вы́ставка	жить
спекта́кль	роди́ться
ты	умере́ть
мы	нача́ться/начина́ться
рома́н	рабо́тать
	встре́титься/встреча́ться

5) По́мнишь[1] ли ты, ми́лый мой?
а) Прослу́шай и прочита́й разгово́р.

[1] erinnerst du dich

Она́: Са́ша, ми́лый, я нашла́ э́тот фотоальбо́м! Посмотри́ на э́ти фотогра́фии. Вот моя́ ма́ма на Кра́сной пло́щади. Кака́я молода́я! Ей бы́ло, наве́рно, лет 17.
Он: Да...
Она́: А вот мой мла́дший брат в том краси́вом сви́тере, кото́рый ему́ подари́ла
5 ба́бушка. А вот э́то я в ро́ли Кра́сной Ша́почки в шко́льном теа́тре.
Он: Угу́.
Она́: Са́ша, а вот я со свое́й тетра́дью. В э́ту тетра́дь я запи́сывала свои́ мечты́.
Он: Интере́сно.
Она́: Саш, а по́мнишь ли ты э́тот мотоци́кл[2]?
10 Он: Коне́чно, по́мню. Покажи́. Кака́я красота́!

[2] Motorrad

б) Sammle alle im Text vorkommenden Formen der Substantive der 3. Deklination in einer Deklinationstabelle. Ergänze anschließend die noch fehlenden Formen.

6 A Другая Россия, другая жизнь

1) **И**нтернет-портал для молодёжи города Москвы объявил конкурс *Если бы я был мэром. Вот некоторые ответы.* ◀ Г1

Александра, 15:
Если бы я была мэром, я
— очистила бы все реки,
— помогла бы детям в детских домах,
— создала бы много интересных программ и телепередач,
— сделала бы меньше уроков в школе и т. д.

Даша, 16:
Если бы я была мэром, я бы построила больше детских садов, придумала бы культурные программы для разного возраста, дала бы работу всем, кто её ищет. Люди этого города должны быть счастливыми — это самая главная задача мэра!

¹ ср. первый
² ср. второй
³ ср. третий

Сергей, 17:
Во-первых¹, надо было бы строго наказывать тех, кто продаёт алкоголь детям, во-вторых², помогать молодым спортсменам, в-третьих³, заинтересовывать молодёжь занятиями спортом.

Ольга, 19:
Я бы предложила работу подросткам. Всем школам и гимназиям предложила бы создать больше кружков. В клубах организовала бы молодёжные группы. В спортивных школах отобрала бы лучших, и их тренировали бы хорошие спортсмены. Молодёжь должна быть здоровой, молодёжь — это будущее. Наркотикам, алкоголю, курению — НЕТ!!! Спорту, музыке, учёбе — ДА!!!

Борис, 16:
Если бы я был мэром, то я бы сделал для своего города много хорошего: построил бы большие новые школы, торговые центры, спортплощадки.

2) **К** каким сферам относятся цели «молодых мэров»? *Напиши их в тетрадь.*

   (П) Окружающая среда: очистить все реки

   окружающая среда ★ работа ★ образование ★ свободное время ★ дети и молодёжь ★ здоровье

3) **С**оставь предложения по образцу. *Используй конъюнктив.*

   (П) Все считают, что надо было бы...
   Сергей и Ольга помогли бы...

4) Мечта́ – э́то нереа́льное де́ло. ◀ Г2
Übersetze und finde den Unterschied heraus.

> Éсли бы я была́ суперзвездо́й, лю́ди бы узнава́ли меня́ на у́лице.
> Éсли я хорошо́ зако́нчу шко́лу, то я поступлю́ в университе́т.

5) Éсли бы!
Wandle die Sätze um und vervollständige sie.

> п Сего́дня хоро́шая пого́да.
> Éсли бы сего́дня была́ хоро́шая пого́да, то мы бы погуля́ли по па́рку.
> Éсли сего́дня бу́дет хоро́шая пого́да, то мы погуля́ем по па́рку.

1. Ты мно́го чита́ешь.
2. Он зна́ет не́сколько ру́сских пе́сен.
3. У меня́ мно́го де́нег.
4. Я хорошо́ игра́ю в те́ннис.

6) Когда́ у меня́ бу́дет вре́мя… ◀ Г3

Когда́ мы рабо́таем в саду́, нам всегда́ ве́село.

Когда́ мы бу́дем уча́ствовать в конце́рте, мы испо́лним э́ту пе́сню.

Когда́ я ста́ну мэ́ром, я дам всем жи́телям го́рода рабо́ту.

7) Как сказа́ть э́то по-неме́цки? Переведи́ предложе́ния.

1. Éсли бы я жил в гора́х, я бы мог ка́ждый день ката́ться на лы́жах.
2. Когда́ я бу́ду отдыха́ть на мо́ре, я бу́ду купа́ться и загора́ть.
3. Éсли я пое́ду в Росси́ю, я бу́ду говори́ть то́лько по-ру́сски.
4. Когда́ мы с мое́й лу́чшей подру́гой встреча́емся, мы расска́зываем друг дру́гу после́дние но́вости.
5. Éсли бы мой брат был здесь, он бы рабо́тал вме́сте с на́ми.
6. Éсли ты не зна́ешь, что сказа́ть, лу́чше не говори́ ничего́.

8) Если бы погода была хорошая!

а) Скажи, что Ксения и Денис сделали бы в хорошую погоду. Придумай другие примеры.

П Если бы светило солнце, Ксения и Денис купались бы в озере.

б) Formuliere die Sätze mit einer realen Bedingung.

П Когда светит солнце, Ксения и Денис купаются в озере.

9) Что случилось бы, если...

а) Прочитай биографию Е. Замятина со словарём и найди дополнительную информацию об этом писателе. Составь краткие записи.

Е. И. Замятин

Имена писателей-фантастов Герберта Джорджа Уэллса или Джорджа Оруэлла известны во всём мире. А кем был Евгений Иванович Замятин? Замятин родился 20 января (1 февраля) 1884 года в городе Лебедянь. Этот город находится на реке Дон. Его отец был священником, а мать — пианисткой.
5 В 1883 – 1902 годах молодой Евгений учился в гимназии, которую он закончил с золотой медалью. Хотя в школе он не всегда получал хорошие оценки по математике, он поступил в политехнический институт, хотел стать инженером. Во время учёбы Замятин стал большевиком, но уже в 1908 году вышел из партии. В то время он начал писать первые рассказы и повести — они скоро получили
10 хорошую оценку критиков. В 1920 – 1921 годах Замятин под влиянием фантастики Уэллса работал над романом *Мы*. Это одно из его главных произведений. В этом романе инженер Д-503 описывает свою жизнь в тоталитарном *Едином Государстве*. Сначала Д-503, один из многих нумеров (так называют людей в романе), с восторгом описывает математическую организацию жизни общества. Он и не
15 думает о том, что можно жить по-другому. Но после встречи с революционеркой I-330 его жизнь сильно меняется. Этот роман повлиял на романы-антиутопии *1984* Джорджа Оруэлла (опубликован в 1948 году), *451° по Фаренгейту*[1] Рэя Брэдбери (1953) и *О дивный новый мир*[2] Олдоса Хаксли (1932). В Советском Союзе запретили публиковать произведения Замятина, поэтому он уехал за границу в 1931 году и жил
20 в Париже до своей смерти 10 марта 1937 года. На русском языке роман *Мы* был опубликован в 1952 году в Нью-Йорке в Издательстве им. Чехова, а на родине писателя он впервые[3] вышел только в 1988 году.

[1] *Fahrenheit 451*
[2] *Brave New World*
[3] ср. первый

б) Ответь на вопросы.

Когда и где жил Евгений Замятин?
Что ты узнал(а) о его творчестве?

в) Если бы ты был(а) писателем-фантастом, о чём ты написал(а) бы?

Это ты уже умеешь.
- Если бы светило солнце, то мы загорали бы на озере.
- Если я куплю билет, то я пойду на выставку.
- Когда светит солнце, мы загораем на озере.

10) А если бы ты был (была) мэром?
Спросите друг друга.

(П) – Скажи, пожалуйста, что ты сделал(а) бы, если бы ты был(а) ...?
– Если бы я был(а) ..., то я...

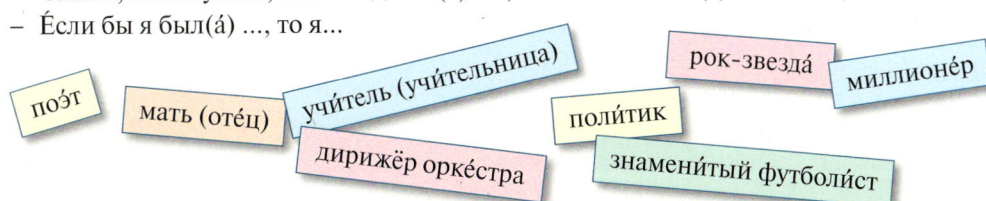

поэт | мать (отец) | учитель (учительница) | дирижёр оркестра | политик | знаменитый футболист | рок-звезда | миллионер

11) Если бы всё было по-другому
Посмотри на картинки на стр. 88, упр. 1. Придумай другие варианты истории о мальчике. Используй конъюнктив.

12) Если б не было учителя
а) Прослушай и прочитай стихотворение.

Вероника Тушнова

Если б не было учителя,
То и не было б, наверное,
Ни поэта, ни мыслителя,
Ни Шекспира, ни Коперника.
5 И поныне бы, наверное,
Если б не было учителя,
Неоткрытые Америки
Оставались неоткрытыми.
И не быть бы нам Икарами,
10 Никогда б не взмыли в небо мы,
Если б в нас его стараньями
Крылья выращены не были.
Без его бы сердца доброго
Не был мир так удивителен.
15 Потому нам очень дорого
Имя нашего учителя!

Вероника Тушнова

... Denker,

Und bis heute ...

Es gäbe keinen Ikarus unter uns,
wir hätten uns nie in den Himmel geschwungen,
wenn uns durch seine Bemühungen
nicht Flügel gewachsen wären.

б) О чём здесь идёт речь? Расскажи своими словами.
в) Каким был бы мир без учителей? Выскажи и обоснуй своё мнение.

13) Представь себе, какой могла бы быть жизнь в 2050 году.

6Б Человек творческий

1) В *Русском музее: Жена художника*
Прослушай и прочитай описание картины. Найди слова и словосочетания, которыми можно описать картину.

Здесь вы видите картину известного русского художника начала XX века. Этот портрет своей жены Юлии написал русский художник Борис Михайлович Кустодиев в 1903 году. В центре
5 картины за столом сидит женщина. Она в чёрно-белом платье. Перед ней, на переднем плане, стоит собака. Она смотрит на неё, а женщина серьёзно смотрит на наблюдателя. На заднем плане изображён тёмный сад. В этой картине
10 мало ярких красок. Только лицо женщины, стол и стена дома справа светлые.
Какое настроение передаёт эта картина?

Портрет Юлии Кустодиевой, жены художника (Б. М. Кустодиев, 1903)

2) Если бы не краски
Опиши картину Б. М. Кустодиева и найди для неё название.

1. Что ты видишь на этой картине?
2. Что изображено на переднем (на заднем) плане?
3. Какие краски использовал художник?
4. Что делают эти люди?
5. Что ты можешь сказать об их одежде?
6. О чём, по твоему мнению, разговаривают эти люди?
7. Как ты думаешь, какое время изображено на картине?

3) Мечта туриста
Прочитай текст. Почему этот турист мечтает о поездке в Москву?

«Ах, мне так хотелось бы посетить Третьяковскую галерею в Москве, чтобы увидеть шедевры русской живописи. Я очень интересуюсь живописью. Сколько там шедевров русских мастеров: иконы, рисунки, скульптуры, картины, графика. Я читал, что в галерее приблизительно 140 000 произведений. Надо было бы минимум целую неделю провести в этом интересном музее! Если бы у меня было достаточно денег, чтобы полететь в Москву...»

4) **А** почему́ вы посеща́ете Третьяко́вку?
Прочита́й диало́ги и сравни́. ◀ Г4

> *Репортёр:* Скажи́те, пожа́луйста, почему́ вы посеща́ете Третьяко́вку?
> *Же́нщина:* Мы прие́хали сюда́, **что́бы** показа́ть на́шим неме́цким друзья́м са́мые знамени́тые карти́ны ру́сских мастеро́в XIX ве́ка.
>
> *Репортёр:* Извини́те, я де́лаю опро́с. Почему́ вы посеща́ете Третьяко́вку?
> *Мужчи́на:* Мы хоти́м показа́ть на́шим де́тям галере́ю, **что́бы** они́ как мо́жно ра́ньше познако́мились с ру́сской жи́вописью.

5) **С** како́й це́лью ты э́то де́лаешь?
Спроси́те друг дру́га и отве́тьте на вопро́сы.

> (п) – Почему́ ты хо́чешь прочита́ть биогра́фию Ма́кса Либерма́на?
> – Хочу́ прочита́ть кни́гу, что́бы подгото́виться к докла́ду о худо́жнике.
>
> – Почему́ Во́ва показа́л тебе́ катало́г вы́ставки?
> – Во́ва показа́л мне катало́г вы́ставки, что́бы я её посети́ла.

занима́ться спо́ртом ★ помога́ть дру́гу (подру́ге) ★ пригласи́ть на конце́рт ★ показа́ть иностра́нным друзья́м го́род ★ посети́ть карти́нную галере́ю

6) **Б**у́дьте любе́зны!
Прослу́шай разгово́ры и найди́ подходя́щий рису́нок.

7) **Я** вам могу́ помо́чь?
Разыгра́йте ми́ни-диало́ги. Предста́вьте себе́ таки́е ситуа́ции.

> – Ты хо́чешь рабо́тать на кани́кулах в магази́не и спра́шиваешь там о рабо́те.
> – Ты звони́шь в турбюро́ и спра́шиваешь о цене́ пое́здки на Чёрное мо́ре.
> – Вы с дру́гом (подру́гой) хоти́те уе́хать на кани́кулы. На́до спроси́ть роди́телей.

бу́дьте любе́зны | бу́дьте добры́ | не могли́ бы вы | мне хоте́лось бы

8) *Выставка русских художников*
Прочитай текст. Передай главную информацию.

В пятницу открылась новая выставка русской живописи. Посетители могут увидеть произведения таких мастеров как И. И. Шишкин, И. Н. Крамской, И. Е. Репин, В. А. Серов, Б. М. Кустодиев, К. П. Брюллов, В. А. Тропинин, В. Д. Поленов, И. И. Левитан, В. Г. Перов и В. М. Васнецов. Среди шедевров выставки — «Девочка с персиками[1]», «Охотники на привале[2]», «Масленица» и другие. Выставка открыта до 31 января. Часы работы: 10.00 — 18.00, в понедельник 10.00 — 17.00. Выходной день — вторник.

Девочка с персиками
(В. А. Серов, 1887)

[1] mit Pfirsichen
[2] Jäger auf der Rast

9) *Собери информацию об одном из художников (→ упр. 8).*

Когда он жил?
Какие другие известные художники жили в это время?
Какие картины этого художника — самые знаменитые?

10) *Какой курс выбрать?* M
Du möchtest deine Eltern, die kein Russisch verstehen, überzeugen, dich an einem dieser Kurse teilnehmen zu lassen. Berichte über diese Angebote.

ВВЕДЕНИЕ В MEDIA ИСКУССТВА

МАСТЕРСКАЯ АНДРЕЯ СУЗДАЛЕВА

♦

ОНЛАЙН-КУРС ДЛЯ МОЛОДЫХ ЛЮДЕЙ, КОТОРЫЕ ИНТЕРЕСУЮТСЯ СОВРЕМЕННЫМ ИСКУССТВОМ

WWW.MEDIAART ...

КРАТКАЯ ИСТОРИЯ И ТЕОРИЯ MEDIA. ВИДЕОПОКАЗЫ, ЛЕКЦИИ И ИНТЕРЕСНЫЕ ПРАКТИЧЕСКИЕ ЗАНЯТИЯ

СТОИМОСТЬ АБОНЕМЕНТА НА МЕСЯЦ — 600 РУБЛЕЙ, РАЗОВОГО БИЛЕТА — 190 РУБЛЕЙ

Музыкальная школа Российского Дома науки и культуры

предлагает уроки фортепиано для школьников, студентов и взрослых
■ развитие музыкальности,
■ выбор репертуара,
■ подготовка к поступлению,
■ участие в конкурсах и концертах

Вас ждут опытные педагоги.
■ Когда:
понедельник – пятница с 13.00 до 19.00
■ Где:
Фридрихштрассе 176–179, 10117 Берлин, комната 728 (7-й этаж)
■ Запись и консультация по телефону:
(030) 20 30 22 51

Это ты уже умеешь.
- В центре картины можно увидеть девушку, а на заднем плане изображён лес.
- Мне хотелось бы поехать в Россию, чтобы познакомиться со страной.
- Я дам тебе этот учебник, чтобы ты сам выучил эту тему.
- Будь любезна, помоги мне найти информацию в Интернете.

11) **В**ыбери одну картину и опиши её. Что ты можешь сказать о теме, сюжете картины? Ты можешь описать и картину на стр. 38, 58—59, 88—89, 94 или 96.

Тройка. Ученики-мастеровые¹ везут воду. (В. Г. Перов, 1866)

¹ Lehrlinge
² Reiterin

Всадница² (К. П. Брюллов, 1832)

12) **К**ак ты думаешь, это искусство или нет? Объясни, почему.

Чёрный супрематический квадрат (К. С. Малевич, 1913)

Москва (В. В. Кандинский, 1916)

13) **Т**ы экскурсовод.
Подготовь свою собственную выставку русской живописи и покажи её своим одноклассникам. Используй следующие фразы.

добро пожаловать   я покажу вам   тема выставки   картину написал   а эта картина

14) **П**редставь на уроке твоего любимого художника и одно из его произведений.

6 B Так было, так и будет. Или нет?

1) Владимир Высоцкий – один человек, три профессии. ◀ Г 5
   а) Познакомься с жизнью и творчеством российского кумира.

В начале 1938 года в семье офицера Высоцкого в Москве родился мальчик, имя которого до сегодняшнего дня известно каждому в России: Владимир Высоцкий был одним из самых знаменитых поэтов, певцов и актёров Советского Союза.

Он вырос в тяжёлых условиях: во время Великой Отечественной войны, в 1941–1943 годах, жил с матерью в эвакуации в селе Воронцовка на юге Урала. В 1943 году возвратился в Москву.

Через некоторое время после развода родителей, в 9 лет Владимир переехал жить к отцу и его второй жене.

С 1947 по 1949 год он жил в городе Эберсвальде (Германия), по месту службы отца. Там Володя научился играть на фортепиано.

В октябре 1949 года он вернулся в Москву.

В середине 50-х годов Высоцкий посещал драмкружок в Доме учителя, а с 1956 по 1960 год был студентом актёрской школы. В 1959 году он в первый раз выступил в театре в спектакле *Преступление и наказание* и исполнил свою первую роль в кино.

Участвуя в кинофильмах, Высоцкий начал петь: в начале 60-х годов появились первые песни Высоцкого. Поступив на работу в Московский театр драмы и комедии на Таганке в 1964 году, он проработал там до конца жизни.

В 1975 году было в первый и в последний раз при жизни Высоцкого опубликовано одно его стихотворение: *Из дорожного дневника*[1].

Вместе с актёрами Театра на Таганке он мог ездить с гастролями за границу: в Болгарию, Венгрию, Югославию, Францию, Германию, Польшу. Сумел также побывать несколько раз в США, Канаде, Таити и т. д.

Высоцкий дал более 1000 концертов в СССР и других странах.

16 июля 1980 года он провёл свой последний концерт в подмосковном Калининграде. 18 июля 1980 года Высоцкий последний раз появился в своей самой известной роли в Театре на Таганке, в роли Гамлета. 25 июля 1980 года Высоцкий умер в своей московской квартире. Владимир Семёнович был похоронен[2] 28 июля 1980 года на Ваганьковском кладбище[3].

[1] Aus dem Reisetagebuch
[2] wurde bestattet
[3] Friedhof Wagankowskoje in Moskau

б) Собери данные из жизни Высоцкого в хронологической таблице.

в) Запиши даты словами.

2) Что это за дата?
Скажи, когда это было или будет.

① в 2008 г. ③ с 1924 по 1991 г. ⑤ в конце XIX в.
② в середине XVI в. ④ в начале XI в. ⑥ 7. 2. 2014 г.

А основан город Ярославль

Б первый русский царь — Иван Грозный

В Дима Билан, конкурс Евровидение

Г Санкт-Петербург

Д Начало XXII зимних Олимпийских игр

Е картина *Март* (И. И. Левитан)

3) Когда это было?
а) Спросите друг друга и ответьте на вопросы.
Найдите информацию в Интернете.

— Когда родились твой бабушка и дедушка?
— Они родились в середине XX века.

перестройка в СССР ★ Октябрьская революция ★ основание города Санкт-Петербурга ★ первый полёт человека в космос ★ Олимпийские игры в Москве ★ строительство московского метро ★ переселение немцев в Россию при Екатерине Великой

б) Придумайте викторину на исторические темы.

4) Учитель истории диктует.
Прослушай и напиши даты исторических событий.

царь Пётр I ★ поездка в западную Европу ★ основание Санкт-Петербурга ★ новая столица Санкт-Петербург ★ Янтарная комната

5) Курс философии ◀ Г 7, 8

а) *Прочитай текст. Обрати внимание на числа.*

Рассказывает пенсионер.
Когда мне было лет 67, я решил изучать философию. На нашем курсе было около двадцати человек, все они, как и я, пенсионеры. Кто мы? Почему мы в этом возрасте начали учиться? Приблизительно половина студентов-пенсионеров раньше работала в бюро, одна треть уже имела высшее образование[1], а остальные работали на заводах. Все мы интересовались философскими вопросами, например, вопросом «Для чего живёт человек?». С понедельника по пятницу мы занимались часов шесть, а недавно, после четырёх лет, мы сдали экзамены. А на что мне эти новые знания? Ну, во-первых, я узнал много нового, во-вторых, этот курс был тренировкой для меня, а в-третьих, я познакомился со многими интересными людьми и нашёл новых друзей.

[1] Hochschulabschluss

б) *Ответь на вопросы.*

1. В каком возрасте пенсионер решил учиться?
2. Сколько человек было на курсе? Где они раньше работали?
3. Что ты узнал (узнала) об этом курсе?
4. Почему пенсионер решил учиться?
5. Что ты думаешь о студентах-пенсионерах?

6) Когда друзья встретятся?
Используй выражения из упр. 5.

(П) Катя и Андрей встретятся около семи.
Катя и Андрей встретятся часов в семь.

7) Давай организуем школьный концерт.
Прослушай разговор и ответь на вопросы.

1. Когда придут первые гости?
2. Сколько гостей должны прийти?
3. Сколько песен музыканты будут исполнять?
4. Что ты узнал (узнала) об инструментах, на которых они будут играть?

8) О чём здесь идёт речь? ◀ Г6
Прочитай предложения и найди подходящий немецкий перевод.

Рисуя карикатуры, Саша любил пить чай.

Услышав звонок, Саша встал и пошёл к двери.

Читая романы, Люба обычно ест чипсы и пьёт колу.

Прочитав роман, Люба возвращает книгу в библиотеку.

9) Пётр рассказывает о себе.
Вставь правильную форму глагола в прошедшем времени.

| вырасти | умереть | замёрзнуть | мочь | помочь |

Я ? в Москве. Когда мне было года четыре, мой отец ? . Зимой в холодном дворце я почти ? , поэтому я не ? любить этот город. Став взрослым, я основал новый город Санкт-Петербург. Этим основанием я ? многим людям и дал им работу.

Это ты уже умеешь.
— Я посещал начальную школу с 2001 по 2005 год.
— В середине двадцатого века первый спутник полетел в космос.
— Давай встретимся часа в два.
— Последние гости ушли около одиннадцати.
— На этой неделе мы занимались тремя новыми темами.

10) Ты хочешь пройти практику на каникулах.
а) Составь таблицу со своими данными.
б) Напиши свою биографию.

11) Моя семья
Представь одноклассникам историю своей семьи.

6 Г Информация из России

1) Проект Имя Россия
а) Прочитай текст со словарём.

[1] Российской академии наук

[2] Persönlichkeiten

Телеканал Россия, Институт российской истории РАН[1] и фонд *Общественное мнение* провели опрос, чтобы узнать, кого россияне считают самыми важными личностями[2] в истории России. На первом этапе проекта россияне могли выбрать из пятисот имён. На втором этапе из них были выбраны 50, а из них — 12 финалистов. Вот результаты опроса.

Разница между именами на четырёх первых местах очень небольшая: князь Александр Невский (жил с 1221 по 1263 г.) получил одиннадцать и семь десятых процента голосов, а поэту Александру Сергеевичу Пушкину дали приблизительно одиннадцать и четыре десятых процента. Из двенадцати самых важных личностей России только одна женщина — царица Екатерина Великая. Она получила около трёх и четырёх десятых процента и заняла одиннадцатое место. Всего голосов было 4 498 840.

Александр Невский
(1221 – 1263 гг.)
524 575 (~11,7 %)

П. А. Столыпин
(1862 – 1911 гг.)
523 766 (~11,6 %)

И. В. Сталин
(1879 – 1953 гг.)
519 071 (~11,5 %)

А. С. Пушкин
(1799 – 1837 гг.)
516 608 (~11,4 %)

Пётр I
(1672 – 1725 гг.)
448 857 (~10,0 %)

В. И. Ленин
(1870 – 1924 гг.)
424 283 (~9,4 %)

Ф. М. Достоевский
(1821 – 1881 гг.)
348 634 (~7,7 %)

А. В. Суворов
(1729 – 1800 гг.)
329 028 (~7,3 %)

Д. И. Менделеев
(1834 – 1907 гг.)
306 520 (~6,8 %)

Иван Грозный
(1530 – 1584 гг.)
270 570 (~6,0 %)

Екатерина II
(1729 – 1796 гг.)
152 306 (~3,4 %)

Александр II
(1818 – 1881 гг.)
134 622 (~3,0 %)

б) Собери информацию об одной из этих исторических личностей и представь её своим одноклассникам.

Э́то на́до знать.

Г1) Verben: Die Bildung des Konjunktivs

Verb im Präteritum + **бы**
я сказа́л(-а) **бы**
ты сказа́л(-а) **бы**
он сказа́л **бы**, она́ сказа́ла **бы**
мы, вы, они́ сказа́ли **бы**

Der Konjunktiv wird gebildet aus dem Präteritum eines Verbs (meist des vollendeten Aspektpartners) und der Partikel **бы** (umgangssprachlich oft nur **б**). Er besitzt demzufolge keine eigene Personal- bzw. Zeitform, aber die Kategorien Numerus und Genus (im Singular).

Г2) Adverbialsätze der Bedingung mit е́сли

irreale Bedingung: **е́сли бы** Prädikate im Konjunktiv	reale Bedingung: **е́сли**
Е́сли бы шёл дождь, (то) конце́рт не состоя́лся бы.	**Е́сли** мы бу́дем занима́ться спо́ртом ча́ще, мы смо́жем уча́ствовать в соревнова́ниях.
Wenn es geregnet hätte, hätte das Konzert nicht stattgefunden.	Wenn wir öfter Sport treiben (werden), werden wir an den Meisterschaften teilnehmen können.

Г3) Adverbialsätze der Bedingung mit когда́

reale Bedingung: **когда́**	
Когда́ све́тит со́лнце, мы купа́емся в о́зере. Wenn die Sonne scheint, baden wir im See.	**Когда́** бу́дет тепло́, мы смо́жем игра́ть на у́лице. Wenn es warm wird, werden wir draußen spielen können.

Г4) Adverbialsätze des Zwecks

damit → **что́бы** + Verb im Präteritum	um zu → **что́бы** + Verb im Infinitiv
Он регуля́рно помога́ет дру́гу, **что́бы** тот сдал экза́мен.	Она́ ча́сто сиди́т в ча́те, **что́бы** обща́ться с друзья́ми.

Durch die Konjunktion *что́бы* werden auch Objektsätze eingeleitet:
Я хочу́, **что́бы** он ско́ро пришёл ко мне. Ich möchte, dass er bald zu mir kommt.
Скажи́те ей, **что́бы** она́ позвони́ла мне. Sagen Sie ihr, dass sie mich anrufen soll.

Г5) Verben: Präteritum ohne -л

Manche russische Verben bilden das Präteritum der maskulinen Form ohne das Suffix *-л*.

Infinitiv	вы́расти	мочь	помо́чь	умере́ть	замёрзнуть
m	он вы́рос	он мог	он помо́г	он у́мер	он замёрз
f	она́ вы́росла	она́ могла́	она́ помогла́	она́ умерла́	она́ замёрзла
Pl.	они́ вы́росли	они́ могли́	они́ помогли́	они́ у́мерли	они́ замёрзли

Г6) Adverbialpartizipien

Adverbialpartizip der Gleichzeitigkeit	Adverbialpartizip der Vorzeitigkeit
Präsensstamm (*uv.*) + Suffix **-я** z. B. чита́**я**, рису́**я**, говор**я́**, занима́**ясь** ! быть → бу́дучи	Infinitivstamm (*v.*) + Suffix **-в**, **-вши**, **-ши** z. B. прочита́**в**, нарисова́**в**(ши), заня́**вши**сь, вы́рос**ши**

Wiedergabe im Deutschen als adverbialer Nebensatz mit einleitender Konjunktion:	
während, als, indem	nachdem
Слу́шая рефера́т, он де́лал за́писи. Während er das Referat hörte, machte er sich Notizen.	Серьёзно заня́вшись пробле́мой, он наконе́ц реши́л её. Nachdem er sich ernsthaft mit dem Problem beschäftigt hatte, löste er es endlich.

Г7) Ungefähre Zahlenangaben

приблизи́тельно	о́коло + Gen.	veränderte Reihenfolge: Substantiv – Zahlwort
В на́шем университе́те у́чится приблизи́тельно шестьсо́т студе́нтов.	На на́шем ку́рсе у́чится о́коло пяти́десяти студе́нтов.	А на на́шем ку́рсе у́чится студе́нтов девяно́сто.

! Beachte die Stellung der Präposition bei ungefähren Zeitangaben: *часо́в в семь*.

Г8) Zahlwörter: Deklination

Nom.	оди́н_	одна́	одно́	одни́
Gen.	одного́	одно́й	одного́	одни́х
Dat.	одному́	одно́й	одному́	одни́м
Akk.	оди́н_, одного́	одну́	одно́	одни́, одни́х
Instr.	одни́м	одно́й	одни́м	одни́ми
Präp.	об одно́м	об одно́й	об одно́м	об одни́х

Nom.	два	две	три	четы́ре
Gen.	двух	двух	трёх	четырёх
Dat.	двум	двум	трём	четырём
Akkusativ	два, двух	две, двух	три, трёх	четы́ре, четырёх
Instr.	двумя́	двумя́	тремя́	четырьмя́
Präp.	о двух	о двух	о трёх	о четырёх

! Bei zusammengesetzten Zahlwörtern wird die Belebtheit des abhängigen Substantivs **nicht** berücksichtigt, z. B.: *Я ви́жу двáдцать три ученикá*.

Nom.	пять_
Gen.	пяти́
Dat.	пяти́
Akk.	пять_
Instr.	пятью́
Präp.	о пяти́

Nom.	пятьдеся́т_
Gen.	пяти́десяти
Dat.	пяти́десяти
Akk.	пятьдеся́т_
Instr.	пятью́десятью
Präp.	о пяти́десяти

Die Zahlwörter *пять* bis *двáдцать* sowie *три́дцать* werden nach der 3. Deklination dekliniert.
Die Zahlwörter *оди́ннадцать* bis *девятнáдцать* sind in allen Formen stammbetont, alle übrigen Zahlwörter sind endbetont.
! Bei *во́семь* entfällt in Genitiv, Dativ, Instrumental und Präpositiv das *-е-*: *во́семь, восьми́, восьми́, во́семь, восьмью́, восьми́*.

Bei den zusammengesetzten Zahlwörtern *пятьдеся́т, шестьдеся́т, се́мьдесят* und *во́семьдесят* werden beide Wortbestandteile ebenfalls nach der 3. Deklination dekliniert.

Nom.	со́рок_
Gen.	сорокá
Dat.	сорокá
Akk.	со́рок
Instr.	сорокá
Präp.	о сорокá

Nom.	две́сти
Gen.	двухсо́т
Dat.	двумста́м
Akk.	две́сти
Instr.	двумяста́ми
Präp.	о двухста́х

Entsprechend werden *девяно́сто* und *сто* dekliniert.

Entsprechend werden alle Hunderterzahlen dekliniert.

Die Zahlwörter *ты́сяча, миллио́н, миллиáрд, ноль* werden wie Substantive der 2. Deklination bzw. der 1. Deklination (Maskulina) dekliniert.

Портфо́лио – Selbstüberprüfung

Аудúрование

🎧 **1)** Прослу́шай информа́цию об изве́стном музыка́нте Да́ниэле Ба́ренбойме оди́н раз. Пото́м прочита́й вопро́сы и прослу́шай информа́цию ещё раз. Запиши́ отве́ты на вопро́сы в ну́жной фо́рме (т. е. не то́лько ци́фры и́ли номинати́в) в свое́й тетра́ди.

1. Когда́ и где роди́лся Да́ниэль Ба́ренбойм?
2. Где роди́лись его́ ба́бушки и де́душки?
3. Ско́лько лет бы́ло ма́льчику, когда́ он дал свой пе́рвый конце́рт?
4. На како́м инструме́нте он игра́л?
5. Когда́ его́ семья́ эмигри́ровала в Изра́иль?
6. Когда́ он стал соли́стом Изра́ильского филармони́ческого орке́стра?
7. В како́й стране́ он учи́лся ещё, кро́ме Изра́иля, А́встрии и Ита́лии?
8. В каки́х города́х он выступа́л с орке́страми в 50-е го́ды?
9. В како́й ро́ли он вы́ступил впервы́е, когда́ ему́ бы́ло 26 лет?
10. Где рабо́тал Да́ниэль Ба́ренбойм в после́дние го́ды до того́, как перее́хал в Герма́нию?
11. С како́го го́да он живёт в Берли́не?
12. Со ско́лькими орке́страми рабо́тает Да́ниэль Ба́ренбойм тепе́рь?
13. Что он ду́мает о жи́зни в Берли́не? Отве́ть це́лым предложе́нием.
14. Как мо́жно назва́ть э́тот текст?

🎧 **2)** Прослу́шай телефо́нный разгово́р и запиши́ в свое́й тетра́ди отве́ты на вопро́сы це́лыми предложе́ниями.

1. Почему́ сего́дня не бу́дет конце́рта?
2. Когда́ наконе́ц состои́тся э́тот конце́рт?
3. Почему́ та же́нщина, у кото́рой есть биле́ты на сего́дня, не пойдёт на конце́рт?
4. Что она́ сде́лает со свои́ми биле́тами?
5. Что ещё она́ могла́ бы сде́лать со свои́ми биле́тами?

Чтение

1) Прочитай со словарём сначала ситуации, а потом объявления. Посоветуй, куда этим людям лучше пойти.

П 1-А

❶ Молодой человек из Кёльна чувствует себя плохо, но врач говорит, что он совершенно здоров. Он не ест ничего, кроме чизбургеров, и не пьёт ничего, кроме колы.

❷ Русская семья живёт в Эссене уже 15 лет. Жена начала бояться своего мужа, потому что он стал в последнее время агрессивным, он постоянно всем недоволен.

❸ Пенсионеру из русских немцев в Нюрнберге скучно. Он хочет больше времени проводить на природе, но он не особенно спортивный.

❹ В русскоязычной семье есть дочь (7 лет), у которой нет брата или сестры. Родители работают с 8 до 16 ч. Девочка очень любит рисовать, а одной сидеть дома ей скучно.

❺ У родителей серьёзные проблемы с шестилетней дочкой. Она не хочет играть с другими детьми и почти не говорит; она ещё не умеет правильно говорить слова с *р* и *л*.

❻ 17-летний парень из России прожил только два года в Германии. Ему нужна помощь: он в гимназии получает плохие оценки по английскому и немецкому языкам.

❼ Немецкий школьник любит русский язык, а в школе так мало уроков русского. Ему хотелось бы интенсивнее заниматься языком и больше узнать о России.

А

Начал увеличиваться вес?
Лишние килограммы?
Чувствуете себя плохо?
Вам ничего не вкусно?

Учёные говорят, что причиной может быть неправильное питание. Еда может быть не только вредной, но даже опасной! О фактах вам расскажет на наших курсах врач-диетолог.
Тел. 443 87 56

Б

Центр развития личности

ПерсОна

Мы предлагаем вашему вниманию:

консультации психолога и курсы для родителей. Для ваших детей: группы всестороннего развития ребёнка (с одного года), курс подготовки ребёнка к школе, психологические занятия для детей от 3 лет. Есть логопед и детский психолог.

Наш адрес:
Huberstr. 5 a,
S-Bahnstation Ringstrasse

В. Художественная студия МАЛЕВИЧ
для детей от 3 до 12 лет.

В программе по средам
с 16.00 до 17.00 ч. –
средняя группа (4–6 лет),
по четвергам с 15.30 до 16.15 ч. –
младшая группа (3 года),
с 16.30 до 17.45 ч. – старшая группа
(школьный возраст).

Знакомим детей с линией, формой, цветом; обучаем основным техникам рисования; развиваем креативность; знакомим с разными видами творчества.

Тел. 992 10 865

Г. Русская школа Спектрум e.V.
с 1990 года в городе!

- Профессиональные опытные педагоги.
- Возрастные группы с 9 до 99 лет.
- Классы русского языка и литературы.
- Элементы логики и математики, музыка, хоровое пение, хореография и другие предметы.
- Репетиторский центр (математика, физика, английский, немецкий, французский языки).

Email: info@spektrum.de

Д.
Кризисная служба на русском языке.
Бесплатная психологическая помощь в трудных ситуациях.
По желанию – анонимно.
Часы работы службы на русском языке:
вторник 18.00 – 20.00, четверг 20.30 – 22.30, суббота 17.00 – 19.00,
Тел. 784 86 34

Е.
Рыболовные курсы на русском языке в Баварии. Позвоните по тел. 0911 – 21 42 50

Ж. Клуб Россия
предлагает к началу учебного года новые вечерние курсы.
Классы русского языка и литературы для русскоязычных
История искусства, русской культуры
Отделение русского как иностранного для детей и взрослых
По субботам – русское кино
Тел. 319 85 29, e-mail: info@clubrossija.de

Письмо́

1) Посмотри́ внима́тельно на карикату́ру. Поду́май о том, что ты ви́дишь.

а) Предста́вь себе́, что ты — тот челове́к, кото́рый и́щет рабо́ту, и ты соста́вил резюме́, кото́рое бу́дущий работода́тель как раз чита́ет. Напиши́ э́то резюме́.

б) Работода́тель не сра́зу сказа́л, возьмёт ли он тебя́ на рабо́ту и́ли нет. Но че́рез неде́лю ты получи́л отве́т: тебя́ на рабо́ту не беру́т. Напиши́ и э́то письмо́ работода́теля.

2) Посмотри́ на карти́ну и опиши́ её 10—12 предложе́ниями.

Над го́родом (М. Шага́л, 1914—1918)

Говорéние

1) **Р**азыгрáйте диалóг.
   Испóльзуйте ролевы́е кáрточки.

Partner B
– Du bist ein zurückhaltender, ruhiger Mensch, sitzt am liebsten vor dem Fernseher oder Computer.
– Du hast eine Freundin, die gut kocht, und ihr esst immer in aller Ruhe richtig schön zusammen.
– Du liebst romantische Abende zu zweit.
– Du versuchst deinen Partner zu überzeugen, dass deine Art zu leben besser ist als seine.

Partner A
– Du bist sportlich und aktiv, hast viele Freunde und gehst gern aus.
– Wenn du mit Freunden feierst, gibt es Kekse, Pommes und Fast Food.
– Und es wird schon auch mal sehr laut.
– Du versuchst deinen Partner zu überzeugen, dass deine Art zu leben besser ist als seine.

2) **П**осмотри́ внимáтельно на рису́нок № 1. Потóм сравни́ егó с рису́нком № 2. Найди́ и назови́ как ми́нимум 10 отли́чий.

Медиа́ция

1) Du hast in einer Zeitschrift einen Artikel über Stars in Russland und ihre Einkünfte entdeckt.
Das Thema interessiert deine Eltern, für die du den Inhalt auf Deutsch kurz zusammenfasst.

Новости шоубизнеса

24

Самые богатые российские звезды

Журнал Forbes представил рейтинг пятидесяти российских знаменитостей, составленный с учетом годового дохода и популярности.

С июля 2008 по июнь 2009 года совокупный доход 50 звезд уменьшился на четверть – со $181 млн до $137 млн. Рейтинг по-прежнему возглавляет теннисистка Мария Шарапова с $22 млн дохода. Алла Пугачева также не изменила себе, оставшись четвертой с $3,7 млн.
В тридцатке самых-самых также Comedy Club (8,3 млн), футболист Андрей Аршавин (7,2), Дима Билан (3,6), Филипп Киркоров (3), Максим Галкин (3), Николай Басков (1,9), Тина Канделаки (1,5), Александр Цекало (1,4), Валерия (1,3), группа «Ранетки» (1,3), Анастасия Заворотнюк (0,5).

«Доходы звезд от спорта куда внушительней тех, чьи лица чаще мелькают в СМИ, – говорит главный редактор русской версии журнала Forbes Максим Кашулинский. – У нас есть специальная методика, по которой мы рассчитываем доходы. Общаемся с самими звездами, с их агентами, с компаниями, которые занимаются турами исполнителей. И на основании всей этой информации мы рассчитываем свою оценку годового дохода каждой знаменитости. Рейтинг составляем не только по доходам, мы также учитываем популярность. Фактически суммируем доходы и некие баллы, которые получаются по результатам исследования популярности».

---

2) Deine Nachbarn haben 3 Kinder im Alter von 4, 7 und 10 Jahren und ein neues russisches Au-Pair-Mädchen, Lina, die erst seit kurzem da ist und noch nicht gut Deutsch kann. Du sollst helfen, Lina zu erklären, was sie morgens für Aufgaben hat.

Nachbarin: Sag ihr bitte, dass sie morgens spätestens um halb 7 aufstehen und sich bis 7 Uhr fertig gemacht haben muss, um Nina in den Kindergarten zu bringen.
Ли́на: Извини́те, но я ду́мала, что Ни́не там ну́жно быть то́лько в 8 часо́в. Ведь туда́ и обра́тно пешко́м – всего́ 20 мину́т.

Nachbarin:	Nein, da hat sie was verwechselt. Nina ist in der frühen Gruppe, sie sollte um halb 8 dort sein und um 12 abgeholt werden. Um 8 muss Lina zurück sein, um Regina auf dem Schulweg zu begleiten...
Лина:	А в её расписа́нии напи́сано, что ей на́до быть в шко́ле то́лько в 9. По-мо́ему, ка́ждый день, кро́ме понеде́льника, а в понеде́льник ещё по́зже – в 9.30.
Nachbarin:	Ach ja, stimmt, Gina hat ja einen neuen Stundenplan bekommen. Aber trotzdem, Nina soll um halb 8 im Kindergarten sein. Da warten doch ihre Freundinnen schon auf sie. Und Lina kann ja dann mit Gina zusammen in Ruhe frühstücken, wenn sie zurückkommt. Da hat sie ja dann reichlich Zeit dafür, ehe sie Gina zur Schule bringt. Und Thomas fährt ja schon allein mit dem Rad.
Лина:	Ну ла́дно, поза́втракать могу́, когда́ верну́сь из де́тского са́да. За́втракать по́сле э́того да́же лу́чше. А так ра́но выходи́ть из до́ма мне бу́дет тру́дно, я же ра́ньше всегда́ до́лго спала́. Когда́ же мне спать?
Nachbarin:	Sie soll halt nicht erst um Mitternacht ins Bett gehen. Die Kinder schlafen schon um 9 oder halb 10, da ist absolute Ruhe im Haus. Wenn sie nicht bis 12 in ihrem Zimmer vor dem Fernseher säße, wäre es sowieso besser.
Лина:	Тут она́, коне́чно, права́, но я ведь хочу́ как мо́жно быстре́е вы́учить неме́цкий...
Nachbarin (lacht):	Ja und dabei ist sie eingeschlafen und erst um 12 wieder aufgewacht, weil der Fernseher plötzlich still war – ich bin rauf zu ihr, weil er so laut war und hab ihn ausgeschaltet. Das hat sie gar nicht mitgekriegt, so fest hat sie geschlafen. Ich glaube, da lernt sie nicht viel, wenn sie beim Fernsehen schläft.
Лина:	Пра́вда? Я и не заме́тила, что спала́. Извини́те, пожа́луйста. Я не бу́ду бо́льше так по́здно смотре́ть сериа́лы.
Nachbarin:	Vor allem nicht im russischen Fernsehen wie gestern. Wenn sie abends noch extra Deutsch lernen will, kann sie gern mit uns zusammen die Tagesschau ansehen und dann kann sie uns fragen, wenn sie etwas nicht versteht.
Лина:	Ой, это отли́чная иде́я. Так и сде́лаем. А пото́м я ещё смогу́ повтори́ть но́вые слова́ и бай-ба́й – спать. Спаси́бо.

Wie mache ich das am besten?

Tipps zu Arbeitstechniken

Lieber angehender Russisch-Experte,

die Lerntipps für dich als geübten Fremdsprachenlerner sind nun nicht mehr nach Lektionen, sondern nach Kompetenzen gegliedert, sodass du deine Arbeitstechniken beim Lösen bestimmter Aufgaben überprüfen und ggf. verbessern kannst. Hören und Lesen, die meist mit Aufgaben des Typs „пра́вильно/непра́вильно" oder „Multiple Choice" überprüft werden, nehmen dabei nicht so viel Raum ein. Schreiben und Sprechen, wo viele verschiedene komplexe Zielleistungen verlangt werden können, sind dafür umso ausführlicher dargestellt. Hier gibt es zu jedem Buchstaben des (deutschen) Alphabets ein Stichwort, sodass du ggf. nur den Teil lesen brauchst, den du gerade für eine bestimmte Aufgabenstellung benötigst. Sprachmittlung/Mediation wird am Schluss auch noch gezielt in einem eigenen Abschnitt angesprochen.

Wir empfehlen dir, die Lerntipps zu einer bestimmten Kompetenz noch einmal vollständig durchzugehen, bevor du die Testseite bearbeitest, die jeweils die genannte Kompetenz überprüft. Anschließend, nach der Auswertung deiner Lösungen, solltest du eventuelle Schwachstellen noch einmal gezielt angehen, indem du dir die entsprechenden Stichwörter genauer vornimmst. Hinweise, wie du typische Fehler vermeiden kannst, findest du in den Lösungen zu den Testseiten.

Hören

➤ Wenn du etwas russisch Gesprochenes nur hörst, aber nicht gleichzeitig schriftlich vor dir siehst, kann es leicht sein, dass du nicht jedes Wort mitbekommst. Manches, was gesagt (oder gesungen) wird, wirst du nicht verstehen. Trotzdem kannst du oft den wesentlichen Inhalt erschließen.

➤ Beachte auf jeden Fall die **Aufgabenstellung** genau: Sollst du das, was du hörst, nur im Wesentlichen verstehen, oder geht es um Details? Sollst du möglichst alles erfassen, oder nur eine bestimmte Einzelinformation heraushören?

➤ Wie du an die Aufgabe herangehst, hängt auch davon ab, wie oft du den Text hören darfst. Bei globaler Aufgabenstellung hörst du ihn meist nur einmal, höchstens zweimal, bei Detailfragen oft mehrmals.

➤ Bei einem Test darfst du nicht allzu lange an einer unverständlichen Stelle herumrätseln. Die verlorene Zeit fehlt dir dann wahrscheinlich an anderer Stelle.

➤ Je nachdem, ob **globales Textverständnis** oder **Detailverständnis** verlangt wird, solltest du dich verschiedener Hörtechniken bedienen. Sinnvoll ist bei einer Aufgabe zum globalen Textverständnis, beim ersten Hören nur auf das absolut Wichtigste zu achten und beim zweiten Hören zu überprüfen, ob du die Hauptaussagen richtig erfasst hast. Bei Aufgaben zum Detailverständnis wirst du beim wiederholten Hören gezielt auf die gesuchten Details achten.

Globales Textverständnis

- Konzentriere dich beim Hören darauf, was *vermutlich* gesagt wird.
- Überlege, - wer (mit wem) spricht, - wo, - in welcher *Situation*, in welchem Rahmen oder Kontext?
- Gibt es Geräusche, die etwas über die Situation verraten? Verrät die *Intonation* oder Sprechweise etwas von den Gefühlen der Sprecher, oder wird ohne große Emotionen über Fakten referiert?
- Denke nach, was für Informationen unter diesen Umständen wohl *wichtig* sein könnten.
- Kannst du gut bekannte *Schlüsselwörter* heraushören?
- Gibt es mehrmals wiederholte *unbekannte Wörter*? (Versuche, sie im Wörterbuch zu finden, auch ausgehend von der vermuteten deutschen Bedeutung, wenn du dafür Zeit hast.)
- Wenn du dich von diesen Überlegungen leiten lässt, müsstest du zumindest leicht das *Thema* des Gehörten feststellen können.

Detailverständnis

- Achte auf Eigennamen, Personennamen, Orts- oder Ländernamen.
- Gibt es Zahlenangaben, Mengenangaben, statistische Angaben?
- Gibt es Kontraste, Vergleiche, Gegenüberstellungen, Konflikte?
- Handelt es sich um Vergangenes, Gegenwärtiges oder Zukünftiges?
- Wenn du dich selbst kontrollieren willst, was und wie viel du verstanden hast, mach dir Notizen (siehe unter **Schreiben**, Buchstabe N!), z. B. in Form einer Tabelle wie dieser:

	Namen	Zahlen	Schlüsselwörter
Wer spricht?			
Mit wem?			
Wo?			
Wann?			

Thema: _____

Besonderheiten der russischen Aussprache können dir möglicherweise etwas Probleme bereiten.
Auch hier kannst du dir helfen, indem du dir bewusst machst, worin die Probleme im Einzelnen liegen könnten.

Wortgrenzen
Versuche beim Hören die Wortgrenzen richtig zu erfassen. Das ist beim Russischen oft nicht leicht, denn wie du weißt, gibt es im Russischen (wie im Englischen und den meisten anderen Fremdsprachen auch) keinen Knacklaut vor Vokal am Wortanfang. Außerdem passen sich Wörter über die Wortgrenzen hin an das folgende Wort an (stimmloser Auslaut vor stimmlosem Wortanlaut, stimmhafter vor stimmhaftem – der Fachbegriff heißt *Assimilation*). Dazu kommt noch die *Reduktion* unbetonter Vokale.

Veränderte Aussprache deklinierter/konjugierter Formen
Der *bewegliche Wortakzent* lässt Formen eines Wortes sogar in der Stammsilbe ganz anders klingen, wenn z.B. im Plural die Endung statt der Stammsilbe betont wird! Um mit diesem Verfremdungseffekt beim Hören fertig zu werden, lohnt es sich, beim Vokabellernen etwas mehr Zeit zu investieren und die Betonungsmuster gleich mit zu lernen. Das bedeutet: Du sprichst dir neue Vokabeln nicht nur in der Grundform, sondern von vornherein in verschiedenen Formen, am besten in Beispielsätzen, halblaut vor. Oder du gehst gleich systematisch aufs Ganze und sagst beim Lernen eines neuen Wortes laut seine gesamte Deklination/Konjugation auf, damit sich nicht nur das Schriftbild, sondern auch der Klang vollständig einprägen.

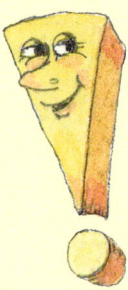

Verneinte Aussagen
Wegen der Reduktion unbetonter Vokale kann es geschehen, dass du eine Verneinung (*не, ни*) überhörst – achte also besonders auf die so genannten „kleinen" Wörtchen! Ggf. hilft dir auch die doppelte Verneinung. Wenn aber nur ein Einzelwort mit *не* verneint wird, heißt es Ohren spitzen!

Unbekannte Wörter
Versuche, bei dir unbekannten Wörtern zunächst den *Wortstamm* herauszuhören. Vielleicht kennst du ja ein anderes verwandtes Wort und hast schon aus dem Zusammenhang eine Ahnung, was das Wort etwa besagen könnte. Als nächsten Schritt überlege dir (eventuell beim zweiten Hören), welche *Vorsilben, Nachsilben, Endungen* du bei diesem unbekannten Wort erkennst, denn auch sie tragen viel zur Bedeutung bei! Auch um welche Wortart es sich handelt und welche Funktion es im Satz erfüllt, kannst du so erschließen. Am wichtigsten sind *Subjekt, Prädikat* und *Objekt* ... den Rest kannst du getrost erst einmal „überhören".

Wenn du ein russisches Wort nachschlagen willst, das du nur gehört, nicht aber gesehen hast, denke daran, dass ein unbetontes *a* auch als *o* geschrieben werden könnte und ein *i*-Laut sowohl ein *и*, als auch ein *я* oder *е* sein kann. Wenn du den gesprochenen Text gleichzeitig mitlesen kannst, ist er natürlich leichter zu verstehen, denn dann siehst du ja die Wortgrenzen und die Schreibung und kannst das unbekannte Wort somit besser entschlüsseln.

Hör-Seh-Texte

Es kann auch sein, dass du eine Hörverständnisaufgabe auf der Grundlage eines Films, Filmausschnitts oder eines Videos erhältst. Dann solltest du auch die Informationen beachten, die in der *Mimik* und *Gestik der Darsteller* zum Ausdruck kommen – sogar wenn sie gerade schweigen! Denn jemandes Stimmung und seine Einstellung zu einem Thema kannst du, wenn du genau beobachtest, an seinem Verhalten ablesen. Aber Vorsicht – berücksichtige dabei ggf. die typisch russische Mimik und Gestik, über die du auf den Landeskundeseiten einiges erfahren hast.

Lesen

▶ Selbstverständlich entnimmst du als geübter Leser Informationen nicht nur gedruckten Texten. Auch *Filme, Videos, Fotos, Bilder, Zeichnungen* und *Diagramme* vermitteln Informationen, oft sogar in besonders kompakter, einprägsamer Form.

▶ In *literarischen Texten* können Informationen etwas versteckt oder verfremdet sein – da musst du dann zwischen den Zeilen lesen. Du solltest aus dem geschilderten Verhalten der Personen, aus dem nicht ausdrücklich Gesagten ebenfalls Rückschlüsse ziehen, Informationen entnehmen können.

▶ Um etwas Gelesenes zusammenzufassen oder zu kommentieren und um auf Details aus dem Text zielende Fragen zu beantworten, machst du dir *Notizen*, erstellst eine *Gliederung*. Wenn dir der Text zur eigenen Verwendung (in Kopie) ausgehändigt wird, wie z. B. bei Prüfungen, *markierst* du dir am besten zunächst wichtige Stellen in der Textvorlage. Wenn verschiedene Fragestellungen anhand des gleichen Texts beantwortet werden sollen, nimm für jede Fragestellung am besten eine extra Farbe.

Schreiben von A bis Z

Abschreiben: Das ist ein bewährtes Mittel, um sich etwas besser einzuprägen. Neue Vokabeln solltest du immer aufschreiben, aber auch gelegentlich ganze Sätze, Textstücke, Tabellen.

Absatz: Längere Texte und Erörterungen musst du unbedingt in Absätze aufteilen. Ungegliederte Texte sind keine guten Texte.

Blog: Hier kannst du schreiben, wie du willst, aber denke immer daran: Wer wird das alles lesen können? Schreibe nur, was du wirklich anderen mitteilen willst.

Brief: Ohne Anrede/Begrüßung, Hauptteil und Schluss/Verabschiedung geht es nicht. Die passenden Wendungen für Anfang und Schluss solltest du immer parat haben und du musst auch auf den Inhalt dessen eingehen, woraufhin du deinen Brief schreibst. Beim Briefwechsel mit Freunden ist das der letzte Brief deines Partners, beim Leserbrief ein Artikel, den du in einer Zeitung oder Zeitschrift gelesen hast. Ein Brief ist wie ein Gespräch, das einen roten Faden hat. *Dein* Brief ist nur ein Teilstück davon, und der außenstehende Leser muss den Zusammenhang nachvollziehen können.

Computer: Er schreibt schön leserlich, man muss aber wissen, wo die Buchstaben auf der Tastatur angeordnet sind. Auch um Internetrecherchen durchzuführen, musst du das Schreiben auf dem Computer im Griff haben. Lass dich nicht vom Ziel deiner Recherchen ablenken, auch wenn es verlockend ist. Dein Zeitaufwand sollte in einem vernünftigen Verhältnis zum Ergebnis stehen.

Dialog: Du denkst doch daran, dass am Anfang jeder Aussage der Sprecher, dann der Doppelpunkt und danach das Gesagte steht? Gedankenstriche setzt du, wenn der Sprecher nicht am Anfang der direkten Rede, sondern innerhalb des von ihm Gesagten genannt wird. Anführungszeichen werden im Russischen nur selten verwendet. Vergiss nicht die Satzzeichen am Schluss der Sätze.

E-Mail: siehe *Brief*. Dazu kommen noch die Adress- und die Betreffzeile. Diese sollte stichwortartig und ganz kurz den Inhalt zusammenfassen.

Flyer: Hier muss nicht alles in ganzen Sätzen ausformuliert sein. Die Hauptinformation muss knapp, aber in ansprechender Form (grafische Gestaltung mit Bildern, Logos) enthalten sein, dazu – weil ja Flyer Reklametexte sind – die Kontaktdaten dessen, der den Flyer verantwortet.

Geschichten erzählen, Gedichte verfassen: Das sind anspruchsvolle, kreative Aufgaben, bei denen du in der Gestaltung sehr frei bist. Denke aber immer daran, für wen du schreibst. Und bleibe beim Thema!

Gliederung: Um die Struktur eines längeren Textes zu verdeutlichen, stelle ihm eine Gliederung voran, die dir als Konzept dient, *bevor* du an die Ausarbeitung gehst. Du kannst aber auch eine Gliederung erstellen, *nachdem* du deinen Text (doch sicher in Absätze aufgeteilt, oder?!?) geschrieben hast. Dann solltest du nachträglich zu jedem Absatz ein Stichwort oder eine Überschrift suchen. Wenn du deinen Text danach noch einmal kritisch durchliest, werden dir dabei möglicherweise Lücken in der Darstellung oder nicht ganz folgerichtige Stellen auffallen. Dann kannst du deinen Text noch einmal überarbeiten.
Die Gliederung eines fremden Textes (Zeitungsartikel o. ä.) herauszuarbeiten, hilft bei seiner kritischen Würdigung – hat der Verfasser sein Thema folgerichtig, vollständig, überzeugend dargestellt? So kannst du dir die Grundlage für einen Kommentar verschaffen.

Hilfe: Die besten Hilfen beim Schreiben sind Wörterbuch und Grammatik, ggf. auch andere Nachschlagewerke und das Internet. Wenn du nicht klarkommst, frage deinen Lehrer.

Information: Mach dir eine Stichwortliste, damit du keine wichtigen Informationen vergisst. Denke immer daran, dass Informationen sachbezogen, nüchtern sind. Hier ist kein Platz für deine eigene Meinung!

Jubiläum: Dafür gibt es Glückwunschkarten. Du weißt doch noch, wie man jemandem alles Gute, Glück etc. wünscht, wie man jemandem zu einem bestimmten Anlass gratuliert? Und wie man Datumsangaben macht? Nein? Dann sieh mal nach, was du aus dem letzten Schuljahr noch in deinem Heft/Arbeitsheft zu diesen Themen finden kannst. Wenn du das Buch auch noch hast, umso besser.

Karikatur: Eine Bildunterschrift zu einer Karikatur zu verfassen oder eine Karikatur zu interpretieren bedeutet, dass du in Worte fasst, was der Zeichner kritisieren will. Manchmal steht am Anfang der Arbeit mit einer Karikatur auch einfach eine Bildbeschreibung. Hierzu sollte dir der Deutschunterricht und der Unterricht in der 1./2. Fremdsprache alle nötigen Vorgehensweisen vermittelt haben.

Kommentar: Hier ist deine persönliche Meinung zu einem Thema gefragt. Du solltest aber immer klar machen, dass das eine *Meinungsäußerung* ist, indem du Wendungen wie *по-мо́ему, мне ка́жется, я счита́ю* verwendest. Und jede Meinungsäußerung sollte begründet oder wenigstens begründbar sein.

Lebenslauf: Übe, auf Russisch über dich selbst zu schreiben. Mit neuen sprachlichen Mitteln kannst du Neues über dich sagen, deinen Lebenslauf vervollständigen. Über dieses Thema weißt du schließlich mehr als jeder andere Mensch.

 Mindmap: Was immer dir zu einem Thema einfällt – schreibe es auf. Deine Notizen können wild durcheinander gehen oder nach bestimmten Ordnungsprinzipien organisiert sein. In der Regel sind nur Stichworte gefragt. Lass dich von Gesprächen, Bildern, Musik anregen. Bleib aber auch hier beim Thema – ggf. musst du erklären können, warum du einen Begriff genannt hast, der anderen nicht passend erscheint.

 Notizen: Wesentliches kannst du in gedruckten Texten (aber bitte nicht im Buch!) farbig markieren, um es hervorzuheben. Je nach Fragestellung empfiehlt sich auch das Arbeiten mit mehreren Farben, z. B. *pro* und *contra*, *grün* und *rot*, oder pro gestellte Frage eine eigene Farbe. Bei Texten, in denen du nichts verändern kannst, wie auch Hör-/Hör-Seh-Texten, musst du aber handschriftlich Notizen machen, d. h. Schlüsselwörter, Stichwörter oder Oberbegriffe finden, kurze Phrasen aufschreiben.
Um das Wichtigste in eine sinnvolle Reihenfolge zu bringen, sind oft Leitfragen und Notiztabellen das beste Mittel (siehe Lerntipps zu **Hören**).

 Overhead-Folie: Eignet sich gut zur Veranschaulichung und Zusammenfassung der wichtigsten Punkte bei einer Präsentation. Was man hört *und* gleichzeitig sieht, prägt sich besser ein!

 Präsentation: gehört mehr zum **Sprechen**, aber nicht ausschließlich. Siehe unter *Gliederung, Notizen, Overhead-Folie ...*

 Quiz: Wenn du Quizfragen formulierst, schreibe dir auch die Antworten dazu auf. Wenn du selbst keine Antwort auf eine Frage weißt, überlege dir besser eine andere.

 Rollenkarten: Rollenspiele oder Simulationen sind gute Sprechanlässe. Aber die Vorgaben dafür muss jeder schriftlich bekommen, damit er sich hineindenken kann in seine Rolle. Wenn du Rollenkarten erstellst, achte darauf, dass ein Satz Karten zusammen wirklich ein Gespräch (Rollenspiel) ermöglicht.

Sätze: Normalerweise sollten sie vollständig sein, aber je nach Textsorte ist das nicht zwingend. Unvollständige Sätze sind z. B. typisch für umgangssprachliche Dialoge, Reklametexte, emotionale Äußerungen.

Schrift: Wenn deine Schrift nicht gut lesbar ist, nützen die besten Ideen, perfekte Grammatik- und Wortschatzkenntnisse nichts. Ein geschriebener Text wirkt immer auch durch die Form. Ein sauber (ins Reine) geschriebener Text wirkt vor allem da, wo es darauf ankommt (z. B. bei Prüfungen, Bewerbungen) immer besser als ein irgendwie hingeschmierter. Notfalls tippe deinen Text auf dem PC (→ *Computer*) und drucke ihn aus. Aber sehr Persönliches wie zum Beispiel Glückwünsche sollte man auch heute noch handschriftlich übermitteln.

 Textaufgabe: Sie umfasst Fragen zum Inhalt eines Textes, einen Aufsatz/ Meinungsteil und oft auch noch eine Mediationsaufgabe oder eine kreative Aufgabe.

 Umgangssprache: Sie ist beim Schreiben nur in Dialogen angebracht, oder im Text zu einer Karikatur, als Bildunterschrift zu einem Witz.

Überschrift: Eine Überschrift zu finden ist ein gutes Hör- und Lesetraining, denn eine treffende Überschrift ist die knappste Form einer Zusammenfassung.

 Vorbereiten: Wenn du eine größere schriftliche Hausarbeit wie z. B. eine *Facharbeit* anfertigen musst, solltest du dich auf jeden Fall rechtzeitig vorbereiten. Das heißt, dass du dir zunächst ein *Konzept* und dazu einen *Zeitplan* erstellst. Schätze die bis zum Abgabetermin zur Verfügung stehende Zeit realistisch ein und fange rechtzeitig an, Material (auch ggf. Anschauungsmaterial) zu sammeln. Mache dir *Notizen* und erstelle eine *Gliederung*. Überlege dir, wie du deine Überlegungen am besten dem Leser vermittelst. Verlasse dich nicht darauf, dass du alles im Computer vorbereitet und abgespeichert hast, sondern halte für alle Fälle auch einen Ausdruck der jeweils letzten Fassung deiner Ausarbeitungen auf Vorrat oder speichere sie als Back-up auf einem sicheren anderen (externen) elektronischen Medium ab. Berücksichtige die Tücken, die kurz vor der Abgabe der Arbeit lauern – der Computer kann abstürzen, der Drucker defekt sein oder die Farbpatronen leer und so weiter ... So etwas passiert immer im ungünstigsten Augenblick. Auf Russisch heißt das *зако́н бутербро́да* oder *зако́н мирово́го свинства*.

Wörter: Die passenden Wörter zu einem Thema oder für einen bestimmten Kontext findest du zunächst im Schülerbuch im Lektionswörterverzeichnis, dann in den alphabetischen Wortlisten, und zu guter Letzt im Wörterbuch. Achte aber beim Nachschlagen eines Wortes auf die *verschiedenen Bedeutungen*, auf feste *Wendungen*, auf die *Stilebene* und auf besondere Formen sowie deren Betonung. Zwar markierst du beim Schreiben in der Regel die Betonung nicht, aber wenn du das Geschriebene oder Notierte vorlesen oder laut sagen sollst, z. B. bei einer Präsentation, ist es doch wichtig, die Betonung an der richtigen Stelle zu setzen. Wenn du weißt, dass du anhand deiner Notizen auch vor Publikum sprechen wirst, setze also bei seltener vorkommenden Wörtern, Formen, Wendungen (oder eben da, wo du unsicher bist) Betonungszeichen.

> Den Grundwortschatz musst du beherrschen! Wiederhole ihn deshalb regelmäßig.

 *Zusammenfassung:* Da schreibst du nur sehr knapp das Allerwichtigste auf, und zwar in der Regel im Präsens. Dabei bleibst du *sachlich* und enthältst dich eines Kommentars oder einer Meinungsäußerung. Auch eine Buchbesprechung, Filmbesprechung, Besprechung einer Veranstaltung oder Rezension fängt mit einer Zusammenfassung an. Abschließend solltest du aber deine Meinung dazu äußern und eine Empfehlung geben, ob es sich für andere lohnt, das auch zu lesen, anzuschauen oder hinzugehen.

XYZ- fertig ist das Alphabet ... Hast du die Reihenfolge der kyrillischen Buchstaben noch sicher im Kopf? Du brauchst sie, um ohne Zeitverlust Wörter nachschlagen zu können. Und sehen deine Buchstaben beim Schreiben so aus, dass sie jeder lesen kann? Sind die, die sich sehr ähnlich sehen, z. B. *ш* und *щ, к* und *н,* deutlich zu unterscheiden (→*Schrift*)?

Sprechen von A bis Z

 *Aussprache:* Bemühe dich um eine möglichst korrekte Aussprache. Denke an deine Zuhörer – du willst doch, dass sie dich verstehen. Und wenn du jemanden nicht ganz verstehst, frage zurück, hake nach (*Извини́те, я не совсе́м по́нял/а́... Повтори́те, пожа́луйста, что вы то́лько что сказа́ли. Прости́те, а что зна́чит…? Пожа́луйста, говори́те чуть-чуть ме́дленнее.* usw.). Lass nicht einfach alles vorbeirauschen.

Betonung: Da unbetonte Vokale anders gesprochen werden als betonte und der Wortakzent im Russischen beweglich ist, lohnt es sich hier beim Lernen etwas mehr Aufwand zu investieren. Auch für deine Zuhörer musst du richtig betonen, sonst verstehen sie dich am Ende nicht. Du weißt ja, dass es Wörter bzw. Formen gibt, die gleich geschrieben werden, aber auf einer anderen Silbe betont eine andere Bedeutung bekommen – denk nur an *писать* ... Da kann ein Betonungsfehler richtig peinlich werden.

CD: Hör-CDs helfen dir beim Sprechen, wenn du sie regelmäßig hörst, ggf. mitsprichst oder mitsingst. Nutze den Karaoke-Effekt! Versuche vor allem, den Sprachrhythmus und die Intonation „russisch" hinzubringen, setze beim Sprechen Nachdruck auf Wichtiges, hebe durch die Stimme hervor, was dir bedeutsam erscheint. Imitiere die professionellen Sprecher, die du auf CDs, in Radio- und TV-Sendungen und in Filmen hören kannst.

Dialog, Debatte, Diskussion: Das A und O ist, auf den oder die anderen zu hören. Sonst entsteht ein nicht zusammenhängender Monolog einzelner Leute, die einander eigentlich nichts zu sagen haben. Achte darauf, dass dein Beitrag jeweils passt und nicht vom Thema abweicht.

Einwand: Wenn du eine abweichende Meinung einbringen willst, nimm auf, was der Vorredner gesagt hat, und ergänze es dann in deinem Sinn, z. B. so: *Ну мо́жет, э́то и так, но...; Да, а всё-таки...; Ты, наве́рное, прав/а́, но по-мо́ему... ; Я с ... в основно́м согла́сен/согла́сна, но хоте́л/а бы доба́вить ... ; Кро́ме того́, на́до сказа́ть... ; Я об э́том ду́маю совсе́м по-друго́му, а и́менно...*

Folgerung: Um einen Schluss zu ziehen, kannst du kausale Konstruktionen wie *поэ́тому, и́з-за э́того, поско́льку* verwenden oder Wendungen wie *На э́той осно́ве мо́жно сказа́ть/ мо́жно де́лать вы́вод; В результа́те выхо́дит, что́...*

Gestik: Zu einem lebendigen Gespräch oder Vortrag oder einer Präsentation gehört auch die passende Mimik und Gestik, die das *Wesentliche* hervorhebt und zum Teil die Emotionen des Sprechers sichtbar macht, auch wenn er sachlich berichtet.

 *Questions:* Wer keine Fragen stellt, lernt weniger dazu. Aber bitte immer nur zur Sache fragen. Wendungen hierzu: *Извини́те, я не совсе́м по́нял/а́... Повтори́те, пожа́луйста, что вы то́лько что сказа́ли, е́сли возмо́жно, други́ми слова́ми. Прости́те, а что зна́чит...? Объясни́те, пожа́луйста, ещё раз ...*

 Reden, wie einem der Schnabel gewachsen ist: Du kannst ruhig mit Fehlern oder nicht ganz den passenden Worten reden, aber stelle dabei immer sicher, dass du verstanden wirst. Bei vorbereitetem Sprechen wie z. B. einem Referat oder einer Präsentation und bei Prüfungsgesprächen solltest du natürlich schon auf Korrektheit achten. Aber auch da gilt: Wer frei formuliert, dabei Fehler macht und in der Lage ist, sich selbst zu verbessern, steht besser da, als wer nur auswendig Gelerntes herunterbetet.

 Selbstkritik: Wer die nicht übt, kommt nicht recht voran, entwickelt seine Kompetenzen nicht weiter. Also auch in einer Diskussion zugeben, dass nicht man selbst, sondern jemand anderes Recht hatte, und Wendungen wie *В э́том ты прав/а́. Я с э́тим согла́сен/согла́сна. Наве́рно, всё-таки так, как ты ду́маешь. Ну да, тут ты меня́ убеди́л/а* dafür parat haben.

 Thema: Man kann über jedes Thema sprechen, wenn man den Wortschatz dazu hat. Also rechtzeitig vor dem Sprechen überlegen, was an Wörtern nützlich sein könnte und sich passende Ausdrücke zurechtlegen. Den thematischen Wortschatz des Schülerbuchs sollte man sich gut einprägen, ggf. auch zusätzliche Wörter und Wendungen im Wörterbuch suchen.

 Umschreiben: Suche andere Mittel, etwas auszudrücken, wenn dir ein bestimmtes Wort nicht einfällt. Nutze *Synonyme, Antonyme, Definitionen,* notfalls auch Mimik, Gestik und eine schnell angefertigte *Skizze* oder Strichzeichnung, ein *Symbol,* einen *Oberbegriff* für das Wort oder ein paar Beispiele dafür. Hauptsache, dein Gesprächspartner versteht das Wesentliche.

Unhöflichkeit: Wer außer der Reihe spricht, ist unhöflich, ebenso, wer nicht zuhört, wenn andere sprechen. Du willst doch auch selbst gehört werden, wenn du sprichst - also missachte nicht, was andere sagen.

 Vorbereitung: Je nach Aufgabenstellung musst du spontan etwas sagen oder nach Vorbereitung. Bei spontanen Äußerungen darfst du ruhig Fehler machen. Bei vorbereiteten wie einer Präsentation aber möglichst nicht.

 *Wiederholung:* Du weißt ja schon – *Повторе́ние – мать уче́ния...* Das gilt beim Sprechen genauso wie beim Schreiben.

Zusammenfassen: Die wesentlichen Informationen eines längeren Sachtextes, den Inhalt eines Essays, das Sujet einer Erzählung oder eines Romans, die Handlung eines Films, die wichtigsten Aussagen einer Debatte in knapper Form wiedergeben zu können, ist in Studium und Beruf unabdingbar. Daher übe das Zusammenfassen immer wieder, zunächst mündlich, aber dann natürlich auch schriftlich.

Du kannst einen längeren eigenen Redebeitrag abschließen mit *Коро́че говоря́* oder *Одни́м сло́вом, ...*

Sprachmittlung – Mediation

▶ Sprachmittlung heißt, wesentliche Inhalte aus einem Text oder einem Gespräch an jemanden weiterzugeben, der die Sprache der ursprünglichen Aussage nicht versteht. Sprachmittlung kann mündlich erfolgen (Dolmetschen), aber auch schriftlich (Übersetzen). Professionelle Dolmetscher und Übersetzer arbeiten wortgenau, d. h. der Text muss in beiden Sprachen genau den gleichen Inhalt und den gleichen Stil haben. Das verlangt perfekte Sprachbeherrschung, die selbst Muttersprachler erst in einem langjährigen Studium bzw. einer mehrjährigen Berufsausbildung erwerben.

▶ In der Schule versteht man daher unter Sprachmittlung bzw. Mediation nur die Vorstufe dazu. In einer Situation, die dir vertraut ist und über die du schon einiges gelesen oder gehört hast, die also schon besprochen wurde, fasst du die *Haupt-Informationspunkte* zusammen und gibst sie mit beschränkten, einfacheren Mitteln in der Sprache wieder, die der andere Gesprächspartner jeweils versteht.

▶ Als Sprachmittler musst du deshalb als erstes die Situation, in der du vermitteln sollst, einschätzen und selbst bestimmen, was deiner Meinung nach wichtig ist und dem Gesprächspartner oder Leser mitgeteilt werden muss. Dann kannst du das ungefähr Entsprechende in der anderen Sprache sagen oder niederschreiben. Du darfst dabei umschreiben und Grammatik und Wortschatz des Originals *vereinfachen;* du musst keine 1:1-Entsprechung anstreben.

▶ Wenn du in einer *Gesprächssituation* als Mittler auftrittst, bremse die Sprechenden, wenn sie zu schnell reden oder zu lang in einem fort. Die Stücke, die du jeweils wiedergibst, müssen für dich überschaubar bleiben. Bitte gegebenenfalls darum, wichtige Zahlen und Namen schriftlich notiert zu bekommen. Wenn du Zeit brauchst, um deine Gedanken zu ordnen, nutze Phrasen wie *X hat gerade gesagt ... , Y behauptet, dass ... , Z will wissen ... ,* entsprechend auf Russisch *По мнению Фёдора... Нина уверена, что... Мама хотела бы узнать, когда... Директор спросил, ...* (*ли*-Frage).

▶ Wenn dir der passende Ausdruck gerade nicht einfällt, nutze die verschiedenen dir bekannten Umschreibungsmöglichkeiten mit Synonymen, Antonymen, verwandten Begriffen, bringe Oberbegriffe oder Beispiele, verwende auch *Nebensätze*, vor allem Relativsätze, um komplizierte Aussagen in besser verständliche kleinere Stücke zu unterteilen. Wende bei mündlicher Sprachmittlung ruhig auch *Mimik, Gestik* und ggf. eine schnell entworfene Zeichnung oder ein Diagramm an.

▶ Wenn du den Inhalt eines Textes an jemanden Anderssprachigen *schriftlich* vermitteln sollst, *markiere* Wesentliches, mache dir Notizen, fasse dann das Wichtigste gut gegliedert zusammen. Lasse unwichtige Details und Ausschmückungen weg, ebenso wie stark emotional geprägte Aussagen. Letztere solltest du nur ohne detaillierte Wiedergabe des Inhalts erwähnen, z. B. so: *Он очень волнуется... Она недовольна, возмущается...*

▶ Du unterlässt es, bei einer Mediation eigene Ideen, Meinungen oder Gefühle auszudrücken. Bleibe immer *sachlich*, auch wenn du selbst eine abweichende Meinung zum angesprochenen Thema hast. Die Quelle für das, was du als Sprachmittler sagst oder schreibst, ist ausschließlich der Text der Anderen, nicht das, was *du* weißt, erlebt hast oder denkst. Dein Hörer oder Leser muss sich ein objektives Bild von dem Besprochenen machen können und du darfst ihn dabei nicht ablenken.

▶ Falls du einen Ausdruck aus dem Wörterbuch verwendest, den du gezielt von deiner Muttersprache ausgehend nachgeschlagen hast und der dir das zu Sagende am besten auszudrücken scheint, überlege dir, ob die anderen, zwischen denen du vermittelst, diesen Ausdruck auch verstehen werden.

Поурочный словарь

Уро́к 1 A Гла́вное в жи́зни — любо́вь.

жизнь *f*	Leben	
прожи́ть *v.* про́жил, прожила́, про́жило; про́жили	verleben	Он про́жил интере́сную жизнь.
по́ле	Feld	
перейти́/переходи́ть	durchlaufen, hinübergehen, überqueren, überschreiten	Он перешёл у́лицу. Она́ перешла́ на но́вую те́му.
однокла́ссник однокла́ссница	Mitschüler, Klassenkamerad Mitschülerin	Познако́мься, э́то мой однокла́ссники Ко́ля и Ди́ма.
ро́дственник ро́дственница	Verwandter Verwandte	Ми́ша и Са́ша — на́ши ро́дственники.
ждать *чего? mit Gen.* от *кого? чего? mit Gen.*	etw. erwarten von	Чего́ ты ждёшь от нас?
тот, та, то; те	derjenige, diejenige, dasjenige; diejenigen	Те, кого́ я зна́ю, так не поступа́ют.
па́рень *m, ugs., Gen. Pl.* парне́й	Junger Mann, Freund (*vgl. engl.* boyfriend)	Э́то её па́рень.
потеря́ть/теря́ть	verlieren	Потеря́ть люби́мого челове́ка — э́то ужа́сно.
поступи́ть/поступа́ть *кому? mit Dat.*; в(о) *что? mit Akk.*	1. handeln, verfahren 2. eintreten, aufgenommen werden (in eine Bildungseinrichtung)	Я не зна́ю, как тебе́ поступи́ть в э́той ситуа́ции. По́сле шко́лы я хочу́ поступи́ть в университе́т.
свой, своя́, своё; свой	mein, dein, sein; ihr, euer, eigener	Она́ лю́бит свою́ ма́му.
поговори́ть *v.*	sprechen	Я до́лжен с тобо́й поговори́ть.
послу́шать *v.*	hören, anhören	Дава́й послу́шаем му́зыку.
во́зраст	Alter	
поко́рен, поко́рна, поко́рно; поко́рны	untertänig, gehorsam	Любви́ все во́зрасты поко́рны.
морко́вь *f*	Mohrrübe, Karotte	
каза́ться *uv. кому? mit Dat.*	scheinen	Мне ка́жется, я об э́том уже́ слы́шал.
никто́, *Gen.* никого́, *Präp.* ни о ком	niemand	Здесь никто́ не говори́т по-неме́цки. **Aufgepasst: doppelte Verneinung!**
пе́сня	Lied	Э́ту пе́сню лю́бят все.
пройти́/проходи́ть	1. durchgehen, passieren; 2. vergehen, verfliegen; 3. durchнеmen; 4. stattfinden	Мы пройдём че́рез весь го́род. Вре́мя прошло́ бы́стро. Э́ту те́му мы ещё не проходи́ли. Олимпиа́да прохо́дит раз в четы́ре го́да.

среди *кого? чего? mit Gen.*	unter, inmitten	среди одноклассников
молодёжь *f*	Jugend	современная молодёжь
влюблённость *f*	Verliebtheit	
уверенность *f*	Sicherheit	с уверенностью
знаменитость *f*	Berühmtheit	
правильность *f*	Richtigkeit	
честность *f*	Ehrlichkeit	
откровенность *f*	Offenheit	
новость *f*	Neuigkeit, Nachricht	
вежливость *f*	Höflichkeit	
справедливость *f*	Gerechtigkeit	
важность *f*	Wichtigkeit	
нежность *f*	Zärtlichkeit	
ненависть *f*	Hass	
быстро *Adv.*	schnell	Влюблённость быстро проходит.
испытать/испытывать на *mit Präp.*	erleben, erfahren an	Он испытал это на себе.
себя *Gen. und Akk., Dat.* себе, *Instr.* собой *Präp.* о себе	sich	Ты должен поверить в себя. Она интересуется только собой. Расскажи мне о себе.
опыт	Erfahrung	хороший опыт
настоящий, -ая, -ое; -ие	echt, wahr, wirklich	настоящий друг
друг друга *Gen. und Akk., Dat.* друг другу, *Instr.* друг с другом, *Präp.* друг о друге	einander	Они любят друг друга.
шаг, *Pl.* шаги	Schritt	От любви до ненависти один шаг.
же *Partikel*	doch (*verstärkend, betont das Wort davor*)	Надо же сказать правду!
наоборот	umgekehrt	
путь *m*	Weg	Это наш путь.
само собой разумеется	versteht sich von selbst	
взять/брать себя в руки	sich zusammenreißen	Возьми себя в руки!
сам (сама, само; сами) себе на уме	Hintergedanken haben, es faustdick hinter den Ohren haben, verschlagen sein	Он всегда сам себе на уме.
не находить себе места	keine Ruhe finden	
представить/представлять себе	sich etw. vorstellen	Представь (себе), что ты миллионер!

rezeptive Lexik

момент, ситуация		

Урóк 1 Б У нас мнóго рóдственников за границей.

за границей *Adv.*	im Ausland	Ты хóчешь учиться за границей?
граница	Grenze	Фрáнкфурт-на-Óдере нахóдится на востóчной границе Гермáнии.
женá, *Pl.* жёны	Ehefrau	Это егó женá.
муж, *Pl.* мужья́	Ehemann	Это её муж.
мать *f, Gen.* мáтери	Mutter	Онá хорóшая мать.
отéц, *Gen.* отцá	Vater	У неё нет отцá.
сын	Sohn	У негó один сын и две дóчери
дочь *f*, дóчка *ugs. Gen.* дóчери	Tochter	
племя́нница	Nichte	
племя́нник	Neffe	
двою́родный брат	Cousin	У меня́ один двою́родный брат.
двою́родная сестрá	Cousine	Моя́ двою́родная сестрá живёт за границей.
крóме тогó	außerdem, wird mit Komma abgegrenzt	
плохóй, -áя, -óе; ие	schlecht	Я не óчень хорошó умéю считáть, я плохóй математик.
опя́ть *Adv.*	wieder	
чáшка	Tasse	люби́мая чáшка
тот же (сáмый), та же (сáмая), то же (сáмое); те же (сáмые)	der gleiche (derselbe)	Это тот же сáмый пáрень и́ли другóй?
другóй, -áя, -óе; -и́е	anderer	
нейтрáльный, -ая, -ое; -ые	neutral	нейтрáльная ситуáция
остáвить/оставля́ть	(übrig)lassen	Остáвь сестрé кусóчек тóрта!
газéтная статья́	Zeitungsartikel	
Евросою́з	Europäische Union	стрáны Евросою́за
волнá, *Pl.* вóлны	Welle	
СССР (Сою́з Совéтских Социалисти́ческих Респу́блик)	UdSSR, Union der Sozialistischen Sowjetrepubliken (1922–1991)	
прийти́/приходи́ть	kommen, ankommen, eintreffen	К нам чáсто прихóдят гóсти.
тепéрь *Adv.*	jetzt, nun	Тепéрь они́ друзья́.
переéхать/переезжáть	1. чéрез *что? mit Akk.* hinüberfahren, überfahren 2. umziehen	Вам ну́жно переéхать чéрез мост. Егó семья́ переéхала в нóвую кварти́ру.

ко́рень, *Pl.* ко́рни	Wurzel	ру́сские ко́рни
оста́ться/остава́ться остаю́сь, остаёшься; остаю́тся оста́нусь, оста́нешься; оста́нутся	bleiben	Мы оста́немся то́лько до суббо́ты. Её семья́ оста́лась жить в Росси́и.
зна́чит	das heißt, bedeutet	Что зна́чит э́то сло́во?
отноше́ние	Beziehung	У нас в семье́ хоро́шие отноше́ния.
конкре́тный, -ая, -ое; -ые	konkret	
приме́р	Beispiel	конкре́тный приме́р
стать *mit Inf.*	anfangen, beginnen etw. zu tun	Он стал рабо́тать сра́зу по́сле экза́мена.
интере́с	Interesse	
профе́ссия	Beruf	интере́сная профе́ссия

rezeptive Lexik

> диа́спора (*Minderheitengruppen, die ihre Heimat verlassen haben und in der ganzen Welt verstreut leben*), культу́ра, ли́ния, мигра́нт, результа́т, ра́дио (*n, nicht dekl.*), субкульту́ра, телефо́нный, факт

Уро́к 1 B Никто́ не зна́ет, чего́ ждать за́втра.

образова́ние	(Schul-)Bildung, Ausbildung	хоро́шее образова́ние
зарегистри́роваться/ регистри́роваться	sich registrieren lassen	зарегистри́роваться на са́йте
получи́ться/получа́ться у кого́? *mit Gen.*	gelingen	У тебя́ всё полу́чится!
экза́мен	Prüfung	тру́дный экза́мен
аттеста́т зре́лости	Reifezeugnis, Abitur, Matura	
зре́лость *f*	Reife	аттеста́т зре́лости
ничто́	nichts	Я не хочу́ сейча́с ни о чём разгова́ривать.
никако́й, -а́я, -о́е; -и́е	kein	Никако́й информа́ции нет.
	Aufgepasst: Negationspronomen verlangen doppelte Verneinung.	
нигде́	nirgends	Где мой дневни́к? Его́ нигде́ нет.
никогда́	nie, niemals	Ты никогда́ ничего́ не расска́зываешь о себе́.
информа́ция	Information	
боя́ться *uv.* чего́? *mit Gen.*	Angst haben vor etw.	боя́ться экза́менов
ЕГЭ ! [егэ́] (Еди́ный госуда́рственный экза́мен)	Einheitliche Staatliche Abschlussprüfung	
тре́бовать *uv.* чего́? *mit Gen.* от кого́? *mit Gen.*	verlangen	Я не тре́бую от тебя́ отве́та.

не́который	1. ein gewisser 2. *Pl.* einige	Не́которые ученики́ в на́шем кла́ссе – отли́чники.
иска́ть *uv.* ищу́, и́щешь; и́щут	suchen	иска́ть друзе́й
подготови́тельные ку́рсы	Vorbereitungskurse	
при *mit Präp.*	bei, unter *(bei Regenten)*	ку́рсы при университе́те, жизнь при царе́ Петре́ Пе́рвом
тести́рование ! [тэ]сти́рование	Testen	
контро́льный, -ая, -ое; -ые	Kontroll-	контро́льная рабо́та
самоконтро́ль *m*	Selbstkontrolle	
стро́гий, -ая, -ое; -ие	streng	стро́гая учи́тельница, стро́гий контро́ль
уча́стник	Teilnehmer	уча́стник фо́рума
пи́сьменный, -ая, -ое; -ые	schriftlich	пи́сьменный экза́мен
исключе́ние	Ausnahme	ва́жное исключе́ние
определённый, -ая, -ое; -ые	bestimmt	определённая страни́ца
пра́вило	Regel	Экза́мен прохо́дит по определённым пра́вилам.
как пра́вило	in der Regel	Как пра́вило, все хотя́т настоя́щей любви́.
	wird mit Komma abgegrenzt	
бланк	Formular	запо́лнить бланк
вы́йти/выходи́ть	1. hinausgehen, herausgehen 2. erscheinen	Ми́нус 30 гра́дусов? Я не вы́йду из до́ма!
вы́ход	Ausgang	
мечта́ть *uv.* о ком (чём)? *mit Präp.*	träumen	Э́та де́вушка мечта́ет о настоя́щей любви́.
выпускни́к	Abiturient, Absolvent	
и́менно	gerade, ausgerechnet, nämlich	Мы иска́ли и́менно э́ту кни́гу, а не другу́ю.
у́мный, -ая, -ое; -ые	klug, intelligent	у́мный челове́к

rezeptive Lexik

аттеста́ция, аудито́рия, ви́лла, диагра́мма, дисципли́на, докуме́нт, информа́тик, материа́л, медици́нский, организа́тор, станда́ртный

Уро́к 2 A Лу́чше ме́ньше, да лу́чше!

золото́й, -а́я, -о́е; -ы́е	goldener	золото́е кольцо́
зо́лото	Gold	кольцо́ из зо́лота
маршру́т	Route	туристи́ческий маршру́т
обзо́рный, -ая, -ое; -ые обзо́рный тур	Überblicks- Rundfahrt	Мы купи́ли обзо́рную экску́рсию по го́роду.
вы́брать/выбира́ть	auswählen	Я вы́брал для себя́ маршру́т.

бо́лее *Komparativ zu* мно́го	mehr *(zur Bildung des zusammengesetzten Komparativs)*	Э́то бо́лее интере́сный тур.
ме́нее *Komparativ zu* ма́ло	weniger *(zur Bildung des zusammengesetzten Komparativs)*	Э́то ме́нее изве́стная достопримеча́тельность.
что́бы	1. um zu 2. dass	1. Что́бы прое́хать весь маршру́т, ну́жно две неде́ли. 2. Скажи́те экскурсово́ду, что́бы он говори́л гро́мче.
кру́глый, -ая, -ое; -ые	rund	Кольцо́ должно́ быть кру́глым.
честь *f*	Ehre	Э́тот стадио́н назва́ли в честь знамени́того спортсме́на.
смея́ться *uv.* над *кем? чем? mit Instr.*	lachen	Нехорошо́ смея́ться над други́ми людьми́.
стари́нный, -ая, -ое; -ые	sehr alt, altertümlich	Я люблю́ фотографи́ровать стари́нные собо́ры.
князь	Fürst	Когда́ жил князь Влади́мир?
основа́ть/осно́вывать	gründen, begründen	Кто основа́л э́тот клуб?
основа́тельно	gründlich *vgl.* основа́ть	Я всегда́ основа́тельно гото́влюсь к экза́менам.
вспо́мнить/вспомина́ть *кого? что? mit Akk.*, *о ком? о чём? mit Präp.*	sich erinnern an	Я не могу́ вспо́мнить его́ фами́лию.
реши́ть/реша́ть	1. entscheiden 2. lösen	Мы реши́ли, что так бу́дет лу́чше.
непра́вильно *Adv.*	falsch	
про́тив *mit Gen.*	gegen	Кто сего́дня игра́ет про́тив нас?
чем	als *(bei Vergleich)*	Сего́дня пого́да лу́чше, чем вчера́.
по́здно, по́зже *Kompr.*	spät	Я прие́ду домо́й по́здно ве́чером.
населённый, -ая, -ое; -ые	bevölkert, bewohnt	Москва́ — са́мый населённый го́род Росси́и.
населе́ние	Bevölkerung	многонациона́льное населе́ние
многонациона́льный, -ая, -ое; -ые	multinational	Евро́па — многонациона́льный контине́нт.
наро́д	Volk	В Росси́и живёт не то́лько ру́сский наро́д.

rezeptive Lexik

азиа́тский, географи́ческий, ландша́фт, национа́льный, полити́ческий, тур, туристи́ческий

Урок 2 Б Ти́ше е́дешь – да́льше бу́дешь.

автомоби́льный, -ая, -ое; -ые	Auto-	Я люблю́ чита́ть автомоби́льные журна́лы.
автомоби́ль *m*	Auto, Kraftfahrzeug	но́вый автомоби́ль
прое́хать/проезжа́ть что? *mit Akk.*	fahren, durchfahren, vorüberfahren	Посмотри́ в окно́, мы проезжа́ем краси́вые места́.
ту́ндра	Tundra, baumlose Landschaftszone	Ту́ндра нахо́дится на се́вере Росси́и.
тайга́	Taiga, borealer Nadelwald	Тайга́ – э́то са́мая больша́я приро́дная зо́на Росси́и.
лёд, *Gen.* льда, *Instr.* льдом, *Präp.* на льду́	Eis	Я пью ко́лу без льда.
проли́в	Meerenge, Meerstraße	Бе́рингов проли́в
пересе́чь/пересека́ть	hier: überqueren	Пересека́ть э́ту грани́цу без па́спорта нельзя́.
испо́льзовать *v., uv.*	verwenden, benutzen	В на́ше вре́мя ну́жно испо́льзовать альтернати́вную эне́ргию.
загрязне́ние	Verschmutzung *vgl.* загрязни́ть	Газе́ты мно́го пи́шут о загрязне́нии рек.
загрязни́ть/загрязня́ть	verschmutzen	Нельзя́ без конца́ загрязня́ть окружа́ющую среду́.
вреди́ть *uv.*	schaden, schädigen	Это вреди́т окружа́ющей среде́.
окружа́ющая среда́	Umwelt	Загрязне́ние окружа́ющей среды́ – серьёзная пробле́ма.
нейтрализова́ть *v., uv.*	neutralisieren	Иногда́ загрязне́ния мо́жно нейтрализова́ть.
посади́ть/сажа́ть	hier: pflanzen	Я посади́л цветы́ на балко́не.
де́рево, *Pl.* дере́вья	Baum	высо́кое де́рево
ча́ще *Komparativ zu* ча́сто	häufiger	Ча́ще всего́ я пью на за́втрак чай.
ча́ще всего́ *Superlativ*	am häufigsten (häufiger als alles andere), meistens	
расстоя́ние	Entfernung, Abstand	Расстоя́ние от Санкт-Петербу́рга до Москвы́ – приме́рно 650 км.
диа́метр	Durchmesser	
глубина́	Tiefe	
киломе́тр	Kilometer	В одно́м киломе́тре ты́сяча ме́тров.
метр	Meter	

мне́ние	Meinung	По моему́ мне́нию, ну́жно ме́ньше е́здить на автомоби́ле, а бо́льше — на авто́бусе и на по́езде.
выходно́й (день) выходны́е *Pl.*	arbeitsfreier Tag Wochenende	В музе́ях понеде́льник — выходно́й день. На выходны́е к нам прие́дет ба́бушка.
переры́в	Pause, Arbeitspause	Э́то турбюро́ рабо́тает без переры́ва.
без	ohne	ко́фе без молока́
алма́зный, -ая, ое; ые	Diamanten-	
ша́хта	Bergwerk, Grube, Schacht	алма́зная ша́хта
откры́тый, -ая, -ое; -ые	offen, geöffnet *vgl.* откры́тка, откры́ться/ открыва́ться	откры́тый магази́н
подня́ться/поднима́ться на *mit Akk.*	besteigen, hinaufgehen	Ка́ждый альпини́ст мечта́ет подня́ться на Эвере́ст.
лу́чший, -ая, -ее; -ие	der (die, das, die) beste *Superlativ zu* хоро́ший	Макси́м — мой лу́чший друг.
ночёвка	Übernachtung	Ско́лько сто́ит одна́ ночёвка?
ночева́ть *uv.*	übernachten	Я ночу́ю в гости́нице «Мир».
по́лный пансио́н	Vollpension	Я люблю́ о́тдых с по́лным пансио́ном.
по́лупансион	Halbpension	Мне нужна́ гости́ница с по́лупансионом.
пятизвёздочный, -ая, -ое; -ые	5-Sterne-	Э́то о́чень дорога́я пятизвёздочная гости́ница.
двухме́стный, -ая, -ое; -ые	zweisitzig, Doppel-, Zweibett- (bei Zimmern)	двухме́стный но́мер
но́мер	Hotelzimmer, Nummer	
заброни́ровать/брони́ровать	hier: reservieren	Я хочу́ заброни́ровать биле́ты.
интересова́ть *uv.*	interessieren	Что Вас интересу́ет?
полете́ть *v.*	hinfliegen, abfliegen	Когда́ ты полети́шь домо́й?
самолёт	Flugzeug	Э́то не доро́же, чем лете́ть на самолёте.
круи́з	Kreuzfahrt	круи́з по мо́рю
клие́нт	Kunde *vgl. engl.* client	На́ших клие́нтов интересу́ет экологи́ческий тури́зм.
вид	1. Art; 2. Aussicht, Blick	Како́й прекра́сный но́мер с ви́дом на мо́ре!
а́дрес, *Pl.* адреса́	Adresse, Anschrift	

rezeptive Lexik

абсолю́тно *(Adv.)*, альпини́ст, альтернати́вный, бензи́н, биоэтано́л, да́ймонд-ту́р, индивидуа́льный, индустри́я, инновацио́нный, ма́ссовый, неконтроли́руемый, ра́фтинг, ресу́рс, систе́ма, тре́кинг (! т[рэ́]кинг), цивилиза́ция, экологи́ческий, экспеди́ция, эне́ргия, эта́п

Уро́к 2 B У приро́ды нет плохо́й пого́ды.

со́лнечный, -ая, -ое; -ые **со́лнечно** *Adv.* со́лн[еш]но	sonnig	Вчера́ был со́лнечный день.
свети́ть *uv.*	scheinen, leuchten	Сего́дня с утра́ све́тит со́лнце.
жа́ркий, -ая, -ее; -ие **жа́рко** *Adv.*	heiß *(Wetter)*	Ле́том у нас всегда́ жа́рко.
горя́чий, -ая, -ее; -ие **горячо́** *Adv.*	heiß	Я люблю́ пить о́чень горя́чий чай, а ма́ма говори́т, что ей сли́шком горячо́.
тёплый, -ая, -ое; -ые **тепло́** *Adv.*	warm	Идёт тёплый дождь. На у́лице тепло́.
ве́треный, -ая, -ее; -ые **ве́трено** *Adv.*	windig	Сего́дня ве́треная пого́да. За́втра то́же бу́дет о́чень ве́трено.
холо́дный, -ая, -ое; -ые **хо́лодно** *Adv.*	kalt	Кака́я в э́том году́ холо́дная зима́! Тебе́ хо́лодно?
моро́з	Frost	На Но́вый год бу́дет моро́з.
дождли́вый, -ая, -ое; -ые **дождли́во** *Adv.*	regnerisch	В дождли́вую пого́ду хорошо́ спать.
о́блачно *Adv.*	bewölkt	Вчера́ бы́ло о́блачно.
прогно́з	Vorhersage, Prognose	Ти́хо, я слу́шаю прогно́з пого́ды.
быва́ть	vorkommen, geschehen	Так не быва́ет!
снять/снима́ть	hier: (Kleidung) ausziehen	Я снял сви́тер, потому́ что в ко́мнате жа́рко.
деревя́нный, -ая, -ое; -ые	Holz- *vgl.* де́рево	деревя́нный дом
котте́дж ! ко[тэ́]дж	Einfamilienhaus	краси́вый котте́дж
огоро́д	Gemüsebeet, Gemüsegarten	Смотри́, в огоро́де сиди́т ко́шка.
собра́ть/собира́ть	sammeln, pflücken	собира́ть информа́цию, собира́ть клубни́ку
клубни́ка *nur Sg.*	Erdbeere(n)	Ты лю́бишь варе́нье из клубни́ки?
вари́ть *uv.*	kochen	Я не люблю́ вари́ть варе́нье, но я люблю́ его́ есть.

повезти́ *v. кому́? mit Dat. с чем? mit Instr.*	Glück haben	Мне о́чень повезло́! Вам ещё повезёт в жи́зни.
Что ты!	Wo denkst du hin!	
нева́жно *Adv.*	unwichtig, egal	Нева́жно, кака́я нас за́втра ждёт пого́да, мы пое́дем на да́чу.

войти́/входи́ть	hineingehen	дойти́/доходи́ть до *чего́? mit Gen.*	gehen *(bis zu einem best. Ziel)*, ankommen, erreichen
въе́хать/въезжа́ть	hineinfahren, hineinziehen		
влете́ть/влета́ть	hineinfliegen	дое́хать/доезжа́ть до *чего́? mit Gen.*	fahren *(bis zu einem best. Ziel)*, ankommen
вы́ехать/выезжа́ть	herausfahren, ausreisen		
вы́лететь/вылета́ть	ausfliegen, abfliegen	долете́ть/долета́ть до *чего́? mit Gen.*	fliegen *(bis zu einem best. Ziel)*, ankommen
прие́хать/приезжа́ть	angefahren kommen		
прилете́ть/прилета́ть	heranfliegen	перелете́ть/ перелета́ть че́рез *что? mit Akk.*	hinüberfliegen
уйти́/уходи́ть	weggehen		
уе́хать/уезжа́ть	wegfahren	проле́теть/ пролета́ть над *чем? mit Instr.*	etw. überfliegen
улете́ть/улета́ть	wegfliegen		

Уро́к 3 A   Я ра́да, что ты жив.

случи́ться/случа́ться	geschehen, sich ereignen, passieren	Что случи́лось?
лебеди́ный, -ая, -ое; -ые	Schwanen-	бале́т *Лебеди́ное о́зеро*
узна́ть/узнава́ть	erfahren, in Erfahrung bringen	Мы хоте́ли всё узна́ть об экспеди́ции Бе́ринга.
рад, -а, -о; -ы *кому́? чему́? mit Dat.*	sich freuen über	Она́ ра́да ему́.
		Aufgepasst, dieses Adjektiv hat keine Langform.
живо́й, -а́я, -о́е; -ы́е	lebendig	Как хорошо́, что ты жив и здоро́в.
когда́-нибудь	irgendwann	Когда́-нибудь я бу́ду отдыха́ть на Чёрном мо́ре.
где́-нибудь	irgendwo	Мы с подру́гой всегда́ хоте́ли отдыха́ть где-нибудь без роди́телей.
обща́ться *uv.*	sich unterhalten, sprechen	Я люблю́ обща́ться с интере́сными людьми́.
мо́жет быть	möglicherweise	Мо́жет быть, мы познако́мимся с интере́сными парня́ми.
		Aufgepasst, мо́жет быть wird mit Komma abgegrenzt.
уве́ренный, -ая, -ое; -ые	überzeugt *(von etwas)*	Мо́жет быть, но я не уве́рен.

разреши́ть/разреша́ть	erlauben	Роди́тели разреши́ли нам пое́хать.
согла́сный, -ая, -ое; -ые	einverstanden	Я с Ва́ми не согла́сен, у меня́ друго́е мне́ние.
в конце́ концо́в	schließlich	Он до́лго чита́л кни́гу, и в конце́ концо́в прочита́л её.
всё равно́	1. sowieso 2. egal	Мы хоти́м в го́сти к ба́бушке, она́ всё равно́ всегда́ нам ра́да. Мне всё равно́.
гото́вый, -ая, -ое; -ые	fertig	У тебя́ всё есть? Ты гото́в?
соверше́нный, -ая, -ое; -ые **соверше́нно** *Adv.*	vollkommen	Э́то соверше́нно друго́й мир.
похо́жий, -ая, -ее; -ие на *кого́? mit Akk.*	ähnlich (sein)	Она́ похо́жа на меня́.
ка́к-то	irgendwie *hier:* irgendwann	Ка́к-то мы об э́том чита́ли.
еда́	Essen	Еда́ – э́то, наприме́р, бутербро́ды и пельме́ни.
голо́дный, -ая, -ое; -ые **го́лоден как волк**	hungrig einen Bärenhunger haben, hungrig wie ein Löwe	Я о́чень, о́чень го́лоден – го́лоден как волк.
знако́мый, -ая, -ое; -ые	bekannt	Э́тот челове́к мне не знако́м.
я́годы *Pl., Sg.* **я́года**	Beeren	Э́ти я́годы тебе́ знако́мы?
лицо́	1. Gesicht 2. Person	
о́ба *m, n,* **о́бе** *f*	beide	о́ба па́рня, о́ба окна́, о́бе подру́ги
больно́й, -а́я, -о́е; -ы́е	krank	Он серьёзно бо́лен. Она́ то́же больна́.
здоро́вый, -ая, -ое; -ые	gesund	Она́ была́ больна́, но сейча́с она́ здоро́ва.
врач	Arzt	Он бо́лен, поэ́тому он идёт к врачу́.
боле́ть *uv. у кого́? mit Gen.*	jmdm. weh tun	У меня́ всё боли́т.
почу́вствовать/чу́вствовать (себя́)	(sich) fühlen	Как ты себя́ чу́вствуешь?
си́льный, -ая, -ое; -ые **си́льно** *Adv.*	stark	У меня́ си́льно боли́т голова́.
голова́	Kopf	Моя́ голова́ о́чень боли́т.
лека́рство от *чего́?*	Medizin, Arzneimittel gegen etw.	
табле́тка	Tablette	
реце́пт	Rezept	

бу́дь(те) *Imperativ von* быть	sei, seien Sie	Бу́дьте добры́, помоги́те мне.
винова́тый, -ая, -ое; -ые в чём? *mit Präp.*	schuld sein	Я не винова́т в э́том.
попро́бовать/про́бовать	probieren, ausprobieren	Ты не зна́ешь, что тако́е ра́фтинг? Попро́буй, тебе́ понра́вится.
уста́ть/устава́ть	ermüden, müde werden	Ещё у́тро, а я уже́ уста́ла.
ну́жный, -ая, -ое; -ые ну́жен, нужна́, ну́жно; нужны́	1. nötig, notwendig, erforderlich 2. *als Kurzform* jmd. braucht	Больно́му нужны́ лека́рства.
паке́т	(Plastik-)Tüte	В апте́ке мне да́ли паке́т для лека́рства.
руководи́ть *uv.* кем? чем? *mit Instr.*	leiten	Он руководи́л экспеди́цией.
связа́ть/свя́зывать **связь** *f*	verbinden Verbindung	А́зия и Аме́рика свя́заны? Есть ли связь ме́жду А́зией и Аме́рикой?
постро́ить/стро́ить	bauen	Мы хоти́м постро́ить дом.
кора́бль *m*	Schiff	Они́ постро́или но́вый кора́бль.
зада́ча	Aufgabe	реши́ть зада́чу по матема́тике
вы́полнить/выполня́ть	erfüllen, ausführen, erledigen	Зада́ча вы́полнена.
вме́сто кого́? чего́? *mit Gen.*	anstelle von	Он не чита́л кни́гу, вме́сто э́того он занима́лся спо́ртом.

rezeptive Lexik

апте́карь *(m)*, бики́ни *(n, nicht dekl.)*, блог, блонди́нка, грипп, да́ма, Да́ния, офице́р, павильо́н, флот, шпиц

уро́к 3 Б   Вчера́шние хиты́ – сего́дняшняя кла́ссика?

вчера́шний, -яя, -ее; -ие	gestriger	Вчера́шние те́мы мне уже́ не интере́сны.
сего́дняшний, -яя, -ее; -ие	heutiger *vgl.* сего́дня	Сего́дняшний день был тру́дный.
после́дний, -яя, -ее; -ие	letzter, neuester	Он слу́шает после́дние хиты́ Ди́мы Била́на.
зи́мний, -яя, -ее; -ие	Winter-, winterlich	Я люблю́ зи́мние вечера́.
ле́тний, -яя, -ее; -ие	Sommer-, sommerlich	Пойдём вме́сте на ле́тний конце́рт в па́рке!
у́тренний, -яя, -ее; -ие	Morgen- *vgl.* у́тро, у́тром	Занима́йся у́тренней гимна́стикой, и ты ста́нешь здоро́вым челове́ком.
ра́нний, -яя, -ее; -ие	früh *vgl.* ра́но, ра́ньше	Он с ра́ннего де́тства занима́лся му́зыкой.
бли́жний, -яя, -ее; -ие	nah	Покажи́ мне са́мый бли́жний путь к твоему́ до́му.
сосе́дний, -яя, -ее; -ие	Nachbar-	Моя́ подру́га живёт в сосе́днем до́ме.
да́льний, -яя, -ее; -ие	weit	Он уча́ствует в экспеди́ции на Да́льний восто́к.
ве́рхний, -яя, -ее; -ие	oberer, obiger, Ober-	Кто живёт на ве́рхнем этаже́ в твоём до́ме?
ни́жний, -яя, -ее; -ие	niederer, unterer, Unter-	Мой дя́дя живёт на ни́жнем этаже́.
смешно́й, -а́я, -о́е; -ы́е **смешно́** *Adv.*	lustig	Ха-ха-ха, ты тако́й смешно́й!
пойти́ *v., zielger.*	gehen	Тебе́ ну́жно пойти́ на э́тот конце́рт, он тебе́ понра́вится, я уве́рен.

Den unvollendeten Aspektpartner идти́ *kennst du bereits aus Band 1.*

конце́рт	Konzert	
изве́стный, -ая, -ое; -ые	bekannt, berühmt	В газе́тах напи́сано об изве́стных лю́дях.
знамени́тый, -ая, -ое; -ые	berühmt, bekannt	*The Beatles* – знамени́тая гру́ппа. Почти́ все её зна́ют и лю́бят.
популя́рный -ая, -ое; -ые	популя́р, beliebt	Э́то о́чень популя́рная актри́са.
компози́тор	Komponist	
че́рез	*(Zeitangabe)* in; später	че́рез три го́да Че́рез день он извини́лся.
учи́лище	Fachschule *vgl.* учи́ть	Он у́чится в учи́лище.

око́нчить/ока́нчивать	beenden	Он око́нчил шко́лу когда́ ему́ бы́ло 18 лет.
свобо́дный, -ая, -ое; -ые **от** *чего? mit Gen.*	frei	В свобо́дное от рабо́ты вре́мя я сочиня́ю му́зыку.
произвести́/производи́ть	machen, hinterlassen, produzieren	Она́ произвела́ на меня́ хоро́шее впечатле́ние.
впечатле́ние	Eindruck	
изучи́ть/изуча́ть	lernen (systematisch), studieren	Он изуча́ет исто́рию му́зыки.
преподава́тель *m*	Lehrer, Dozent, Hochschullehrer	Наш преподава́тель му́зыки лю́бит расска́зывать нам о П. И. Чайко́вском.
сочини́ть/сочиня́ть	verfassen, komponieren	Чайко́вский сочиня́л о́перы.
испо́лнить/исполня́ть	1. ausführen, erfüllen 2. (auf der Bühne) spielen, singen, vortragen	На конце́ртах он ре́дко исполня́ет свои́ ста́рые пе́сни.
исполня́ться *uv.*	aufgeführt werden	А́вторская пе́сня исполня́ется, как пра́вило, под гита́ру.
исполне́ние	Darbietung, Darstellung	пе́сня в исполне́нии а́втора
исполни́тель	Interpret, Darsteller	
сце́на	Bühne	Бале́ты Чайко́вского ча́сто представля́ют на сце́нах Евро́пы.
	Aufgepasst, nicht mit der deutschen *Szene* verwechseln.	
умере́ть/умира́ть у́мер, умерла́; у́мерли	sterben	Ка́ждый челове́к когда́-то умрёт.
речь *f*	Rede	В э́том произведе́нии речь идёт о молодо́м челове́ке.
а́вторская пе́сня *nur Sg.*	Bardenmusik, -lieder	Мои́ роди́тели лю́бят а́вторскую пе́сню.
ба́рдовская му́зыка	Bardenmusik, -lieder	Они́ ча́сто слу́шают ба́рдовскую му́зыку.
бард	Liedermacher	
а́втор	Autor, Verfasser	Кто а́втор э́той пе́сни?
а́втор-исполни́тель	Autor und Sänger eines Liedes	Оди́н из а́второв-исполни́телей ба́рдовской му́зыки — Була́т Окуджа́ва.
возни́кнуть/возника́ть	erscheinen, aufkommen	Ба́рдовская му́зыка возни́кла в 1950-е го́ды.
Сове́тский Сою́з	Sowjetunion	Росси́я была́ ча́стью Сове́тского Сою́за.
незави́симый, -ая, - ое; -ые **незави́симо** *Adv.*	unabhängig	Сего́дня бы́вшие стра́ны Сове́тского Сою́за — незави́симые стра́ны.

показа́ть/пока́зывать	zeigen	Покажи́ мне, пожа́луйста, на ка́рте, где нахо́дится теа́тр.
цензу́ра	Zensur	официа́льная цензу́ра
		Aufgepasst, nicht verwechseln mit der Schulzensur.
чу́вство	Gefühl	*Das Verb* почу́вствовать/чу́вствовать *ist dir schon bekannt.*
вы́разить/выража́ть	ausdrücken	Я ду́маю, э́та пе́сня выража́ет чу́вство не́жности.
роль *f*	Rolle	Она́ представля́ет себя́ в ро́ли Офе́лии.
суперзвезда́	Superstar	
ко́нкурс	Wettbewerb	Все ученики́ уча́ствуют в литерату́рном ко́нкурсе.
	Aufgepasst, nicht verwechseln mit dem deutschen Konkurs.	
победи́тель *m*	Gewinner, Sieger	Макси́м из девя́того кла́сса стал победи́телем ко́нкурса. Поздравля́ем.
молодо́й, -а́я, -о́е; -ы́е	jung *vgl.* молодёжь	На́ша учи́тельница англи́йского языка́ ещё молода́я — ей три́дцать лет.
тала́нтливый, -ая, -ое; -ые	talentiert, begabt	тала́нтливый исполни́тель
присла́ть/присыла́ть	schicken, senden	Я тебе́ пришлю́ email.

rezeptive Lexik

в при́нципе, видеокли́п, жанр, импровизи́ровать *(uv.)*, класси́ческий, компози́ция, консервато́рия, кри́тик, Министе́рство юсти́ции, о́перный, о́пус, официа́льный, пиани́ст, пиани́стка, поли́тика, поэти́чный, приз *(Pl.* призы́*)*, ритм, сингл, тата́рский, Татарста́н, эмо́ция, энерги́чно *(Adv.)*, юриди́ческий

Уро́к 3 B   Расскажи́ мне что́-нибудь о ру́сской литерату́ре.

литерату́рный, -ая, -ое; -ые	Literatur-	
кружо́к, *Pl.* кружки́	Kreis, Interessengemeinschaft	
разгова́ривать *uv.*	sprechen, reden, sich unterhalten	О чём они́ разгова́ривают?
кто́-нибудь irgendjemand **что́-нибудь** irgendetwas **како́й-нибудь** irgendwelcher **где́-нибудь** irgendwo **когда́-нибудь** irgendwann **куда́-нибудь** irgendwohin **ка́к-нибудь** irgendwie	**кто́-либо** irgendjemand **что́-либо** irgendetwas **како́й-либо** irgendwelcher **где́-либо** irgendwo **когда́-либо** irgendwann **куда́-либо** irgendwohin **ка́к-либо** irgendwie	**кто́-то** jemand **что́-то** etwas **како́й-то** irgendwelcher **где́-то** irgendwo **когда́-то** irgendwann **куда́-то** irgendwohin **ка́к-то** irgendwie
почита́ть *v.*	(ein wenig, eine Zeit lang) lesen, vorlesen	Пожа́луйста, почита́йте нам свои́ стихи́.

произведе́ние	Werk	Моё люби́мое произведе́ние Че́хова — *Да́ма с соба́чкой*.
стихотворе́ние	Gedicht	Я о́чень люблю́ стихотворе́ние Пу́шкина *Я вас люби́л*.
писа́тель *m*	Schriftsteller	ру́сский писа́тель
молча́ть *uv.*	schweigen	Наш учи́тель всегда́ говори́т мне: «Молчи́!». Но я так люблю́ говори́ть.
оригина́льность *f*	Originalität	
тоскова́ть *uv.* по кому́? чему́? *mit Dat.*	sich sehnen nach, vermissen	Он тоску́ет по люби́мой стране́.
иногда́ *Adv.*	manchmal	Иногда́ я тоску́ю по до́му.
о́тчество	Vatersname *vgl.* оте́ц	Отца́ Макси́ма зову́т Ива́н. О́тчество Макси́ма — Ива́нович.
осо́бенность *f*	Besonderheit *vgl.* осо́бенный	Каки́е осо́бенности э́того жа́нра вы мо́жете назва́ть?
объявле́ние	Bekanntmachung, Anzeige, Ansage *vgl.* объяви́ть/объявля́ть	объявле́ние в газе́те

rezeptive Lexik

граф, дра́ма

уро́к 4 A Ца́рская Росси́я

Русь *f*	Rus (historisch)	
нестаби́льный, -ая, -ое; -ые	instabil, unsicher	Русь была́ нестаби́льным госуда́рством.
стаби́льность *f*	Stabilität	
госуда́рство	Staat	Герма́ния и Росси́я — два госуда́рства.
пра́вить *uv.* чем? *mit Instr.*	regieren, herrschen über	
вели́кий, -ая, -ое; -ие	groß (bedeutend)	Росси́я — вели́кая страна́.
му́дрый, -ая, -ое; -ые	weise	му́дрый челове́к
образо́ванный, -ая, -ое; -ые	gebildet	образо́ванная же́нщина
жесто́кий, -ая, -ое; -ие	grausam, außerordentlich heftig	жесто́кий челове́к, жесто́кий моро́з
просто́й, -а́я, -о́е; -ы́е	einfach	У него́ просто́й хара́ктер.
энерги́чный, -ая, -ое; -ые	energisch	
сла́бый, -ая, -ое; -ые	schwach	У него́ сла́бый хара́ктер.
хара́ктер	Charakter	

христиани́н, *Pl.* христиа́не	Christ	Большинство́ жи́телей Евро́пы — христиа́не.
приказа́ть/прика́зывать	befehlen	Пётр I приказа́л постро́ить Санкт-Петербу́рг.
крести́ться *v.* крещу́сь, кре́стишься; кре́стятся	sich taufen lassen	Лю́ди на Руси́ крести́лись в X ве́ке.
крести́ть *v.* крещу́, кре́стит; кре́стят	taufen	Неме́цкую принце́ссу Софи́ю Фредери́ку Авгу́сту крести́ли в Росси́и и́менем Екатери́на.
рефо́рма	Reform	
расши́рить/расширя́ть	(im Umfang) erweitern	Ива́н Гро́зный расши́рил грани́цы страны́.
европеизи́ровать *v., uv.*	europäisieren	Пётр I хоте́л европеизи́ровать Росси́ю.
разви́тие	Entwicklung	бы́строе разви́тие
вести́ *uv.* веду́, ведёшь; веду́т *Prät.* вёл, вела́, вело́; вели́	führen	
вести́ *uv.* войну́ про́тив *кого? mit Gen.*	Krieg führen *gegen jmdn.*	
дово́льный, -ая, -ое; -ые *кем? чем? mit Instr.*	zufrieden *mit etw.*	Оте́ц дово́лен свои́м сы́ном.
крестья́нин, *Pl.* крестья́не	Bauer	Мно́гие крестья́не в Росси́и бы́ли недово́льны свое́й жи́знью.
восста́ть/восстава́ть против *кого? mit Gen.*	sich *gegen jmdn.* erheben	Лю́ди восста́ли про́тив царя́.
вступи́ть/вступа́ть	eintreten	вступи́ть в войну́
состоя́ться *v.*	zustande kommen, stattfinden	Встре́ча состои́тся за́втра в клу́бе.
произойти́/происходи́ть произойти́: *Prät.* произошёл, произошла́, произошло́; произошли́	sich ereignen, stattfinden	В э́том го́роде произошли́ ва́жные собы́тия.
соверши́ть/соверша́ть	vollziehen, begehen, abschließen	соверши́ть револю́цию
револю́ция	Revolution	
большеви́к, *Pl.* большевики́	Bolschewik *(Anhänger der Mehrheit, Angehöriger der Kommunistischen Partei)*	
расстреля́ть/расстре́ливать	erschießen	
расстре́л	Erschießung *vgl.* расстреля́ть/ расстре́ливать	расстре́л ты́сячи люде́й

бы́вший, -ая, -ое; -ие	ehemaliger	Санкт-Петербу́рг – бы́вшая столи́ца Росси́и.
бу́дущий, -ая, -ое; -ие	zukünftig	Бу́дущим ле́том мы уе́дем на юг.
руково́дство	Führung, Leitung *vgl.* руководи́ть	Шко́ла рабо́тает под руково́дством дире́ктора.
смерть *f*	Tod	Никто́ не ожида́л сме́рти э́того челове́ка.
власть *f*	Macht	Он был у вла́сти 10 лет.
тяжёлый, -ая, -ое; -ые **тяжело́** *Adv.*	schwierig	тяжёлая судьба́
тюрьма́, *Pl.* тю́рьмы	Gefängnis	Он до́лго сиде́л в тюрьме́.
распа́сться/распада́ться *Prät.* распа́лся, распа́лась, распа́лось; распа́лись	zerfallen, auseinanderbrechen	По́сле оконча́ния холо́дной войны́ распа́лся не то́лько СССР, но и други́е европе́йские госуда́рства.
любо́й, -а́я, -о́е; -ы́е	beliebig	Приходи́те в любо́е вре́мя.
вы́бор **вы́боры** *Pl.*	Auswahl, Wahl Wahlen	бога́тый вы́бор това́ров президе́нтские вы́боры
ца́рский, -ая, -ое; -ие	zaristisch, Zaren-	ца́рский дворе́ц
значи́тельный, -ая, -ое; -ые **значи́тельно** *Adv.*	bedeutend, bemerkenswert	значи́тельное разви́тие Он значи́тельно ста́рше меня́.
увели́читься/увели́чиваться	größer werden, sich vergrößern	Число́ ученико́в в на́шей шко́ле увели́чилось.
успе́шный, -ая, -ое; -ые **успе́шно** *Adv.*	erfolgreich	Она́ успе́шно око́нчила шко́лу.
ста́рший, -ая, -ое; -ие	älterer, ältester	моя́ ста́ршая сестра́
мла́дший, -ая, -ее; -ие	jüngerer, jüngster	мла́дший брат
уби́ть/убива́ть	erschlagen, umbringen	Ива́н Гро́зный уби́л своего́ сы́на.
ю́ность *f*	Jugend	У меня́ была́ хоро́шая ю́ность.
верну́ться *v.*	zurückkehren	По́сле университе́та он верну́лся в свой родно́й го́род.
яви́ться/явля́ться *кем? чем? mit Instr.*	1. sein; 2. sich erweisen (als)	Он явля́ется хоро́шим врачо́м.
экономи́ческий, -ая, -ое; -ие	ökonomisch, wirtschaftlich	экономи́ческий кри́зис
вое́нно-морско́й флот	Kriegsflotte, Marine	
так как *Konj.*	weil, da	Я не могу́ прие́хать, так как у меня́ ма́ло вре́мени.
в основно́м	im Wesentlichen, hauptsächlich	На конце́рт пришли́ в основно́м молоды́е лю́ди.

сирота́ *m, f* Pl. сиро́ты	Waise	Так как его роди́тели у́мерли, он оста́лся сирото́й.
заста́вить/заставля́ть	zwingen, veranlassen	Он заставля́ет своего́ сы́на мно́го рабо́тать.
реформи́ровать *v., uv.*	reformieren	
взгляд	Ansicht, Meinung, Blick	на мой взгля́д, на пе́рвый взгля́д
реме́сленник	Handwerker	
крепостно́й, -а́я, -о́е; -ы́е	leibeigen; *Subst.* Leibeigener	
возмо́жность *f*	Möglichkeit	Это интере́сная возмо́жность.
прода́ть/продава́ть	verkaufen	Этот магази́н продаёт краси́вые сувени́ры.
купи́ть/покупа́ть	kaufen	Тури́сты всегда́ покупа́ют сувени́ры.

Der vollendete Aspektpartner купи́ть ist dir bereits aus Band 1 bekannt.

владе́ть *uv. чем? mit Instr.*	beherrschen, besitzen	Он владе́ет ру́сским языко́м. Кто владе́ет э́тим до́мом?
пре́жде всего́	vor allem	Пре́жде всего́ я люблю́ рок-му́зыку.
дворяни́н, *Pl.* дворя́не	Adliger	
бе́дный, -ая, -ое; -ые	arm	бе́дные лю́ди
оказа́ться/ока́зываться *mit Instr.* оказа́ться: окажу́сь, ока́жешься; ока́жутся	1. sich erweisen (als); 2. *(Ortsangabe)* sich zufällig befinden	Он оказа́лся мои́м ста́рым дру́гом.
ве́жливый, -ая, -ое; -ые ве́жливо *Adv.*	höflich	Он отве́тил о́чень ве́жливо.
всё вре́мя	die ganze Zeit, dauernd	Он всё вре́мя то́лько чита́ет.
ико́на	Ikone	
це́рковь *f, Gen.* це́ркви, *Instr.* це́рковью, *Pl.* це́ркви, *Gen. Pl.* церкве́й	Kirche	Э́та це́рковь – па́мятник ру́сской архитекту́ры.
ве́рующий, -ая, -ое; -ие	gläubig; *Subst.* Gläubiger	
день а́нгела	Namenstag	
свято́й, свята́я	Heiliger, Heilige	
правосла́вный, -ая, -ое; -ые	orthodox	
измени́ться/изменя́ться	sich (ver)ändern	Пого́да измени́лась.

rezeptive Lexik

Голла́ндия, демократи́ческий, импера́тор, императри́ца, креди́т, крити́ческий, принце́сса, респу́блика, реформа́тор, терро́р, тира́н, эффекти́вно

Урок 4 Б   Ветер перемен

ве́тер	Wind	На мо́ре сего́дня си́льный ве́тер.
переме́на	Veränderung	переме́на пого́ды
свобо́да	Freiheit	свобо́да ре́чи
гла́сность *f*	Transparenz, Offenheit, Publizität	
перестро́йка	Umbau, Umgestaltung	перестро́йка госуда́рства
захоте́ть *v.*	möchten, wollen, Lust bekommen	Мы захоте́ли пойти́ в кино́.

> Den unvollendeten Aspektpartner *хоте́ть* kennst du bereits aus Band 1.

переста́ть/перестава́ть	aufhören	Они́ переста́ли встреча́ться.
глава́ *m und w, Pl.* гла́вы	Chef, Leiter, Oberhaupt	Президе́нт – глава́ госуда́рства.
после́дствие	Auswirkung, Folge	после́дствия войны́
положе́ние	Lage, Zustand	тру́дное положе́ние
враг, *Pl.* враги́	Feind	
наза́д	*(zeitlich)* vor	не́сколько лет наза́д
с тех пор	seitdem	С тех пор прошло́ мно́го лет.
у́ровень *m, Gen.* у́ровня	Niveau, Standard	У нас высо́кий у́ровень жи́зни.
смеша́ться/сме́шиваться	sich vermischen	
хотя́ *Konj.*	obwohl	Хотя́ пого́да была́ плоха́я, мы пое́хали за́ город.
пыта́ться *uv. mit Inf.*	versuchen *etwas zu tun*	Я всегда́ пыта́юсь вам помо́чь.
уда́ться/удава́ться *кому́? mit Dat.*	*jmdm.* gelingen	Ему́ всё удаётся. Э́то ему́ не удало́сь.
подраба́тывать *uv.*	hinzuverdienen, gelegentlich verdienen	Студе́нты ча́сто подраба́тывают в свобо́дное вре́мя.
переселе́нец, *Pl.* переселе́нцы	Übersiedler	
по-ра́зному	unterschiedlich	– Когда́ вы встаёте? – По-ра́зному.
поколе́ние	Generation	молодо́е поколе́ние
жела́ние	Wunsch	большо́е жела́ние
ра́доваться *uv. чему́? mit Dat.*	sich freuen	Роди́тели ра́довались успе́хам сы́на.
ро́дина	Heimat	Я люблю́ ро́дину.
мысль *f*	Gedanke, Idee	Э́то хоро́шая мысль.
поведе́ние	Verhalten	хоро́шее поведе́ние ученико́в

уме́ньшиться/уменьша́ться	sich verringern, abnehmen	Число́ студе́нтов уме́ньшилось.
величина́	Größe, hier: Fläche	
на mit Zahl	um wie viel (bei Vergleich)	
по сравне́нию с	im Vergleich zu	

rezeptive Lexik

би́знес (! би́з[нэ]с), диало́г, карье́ра, квадра́тный, конфли́кт, рок-гру́ппа, си́мвол

Уро́к 4 B   Ру́сские о себе́

удиви́тельный, -ая, -ое; -ые	merkwürdig, erstaunlich	У него́ удиви́тельный тала́нт.
счита́ть *uv. кого́? кем?* *mit Instr.*	jmdn. halten für	Он счита́ет себя́ тала́нтливым музыка́нтом. Она́ счита́ет себя́ краси́вее подру́г.
остально́й, -а́я, -о́е; -ы́е	übrig, sonstig *Pl. (von Menschen)* alle Übrigen, alle Anderen	По́сле конце́рта мы с подру́гой пошли́ гуля́ть по го́роду. Остальны́е из гру́ппы пое́хали домо́й.
постоя́нный, -ая, -ое; -ые постоя́нно *Adv.*	ständig	Она́ постоя́нно разгова́ривает.
дура́к оказа́ться/ока́зываться в дурака́х	Dummkopf dumm dastehen	В конце́ концо́в мы оказа́лись в дурака́х.
лени́вый, -ая, -ое; -ые	faul	лени́вый учени́к
ни́щий, -ая, -ее; -ие	bettelarm	ни́щий челове́к
пла́кать *uv.* пла́чу, пла́чешь; пла́чут	weinen	Почему́ ты пла́чешь?
сва́дьба	Hochzeit	
хвали́ть *uv.* хвалю́, хва́лишь; хва́лят	loben	Учени́цу хвали́ли за э́ту рабо́ту.
несовмести́мый, -ая, -ое; -ые несовмести́мо *Adv.*	nicht zusammenpassend, unvereinbar	несовмести́мые интере́сы
стра́шный, -ая, -ое; -ые стра́шно *Adv.*	schrecklich, furchtbar	Я с ва́ми пое́ду. Мне стра́шно.
мечта́	Traum	Это была́ мечта́ его́ жи́зни.
трудолюби́вый, -ая, -ое; -ые	fleißig	трудолюби́вый учени́к
вя́лый, -ая, -ое; -ые	schlaff, träge, welk	вя́лый тип
глу́пый, -ая, -ое; -ые глу́по *Adv.*	dumm	Нет глу́пых вопро́сов, есть то́лько глу́пые отве́ты.

147

появи́ться/появля́ться	entstehen, aufkommen	Весно́й появи́лись краси́вые цветы́.
нести́ *uv.* *Prät.* нёс, несла́; несли́	tragen	Я сам бу́ду нести́ рюкза́к.
гражда́нский, -ая, -ое; -ие	bürger-, bürgerlich	гражда́нская война́
значе́ние	Bedeutung	большо́е значе́ние
замени́ть/заменя́ть	ersetzen	Ста́ршая сестра́ заменя́ла ему́ ма́му.
о́браз	Bild, Symbol	Ико́на — о́браз свято́го.
поня́тный, -ая, ое; -ые	verständlich	Мне всё поня́тно.
кра́ткий, -ая, -ое; -ие	kurz	Ученики́ написа́ли кра́ткие те́ксты.
воспита́ние	Erziehung	
удели́ть/уделя́ть *что? чему́? mit Dat.*	schenken (Aufmerksamkeit, Zeit)	Удели́те мне не́сколько мину́т, пожа́луйста.
уделя́ться *uv. чему́? mit Dat.*	geschenkt werden *(von Aufmerksamkeit)*	Э́тому вопро́су уделя́ется большо́е внима́ние.
внима́ние	Aufmerksamkeit	
нра́вственность *f*	Sittlichkeit, Moral	
дру́жба	Freundschaft	ста́рая дру́жба
сове́т	Ratschlag, Rat	Он дал мне хоро́ший сове́т.
побе́да	Sieg	Э́то была́ больша́я побе́да нра́вственности.
анекдо́т	Witz	Nicht verwechseln mit der deutschen *Anekdote*.
заказа́ть/зака́зывать	bestellen	
Ах! *Interj.*	ach!	
Сла́ва бо́гу!	Gott sei Dank!	
На́до же!	Na, so was!	
Здо́рово!	Klasse! Toll!	
кошма́р	Alptraum; *als Ausruf:* Furchtbar!	
Молоде́ц!	Prachtkerl! Gut gemacht!	
Бо́же! *Interj.*	Ach Gott!	
Ура́! *Interj.*	Hurra!	
Стоп! *Interj.*	Stopp!	
Ох! *Interj.*	Ach!	
пообеща́ть/обеща́ть	versprechen	Ма́ма и па́па пообеща́ли нам мно́го пода́рков.

rezeptive Lexik

кроссво́рд, ло́зунг, пропага́нда, социали́зм, фра́за

Урок 5 A Любимый вид спорта

лы́жи *Pl.*	Ski	
коньки́ *Pl.*	Schlittschuhe	
отры́вок, *Gen.* отры́вка	Auszug, Abschnitt	Учи́тель прочита́л отры́вок из кни́ги.
состяза́ние	Wettkampf	
соревнова́ние	Wettkampf	Серёжа ежего́дно уча́ствует в соревнова́ниях по бо́ксу.
всеросси́йский, -ая, -ое; -ие	gesamtrussisch	На стадио́не за́втра бу́дут проходи́ть всеросси́йские *Президе́нтские состяза́ния*.
ежего́дный, -ая, -ое; -ые ежего́дно *Adv.*	jährlich	
регуля́рный, -ая, -ое; -ые	regelmäßig	
заня́тие заня́тия спо́ртом	Beschäftigung, Unterricht Sporttreiben	Регуля́рные заня́тия спо́ртом важны́ для ва́шего здоро́вья.
кома́нда	Mannschaft	
заинтересова́ть/ заинтересо́вывать *кого? mit Akk.* в чём? *mit Präp.*	bei jmdm. Interesse an etwas wecken	Непро́сто заинтересова́ть молодёжь в заня́тиях спо́ртом.
дово́льно *Adv.*	ziemlich	Мой брат дово́льно хорошо́ игра́ет на гита́ре.
подгото́вка	Vorbereitung, hier: Kondition	Для ка́ждого спортсме́на важна́ хоро́шая физи́ческая подгото́вка.
зави́сеть *uv.* **от** *чего? mit Gen.* зави́шу, зави́сишь; зави́сят	abhängen von etw., abhängig sein, darauf ankommen	Результа́т экза́мена зави́сит от подгото́вки к нему́.
отсу́тствовать	fehlen, abwesend sein	Ребя́та, кто сего́дня отсу́тствует в кла́ссе?
состоя́ть *uv.* из *чего? mit Gen.*	bestehen aus *etw.*	На соревнова́ния прие́хала росси́йская кома́нда, состоя́щая из 10 спортсме́нов.
включа́ть (в себя́) *uv.*	einschließen	Многобо́рье включа́ет в себя́ соревнова́ния в не́скольких ви́дах спо́рта.
обяза́тельный, -ая, -ое; -ые	obligatorisch, Pflicht-	ЕГЭ по ру́сскому языку́ и матема́тике — э́то два обяза́тельных экза́мена для всех выпускнико́в.
принима́ть уча́стие *uv.* в чём? *mit Präp.*	an etw. teilnehmen	
худо́жественная самоде́ятельность *f*	Laienkunst	Уча́стники худо́жественной самоде́ятельности уме́ют хорошо́ петь.

многобо́рье	Mehrkampf	
эстафе́та	Staffellauf	Кома́нда, принима́ющая уча́стие в эстафе́те 4×100 м, состои́т из четырёх спортсме́нов.
бег	Laufen	Мой брат занима́ется бе́гом.
На старт! Внима́ние! Марш!	Auf die Plätze! Fertig! Los!	
отдохну́ть/отдыха́ть	sich ausruhen, erholen	Я хочу́ ещё немно́го отдохну́ть.
испо́лниться/исполня́ться	in Erfüllung gehen	
подво́дный, -ая, -ое; -ые	Unterwasser-	Подво́дный мир Кра́сного мо́ря о́чень бога́тый.
парашю́тный, -ая, -ое; -ые	Fallschirm-	В на́шем парашю́тном клу́бе обуча́ют скайсёрфингу.
тре́нер	Trainer	Алексе́й — тре́нер по бо́ксу.
трениро́вка	Training	Я спешу́ на трениро́вку.
обучи́ть/обуча́ть *чему́? mit Dat.*	etw. lehren	
ре́дкий, -ая, -ое; -ие	rar	Кроке́т — э́то ре́дкий вид спо́рта.
уважа́ть *uv.*	achten, verehren, respektieren	Добро́ пожа́ловать, уважа́емые уча́стники соревнова́ния!
дружи́ть *uv. с кем? mit Instr.*	befreundet sein	Па́вел и Окса́на дру́жат уже́ два го́да.
толстя́к, *Gen.* толстяка́	Dickbauch	Ты чита́л ска́зку Ю́рия Оле́ши *Три толстяка́*?
объясня́ться *uv.* в любви́ *кому́? mit Dat.*	eine Liebeserklärung machen	Лёша вчера́ объясни́лся И́ре в любви́.
спеши́ть *uv.*	sich beeilen	До нача́ла фи́льма оста́лось 5 мину́т, нам на́до спеши́ть.
ве́чный, -ая, -ое; -ые ве́чно *Adv.*	ewig	Ты уже́ ви́дел фильм *Ве́чно молодо́й* с Ме́лом Ги́бсоном?
задава́ла *m, f, Gen.* задава́лы	Angeber	
желе́зный, -ая, -ое; -ые	eisern	
покори́ть/покоря́ть	erobern	Как же покори́ть э́ту де́вушку?
заме́тить/замеча́ть	bemerken	Никто́ не хо́чет э́того замеча́ть.
спеть *v.*	singen	Дава́йте споём вме́сте!
		Den unvollendeten Aspektpartner *петь* kennst du bereits aus Band 1.
охо́тно *Adv.*	gern	Тури́сты охо́тно е́здят в Санкт-Петербу́рг.

опа́сный, -ая, -ое; -ые	gefährlich	Сноубо́рдинг – опа́сный вид спо́рта.
се́кция	Sportgemeinschaft, Sektion	Я уже́ три го́да занима́юсь в се́кции альпини́зма.
игро́к, *Gen.* игрока́	Spieler	В футбо́льной кома́нде 11 игроко́в.
проти́вник	Gegner	
судья́	Schiedsrichter	Спортсме́ны не хоте́ли принима́ть реше́ние судьи́.
реше́ние	Entscheidung, Lösung	
ка́рточка	Karte	Судья́ показа́л футболи́сту жёлтую ка́рточку.
досто́йный, -ая, -ое; -ые досто́йно *Adv.*	würdig, anständig	досто́йный отве́т, досто́йно встре́тить проти́вника
че́стный, -ая, -ое; -ые че́стно *Adv.*	ehrlich	*Fair play* – э́то че́стная игра́.
победи́ть/побежда́ть	siegen	В соревнова́ниях по бе́гу победи́ла кома́нда на́шей шко́лы.
	Beachte: es gibt keine Form der 1. Pers. Sg. für *победи́ть*.	
проигра́ть/прои́грывать	verlieren	Кома́нда *Спарта́к* проигра́ла *Дина́мо*.
соблюда́ть *uv.*	einhalten	Че́стные игроки́ всегда́ соблюда́ют пра́вила игры́.
приня́ть/принима́ть приня́ть: при́нял, приняла́; при́няли	1. annehmen, akzeptieren 2. (Arznei) einnehmen	
пораже́ние	Niederlage	Проти́вник на́шей кома́нды досто́йно при́нял пораже́ние.
скро́мный, -ая, -ое; -ые скро́мно *Adv.*	bescheiden	Ко́стя – о́чень скро́мный челове́к.
вести́ себя́ веду́, ведёшь; ведёте *Prät.* вёл, вела́; вели́	sich benehmen	Как вести́ себя́ во вре́мя экспеди́ции?
одина́ковый, -ая, -ое; -ые	gleich	

rezeptive Lexik

альпини́зм, ба́нджи-джа́мпинг, го́лден ретри́вер (**!** го́л[дэ]н), гольф, да́йвинг, кикбо́ксинг, контроли́ровать (*uv.*), кроке́т, мотива́ция, му́скулы (*Pl.*), парку́р, ре́слинг, скайсёрфинг, спартакиа́да, фриста́йл, экстрема́льный

Уро́к 5 Б Жизнь коротка́, иску́сство ве́чно.

коро́ткий, -ая, -ое; -ие	kurz	
звезда́, *Pl.* звёзды	Star	Звёзды теа́тра и кино́ прие́хали на фестива́ль.
привезти́/привози́ть	bringen	
худо́жественный фильм	Spielfilm	В кино́ идёт но́вый худо́жественный фильм.
нау́ка	Wissenschaft	
страда́ть *uv.*	leiden	
смысл	Sinn	Мно́гие лю́ди и́щут смысл жи́зни.
поня́ть/понима́ть	verstehen	К сожале́нию, я не понима́ю тебя́.
субти́тры *Pl.*	Untertitel	фильм с субти́трами
поговори́ть *v. с кем? mit Instr.*	sich unterhalten, sprechen, besprechen	Я хочу́ поговори́ть с тобо́й.
про *что? mit Akk.*	über, zum Thema	фильм про любо́вь
би́тва	Schlacht	Фильм *Би́тва за Сталингра́д* — э́то сове́тская киноклассика.
слеза́, *Pl.* слёзы	Träne	
рука́, *Pl.* ру́ки	Arm, Hand	си́льные ру́ки
доста́ть/достава́ть	1. herausnehmen 2. beschaffen, ergattern	Доста́нь, пожа́луйста, моби́льник из мое́й су́мки. Где доста́ть биле́т на конце́рт?
обожа́ть *uv.*	verrückt sein nach, toll finden, etwas sehr gern tun *(mit Inf.)*	Я обожа́ю смотре́ть телеви́зор.
ли́шний, -яя, -ее; -ие	übrig	Извини́те, у Вас нет ли́шнего биле́та?
благода́рный, -ая, -ое; -ые	dankbar	В Росси́и есть го́род, кото́рый называ́ется Благода́рный.
нетерпе́ние	Ungeduld	Я с нетерпе́нием жду твоего́ письма́.
сеа́нс	Vorstellung	
вече́рний, -яя, -ее; -ие	Abend-	Я хочу́ заказа́ть два биле́та на вече́рний сеа́нс.
дневно́й, -а́я, -о́е; -ы́е	Tages-	На дневно́й сеа́нс биле́тов нет.
ряд, *Präp.* в ... ряду́, *Pl.* ряды́	Reihe	На́ши места́ в пя́том ряду́.
я́рус	Rang	
договори́ться/догова́риваться	sich einigen, sich absprechen	Мы договори́лись встре́титься в шесть.

экра́н	Bildschirm, Leinwand	Сно́ва на экра́не ру́сская кинокла́ссика.
зри́тель *m*	Zuschauer	Актёр удиви́л зри́телей свое́й игро́й.
зри́тельный, -ая, -ое; -ые	Zuschauer-	
наконе́ц *Adv.*	schließlich, endlich	Наконе́ц мы прие́хали!
впереди́ *Adv.*	vorn	У вас ещё всё впереди́.
вперёд *Adv.*	nach vorn, vorwärts	Смотри́те вперёд.
спе́реди *Adv.*	von vorn	
сза́ди *Adv.*	hinten, von hinten	Сза́ди никого́ нет.
наза́д *Adv.*	nach hinten, rückwärts	Нам ну́жно верну́ться наза́д.
наверху́ *Adv.*	oben	Наверху́ живёт семья́ из Росси́и.
вверху́ *Adv.*	oben	Вверху́ я́рко свети́ло со́лнце.
наве́рх *Adv.*	nach oben, aufwärts, bergauf	Вы уже́ мо́жете пройти́ наве́рх, а я до́лжен пока́ оста́ться внизу́.
вверх *Adv.*	nach oben	Мы до́лго шли вверх по горе́.
све́рху *Adv.*	von oben	Све́рху открыва́ется прекра́сный вид на мо́ре.
внизу́ *Adv.*	unten	Жди́те нас внизу́, пе́ред до́мом.
вниз *Adv.*	nach unten, abwärts, bergab	Осторо́жно, не смотри́те вниз, здесь о́чень высоко́.
сни́зу *Adv.*	von unten	Сни́зу вверх хо́дит трамва́й.
отсю́да *Adv.*	von hier aus	Отсю́да мо́жно уви́деть всё.
внутри́ *Adv.*	innen, drinnen	
дирижёр	Dirigent	дирижёр орке́стра

rezeptive Lexik

амфитеа́тр, бельэта́ж, виртуа́льный, интерне́т-порта́л, кинокла́ссика, кримина́льный, ло́жа, му́за, орке́стр, парте́р (**!** пар[тэ́]р), фойе́ *(n, nicht dekl.)*

Уро́к 5 B   Договори́лись!

весь, вся, всё; все	ganz	Вся семья́ уже́ до́ма.
расплани́ровать *v.*	(ver)planen	Помоги́ мне расплани́ровать вре́мя.
репети́ция	Probe	Репети́ция хо́ра бу́дет проходи́ть в сре́ду.
собра́ться/собира́ться	sich versammeln, sich treffen	На Рождество́ мы собрали́сь всей семьёй у ба́бушки с де́душкой.

жа́лко *Adv.*	schade	Жа́лко, что ты не мо́жешь прийти́.
за́нят, занята́, за́нято; за́няты	1. beschäftigt 2. besetzt	Он о́чень за́нят, у него́ ма́ло свобо́дного вре́мени. Телефо́н за́нят.
не́когда *Adv.*	es eilig haben, keine Zeit haben	Извини́, но мне не́когда.
девчо́нка *ugs.*	Mädchen, Mädel	
де́ло, *Pl.* дела́	Angelegenheit, Sache	Э́то не твоё де́ло!
огро́мный, -ая, -ое; -ые	riesig, riesengroß	огро́мная ры́ба, огро́мное спаси́бо
записна́я кни́жка	Notizbuch	В записно́й кни́жке я всегда́ пишу́ всё ва́жное.
дома́шнее зада́ние	Hausaufgabe	Кто лю́бит де́лать дома́шние зада́ния?
по́лдень *m*	Mittag	Мы встре́тимся ро́вно в по́лдень.
по́лночь *f*	Mitternacht	На часа́х по́лночь.
полови́на	Hälfte, halb ...	Сейча́с полови́на седьмо́го.
осторо́жный, -ая, -ое; -ые осторо́жно *Adv.*	vorsichtig	Осторо́жно, де́ти!
телепереда́ча	(Fernseh-)Sendung	А сейча́с вы узна́ете програ́мму телепереда́ч на за́втра.
телеви́дение	Fernsehen	ру́сское телеви́дение
чей, чья, чьё; чьи	wessen?	Чьё э́то произведе́ние?
направле́ние	Richtung	В како́м направле́нии идёт э́тот по́езд?
настрое́ние	Stimmung, Laune	У меня́ плохо́е настрое́ние.
быть без ума́ от *кого́? чего́? mit Gen.*	verrückt sein nach, toll finden	Али́на без ума́ от э́той му́зыки.
звуча́ть *uv.*	ertönen, klingen	Из о́кон до́ма звуча́ла му́зыка.
вообще́ *Adv.*	überhaupt	Мои́ роди́тели вообще́ не лю́бят поп-му́зыку.

rezeptive Lexik

рефера́т

уро́к 6 A Друга́я Росси́я – друга́я жизнь.

е́сли	falls, wenn	Е́сли бы я э́то знал, я бы никогда́ не прие́хал.
бы	*Partikel zur Bildung des Konjunktivs*	Я хоте́л бы жить за грани́цей.

то	so, dann (*in Konditionalsätzen*)	Éсли бы я был актёром, то рабóтал бы тóлько в кинó.
по-другóму *Adv.*	anders, auf andere Art und Weise	Сдéлай э́то по-другóму!
мэр	Bürgermeister	мэр гóрода *Vgl. frz.* le maire
очи́стить/очища́ть	reinigen, säubern	Нáдо очи́стить парк!
создáть/создавáть сóздал, создалá; сóздали	erschaffen, gründen, bilden	А. С. Пу́шкин создáл мнóго гениáльных произведéний. Пётр I создáл росси́йский воéнно-морскóй флот.
наказáть/накáзывать	bestrafen	Ты сам себя́ наказáл!
подрóсток, *Gen.* подрóстка	Heranwachsender, Teenager	Мнóгие подрóстки лю́бят сидéть в чáте.
молодёжный, -ая, -ое; -ые	Jugend-, jugendlich	молодёжный клуб
отобрáть/отбирáть отобрáть: отберу́, отберёшь; отберу́т	1. auswählen; 2. wegnehmen	Трéнер отобрáл лу́чших спортсмéнов для соревновáний. Сестрá отобралá конфéту у брáта.
тренировáть *uv. когó? mit Akk.*	(jmdn., etwas) trainieren *vgl.* трéнер, трениróвка	Кто трениру́ет футбóльную комáнду?
бу́дущее	Zukunft	плáны на бу́дущее
наркóтик	Rauschgift, Droge	Наркóтики, курéние и алкогóль вредя́т здорóвью.
курéние	Rauchen	
учёба *nur Sg.*	Studium, Ausbildung, Lehre	проходи́ть учёбу в университéте
нереáльный, -ая, -ое; -ые	1. unwirklich, irreal; 2. unerfüllbar, unrealistisch	У негó нереáльные желáния.
писáтель-фантáст	Science-Fiction-Schriftsteller	Замя́тин был писáтелем-фантáстом.
пóвесть *f*	(längere) Erzählung	Ты ужé прочитáл э́ту пóвесть?
влия́ние	Einfluss	Замя́тин писáл под влия́нием собы́тий своегó врéмени.
фантáстика	Science-Fiction	жанр фантáстики
востóрг	Begeisterung	быть в востóрге
запрети́ть/запрещáть	verbieten	Нáдо бы́ло бы запрети́ть курéние.
опубликовáть/публиковáть	veröffentlichen	Кни́га рекóрдов публику́ется ежегóдно.
твóрчество	(künstlerisches) Schaffen, Werk	твóрчество писáтеля

rezeptive Lexik

алкогóль (*m*), медáль (*f*), миллионéр, сфéра, футболи́ст

уро́к 6 Б   Челове́к тво́рческий

тво́рческий, -ая, -ое; -ие	schöpferisch, kreativ	тво́рческая рабо́та
худо́жник	Künstler, Maler	Я о́чень уважа́ю э́того худо́жника.
описа́ние	Beschreibung	описа́ние карти́ны
чёрно-бе́лый, -ая, -ое; -ые	schwarz-weiß	чёрно-бе́лый фильм
пере́дний план	Vordergrund	на пере́днем пла́не
за́дний план	Hintergrund	на за́днем пла́не
наблюда́тель m	Beobachter	
изобрази́ть/изобража́ть Partizip изображён, изображена́; изображены́	darstellen	На за́днем пла́не изображён парк.
тёмный, -ая, -ое; -ые	dunkel	тёмные цвета́
све́тлый, -ая, -ое; -ые	hell	све́тлое не́бо
кра́ска	(Mal-)Farbe	Худо́жнику нужны́ кра́ски.
переда́ть/передава́ть	1. übergeben; 2. mitteilen; 3. wiedergeben	Э́та пе́сня передаёт весёлое настрое́ние.

Переда́ть/передава́ть wird wie дать/дава́ть konjugiert.

хоте́ться кому́? mit Dat. der Person und Inf. *Präs.* хо́чется, *Prät.* хоте́лось	wollen, möchten, wünschen	Мне хо́чется поступи́ть в университе́т.
шеде́вр ! ше[дэ́]вр	Meisterwerk, -stück	В галере́е мо́жно уви́деть шеде́вры европе́йской жи́вописи.
жи́вопись f	Malerei	
рису́нок, *Pl.* рису́нки	Zeichnung	
приблизи́тельно Adv.	ungefähr	В Евро́пе живёт приблизи́тельно 700 миллио́нов челове́к.
доста́точно Adv. чего́? mit Gen.	genug	У меня́ доста́точно вре́мени.
опро́с	Umfrage *vgl.* спроси́ть/спра́шивать, вопро́с	
карти́нный, -ая, -ое; -ые	Bilder-, Gemälde-	карти́нная галере́я
любе́зный, -ая, -ое; -ые	liebenswürdig, freundlich	Будь любе́зен, дай мне ру́чку.
посети́тель m	Besucher *vgl.* посети́ть	В про́шлом году́ в музе́е бы́ло 125 768 посети́телей.

rezeptive Lexik

биогра́фия, гра́фика, сюже́т

Урок 6 B   Так было, так и будет. Или нет?

кумир	Idol	Высоцкий является кумиром для разных поколений.
вырасти/расти вырасти: вырасту, вырастешь; вырастут *Prät.* вырос, выросла; выросли расти: расту, растёшь; растут *Prät.* рос, росла; росли	(auf)wachsen	Он вырос в Москве.
условие	1. Bedingung, Voraussetzung 2. *Pl.* Bedingungen, Verhältnisse	Мы приедем при условии, что ты встретишь нас на вокзале. Раньше наша семья жила в трудных условиях.
село, *Gen.* села, *Pl.* сёла	(großes) Dorf	Недалеко от Санкт-Петербурга находится Царское Село.
возвратиться/возвращаться	zurückkehren, zurückkommen	Ему совсем не хотелось возвращаться домой.
	Das Synonym *вернуться* kennst du aus Урок 4 A.	
развод	Scheidung	
служба	1. Dienst(stelle) 2. (Militär)dienst 3. Gottesdienst	принять на службу, проходить службу, посещать службы в церкви
научиться *v. чему? mit Dat. oder mit Inf.*	lernen	Он рано научился играть на фортепиано.
середина	Mitte	в середине XX века
	Das Wort *среда* ist mit *середина* verwandt.	
драмкружок, *Gen.* драмкружка	Theaterzirkel	К сожалению, у нас в школе нет драмкружка.
актёрский, -ая, -ое; -ие	Schauspiel-	актёрская школа, актёрский талант
выступить/выступать	auftreten	выступать на сцене театра
преступление	Verbrechen, Gesetzesübertretung	роман Ф. М. Достоевского *Преступление и наказание*
наказание	Bestrafung	
проработать *v.*	(eine Zeitlang) arbeiten	проработать всю жизнь на одном заводе
впервые *Adv.*	zuerst, zum ersten Mal	Когда впервые он выступил со своими песнями?
суметь *v.*	können, vermögen, fertig bringen	Он сумел победить на международном конкурсе.
	Der unvollendete Aspektpartner *уметь* ist dir aus Band 1 bekannt.	

та́кже	auch, gleichfalls, außerdem	Высо́цкий был актёром теа́тра и кино́, а та́кже знамени́тым певцо́м.
побыва́ть/быва́ть	besuchen, sich aufhalten	Она́ ча́сто быва́ет в э́том клу́бе. Мы побыва́ли в не́скольких города́х Фра́нции.
подмоско́вный, -ая, -ое; ые	bei Moskau gelegen	подмоско́вный го́род
основа́ние	Gründung *vgl.* основа́ть	1157 г. — основа́ние го́рода Москвы́.
полёт	Flug *vgl.* полете́ть	1961 г. — полёт пе́рвого челове́ка в ко́смос.
строи́тельство	Bau, Errichtung	Строи́тельство Са́нкт-Петербу́рга начало́сь в 1703 г.
переселе́ние	Umsiedlung *vgl.* переселе́нец	переселе́ние ру́сских не́мцев в Казахста́н при Ста́лине
о́коло *чего́? mit Gen.*	1. neben, bei, an *(räumlich)* 2. gegen, ungefähr *(bei Zahlenangaben)*	Апте́ка нахо́дится о́коло магази́на *Мело́дия*. Дава́й встре́тимся о́коло семи́.
треть *f*	Drittel	две тре́ти жи́телей
заво́д	Betrieb	рабо́тать на заво́де
неда́вно *Adv.*	unlängst, kürzlich, vor kurzem, neulich	Неда́вно я была́ в кино́.
сдать/сдава́ть	ablegen	Во вре́мя учёбы на́до сдава́ть мно́го экза́менов.

Сдать/сдава́ть wird wie дать/дава́ть konjugiert.

во-пе́рвых	erstens	*Во-пе́рвых, во-вторы́х, в-тре́тьих werden immer mit Kommata abgetrennt.*
во-вторы́х	zweitens	
в-тре́тьих	drittens	
услы́шать *v.*	hören	Я не услы́шал звонка́.
встать/встава́ть вста́ну, вста́нешь; вста́нут встаю́, встаёшь; встаю́т	aufstehen	Ка́ждый день я встаю́ часо́в в семь.
замёрзнуть/замерза́ть *Prät.* замёрз, замёрзла; замёрзли	1. frieren; 2. erfrieren; 3. zufrieren	Про́шлой зимо́й не́которые лю́ди замёрзли на у́лицах.

rezeptive Lexik

Болга́рия, Ве́нгрия, гастро́ли (*Pl.*), Кана́да, Таи́ти (*nicht dekl.*), филосо́фия, филосо́фский, эвакуа́ция, Югосла́вия

Ру́сско-неме́цкий алфави́тный слова́рь

А

а und, aber 1
абсолю́тно *Adv.* absolut, durchaus *rez.* 2 Б
а́вгуст August 1
авиабиле́т Flugticket 1
авто́бус Bus 1
автомоби́ль *m* Auto, Kraftfahrzeug 2 Б
автомоби́льный Auto- 2 Б
а́втор Autor, Verfasser 3 Б, 1
а́втор-исполни́тель Autor und Sänger eines Liedes 3 Б
а́вторская пе́сня *nur Sg.* Bardenmusik, -lieder 3 Б
а́дрес Adresse, Anschrift 2 Б
азиа́тский asiatisch *rez.* 2 А
аккура́тный akkurat 1
актёр Schauspieler 1
актёрский Schauspiel- 6 В
акти́вный aktiv 1
актри́са Schauspielerin 1
актуа́льный aktuell 1
а́лгебра Algebra 1
алкого́ль *m* Alkohol *rez.* 6 А
Алло́! Begrüßung am Telefon 1
алма́зный Diamanten- 2 Б
алфави́т Alphabet 1
альбо́м Album 1
альпини́зм Alpinismus, Bergsteigen *rez.* 1
альпини́ст Alpinist, Bergsteiger *rez.* 2 Б
альтернати́вный alternative *rez.* 2 Б
амфитеа́тр Amphitheater *rez.* 5 Б
анана́с Ananas 1
англи́йский englisch 1
англича́нин, англича́нка Engländer, Engländerin 1
анекдо́т Witz 4 В
анса́мбль *m* Ensemble, Künstlergruppe 1
антило́па Antilope 1
апельси́н Orange, Apfelsine 1
апре́ль *m* April 1
апте́ка Apotheke 1
апте́карь *m* Apotheker *rez.* 3 А
арестова́ть/аресто́вывать verhaften 1
архео́лог Archäologe 1
архитекту́ра Architektur 1
а́тлас Atlas 1
аттеста́т зре́лости Reifezeugnis, Abitur, Matura 1 В
аттеста́ция Attestieren *rez.* 1 Б
аттракцио́н Attraktion (Fahrgeschäft) 1
аудиоте́хника Audiotechnik 1
аудито́рия Hörsaal, Auditorium *rez.* 1 В
Ах! *Interj.* Ach! 4 В
аэропо́рт Flughafen 1
аэрохокке́й Air Hockey 1

Б

ба́бушка Oma, Großmutter 1
бага́ж Gepäck 1
база́р Markt 1
бале́т Ballett 1
балко́н Balkon 1
бана́н Banane 1
ба́нджи-джа́мпинг Bungee-Jumping *rez.* 5 А
банк Bank 1
банкома́т Geldautomat 1
бант, *Pl.* ба́нты, *Instr. Pl.* ба́нтами Schleife 1
бар Bar 1
бард Liedermacher 3 Б
ба́рдовская му́зыка Bardenmusik, -lieder 3 Б
баро́кко Barock 1
баскетбо́л Basketball 1
баскетбо́льный Basketball- 1
бассе́йн Schwimmbad, ~halle 1
(теле)ба́шня (Fernseh-)Turm 1
бег Laufen 5 А
бе́дный arm 4 А
бе́жевый beige 1
без ohne 2 Б
бе́лый weiß 1
бельэта́ж Belletage *rez.* 5 Б
бензи́н Benzin *rez.* 2 Б
бе́рег, *Präp.* на берегу́ Ufer, Küste 1
библиоте́ка Bibliothek 1
би́гос Bigosch (polnisches Eintopfgericht mit Speck, Weißkraut und Pilzen) 1
би́знес! [нэ] Business *rez.* 4 Б
бизнесме́н Geschäftsmann 1
бики́ни *n, nicht dekl.* Bikini *rez.* 3 А
биле́т Eintrittskarte, Fahrkarte, Ticket 1
биогра́фия Biografie *rez.* 6 Б
био́лог Biologe 1
биоло́гия Biologie 1
биоэтано́л Bioethanol *rez.* 2 Б
бистро́ *nicht dekl.* Bistro 1
би́тва Schlacht 1
благода́рный dankbar 5 Б
бланк Formular 1 В
бли́жний nah 3 Б
Близнецы́ (*Sternzeichen*) Zwillinge 1
блины́ *Pl.*, *Sg.* блин Bliny (russische Eierkuchen, Pfannkuchen) 1
блог Blog *rez.* 3 А
блонди́нка Blondine *rez.* 3 А
блу́зка Bluse 1
боа́ *m, nicht dekl.* Boa 1
бога́тый reich 1
Бо́же! *Interj.* Ach Gott! 4 В
бокс Boxen 1
Болга́рия Bulgarien *rez.* 6 В
бо́лее Komparativ *zu* мно́го mehr (zur Bildung des zusammengesetzten Komparativs) 2 А
боле́ть *uv.* у кого́? *mit Gen.* jmdm. weh tun 3 А
больно́й krank 3 А
бо́льше mehr 1
большеви́к, *Pl.* большевики́ Bolschewik (Anhänger der Mehrheit, Angehöriger der Kommunistischen Partei) 4 А
большинство́ Mehrheit 1
большо́й groß, bedeutend 1
борщ Borschtsch (Suppe aus Weißkohl und Roten Beeten) 1
бо́улинг Bowling 1
боя́ться чего́? *mit Gen.* Angst haben vor etw. 1 В
бра́во Bravo 1
брат, *Pl.* бра́тья Bruder 1
брать *uv.* s. взять
брать себя́ в ру́ки *uv.* s. взять себя́ в ру́ки
брони́ровать *uv.* s. заброни́ровать
брю́ки *nur Pl.* Hose 1
бу́дущее Zukunft 6 А
бу́дущий zukünftig 4 А
бу́дь(те) sei, seien Sie 3 А
бу́лочка Brötchen 1
бульо́н Bouillon, Brühe 1
бутербро́д belegtes Brot 1
бути́к Boutique 1
буфе́т Stehcafe, Cafeteria 1
бы Partikel zur Bildung des Konjunktivs 6 А
быва́ть 1. vorkommen, geschehen 2 В; 2. *uv.* s. побыва́ть
бы́вший ehemaliger 4 А
бы́стро *Adv.* schnell 1 А
быть sein 1; Hilfsverb zur Bildung des zusammengesetzten Futurs 1
быть без ума́ от кого́? чего́? *mit Gen.* verrückt sein nach, toll finden 5 В
бюро́ *nicht dekl.* Büro 1

В

в 1. um (*zeitlich*) *mit Akk.* 1; 2. in, an *mit Präp* 1; 3. mit (*Altersangabe*) *mit Akk.* 1
в конце́ концо́в schließlich 3 А
в основно́м im Wesentlichen, hauptsächlich 4 А
в при́нципе im Prinzip *rez.* 3 Б
ваго́н Waggon, Wagen 1
ва́жность *f* Wichtigkeit 1 А
ва́жный wichtig 1
валенти́нка Karte zum Valentinstag 1
ва́нна Badewanne 1
ва́нная, *Präp.* -ой Bad 1
варе́нье Warenje (dick eingekochte Beeren oder Früchte, eine Art Konfitüre) 1
вари́ть *uv.* kochen 2 В
ватру́шка Quarkplunder 1
ваш euer, Ihr 1

вверх *Adv.* nach oben 5 Б
вверху́ *Adv.* oben 5 Б
веб-диза́йнер Web-Designer 1
веб-са́йт Website 1
ведь *Partikel* doch *(verstärkend; betont, dass etw. bekannt ist)* 1
ве́жливость *f* Höflichkeit 1 A
ве́жливый, ве́жливо *Adv.* höflich 4 A
век Jahrhundert 1
вели́кий groß (bedeutend) 4 A
величина́ Größe, Fläche 4 Б
велосипе́д Fahrrad 1
велоспо́рт Radsport 1
Ве́нгрия Ungarn *rez.* 6 B
ве́рить *uv.* в(о) что? *mit Akk.* s. пове́рить 1
верну́ться *v.* zurückkehren 4 A
ве́рсия Version 1
ве́рующий gläubig; *Subst.* Gläubiger 4 A
ве́рхний oberer, obiger, Ober- 3 Б
весёлый heiter, fröhlich 1
весна́ Frühling 1
весно́й im Frühling 1
вести́ *uv.* führen 4 A
вести́ *uv.* войну́ про́тив кого́? *mit Gen.* Krieg führen gegen jmdn. 4 A
вести́ себя́ *uv.* sich benehmen 5 A
Весы́ *(Sternzeichen)* Waage 1
весь, вся, всё; все ganz 5 B
ве́тер Wind 4 Б
ве́треный, ве́трено *Adv.* windig 2 B
ве́чер, *Pl.* вечера́ Abend 1
вече́рний Abend- 5 Б
ве́чером *Adv.* abends 1
ве́чный, ве́чно *Adv.* ewig 5 A
взгляд Ansicht, Meinung, Blick 4 A
взять/брать *v.* nehmen *(auch kaufen)* 1
взять/брать себя́ в ру́ки sich zusammenreißen 1 A
вид 1. Art; 2. Aussicht, Blick 2 Б
вид спо́рта Sportart 1
ви́део *nicht dekl.* Video 1
видеокли́п Videoclip *rez.* 3 Б
видеоте́хника Videotechnik 1
ви́деть *uv.* s. уви́деть 1
ви́за Visum 1
ви́лла Villa *rez.* 1 B
виндсёрфинг Windsurfing 1
винова́тый в чём? *mit Präp.* schuld sein 3 A
виртуа́льный virtuell *rez.* 5 Б
висе́ть *uv.* hängen 1
включа́ть (в себя́) *uv.* einschließen 5 A
владе́ть *uv.* чем? *mit Instr.* beherrschen, besitzen 4 A
власть *f* Macht 4 A
влете́ть/влета́ть hineinfliegen 2 B
влия́ние Einfluss 6 A
влюблённость *f* Verliebtheit 1 A

влюблённый verliebt; der Verliebte 1
вме́сте *Adv.* zusammen 1
вме́сто кого́? чего́? *mit Gen.* anstelle von 3 A
вниз *Adv.* nach unten, abwärts, bergab 5 Б
внизу́ *Adv.* unten 5 Б
внима́ние Aufmerksamkeit 4 B
внутри́ *Adv.* innen, drinnen 5 Б
во вре́мя чего́? *mit Gen.* während, in der Zeit 1
во-вторы́х zweitens 6 B
вода́ Wasser 1
во́дный Wasser- 1
Водоле́й *(Sternzeichen)* Wassermann 1
водопа́д Wasserfall 1
вое́нно-морско́й флот Kriegsflotte, Marine 4 A
возврати́ться/возвраща́ться zurückgehen, zurückkommen 6 B
возмо́жность *f* Möglichkeit 4 A
возни́кнуть/возника́ть erscheinen, aufkommen 3 Б
во́зраст Alter 1 A
война́ Krieg 1
войти́/входи́ть hineingehen 2 B
вока́л Gesang 1
вокза́л Bahnhof 1
волейбо́л Volleyball 1
волна́, *Pl.* во́лны Welle 1 Б
во́лосы *Pl.* Haare 1
вообще́ *Adv.* überhaupt 5 B
во-пе́рвых erstens 6 B
вопро́с Frage 1
воро́на Krähe 1
воро́та *nur Pl.* Tor 1
воскресе́нье Sonntag 1
воспита́ние Erziehung 4 B
восста́ть/восстава́ть про́тив кого́? *mit Gen.* sich gegen jmdn. erheben 4 A
восто́к Osten 1
восто́рг Begeisterung 6 A
восто́чный östlich, Ost- 1
вот Das ist... 1
(Вот) здо́рово! Toll! Prima! Großartig! 1
впервы́е *Adv.* zuerst, zum ersten Mal 6 B
вперёд *Adv.* nach vorn, vorwärts 5 Б
впереди́ *Adv.* vorn 5 Б
впечатле́ние Eindruck 3 Б
враг, *Pl.* враги́ Feind 4 Б
врач Arzt 3 A
вреди́ть *uv.* schaden, schädigen 2 Б
вре́мя *n* Zeit (~punkt; ~dauer) 1
вре́мя *n* го́да, *Pl.* времена́ го́да Jahreszeit(en) 1
все alle 1
всегда́ *Adv.* immer 1
всего́ 1. nur; 2. insgesamt 1
всего́ хоро́шего alles Gute 1

всеросси́йский gesamtrussisch 5 A
всё alles 1
всё вре́мя die ganze Zeit, dauernd 4 A
всё равно́ 1. sowieso; 2. egal 3 A
вспо́мнить/вспомина́ть кого́? что? *mit Akk.*, о ком? чём? *mit Präp.* sich erinnern an 2 A
встать/встава́ть aufstehen 6 B
встре́титься/встреча́ться с кем? *mit Instr.* sich treffen mit jmdm., zusammen sein *(Beziehung)* 1
встре́ча Treffen 1
вступи́ть/вступа́ть eintreten 4 A
вто́рник Dienstag 1
в-тре́тьих drittens 6 B
вулка́н Vulkan 1
вундерки́нд Wunderkind 1
входи́ть *uv.* s. войти́
вчера́ gestern 1
вчера́шний gestriger 3 Б
въе́хать/въезжа́ть hineinfahren, hineinziehen 2 B
вы, Вы ihr, Sie 1
вы́бор Auswahl, Wahl 4 A
вы́боры *Pl.* Wahlen 2 A
вы́брать/выбира́ть auswählen 2 A
вы́ехать/выезжа́ть herausfahren, ausreisen 2 B
вы́йти/выходи́ть 1. herausgehen, hinausgehen; 2. erscheinen 1 B
вы́лететь/вылета́ть ausfliegen, abfliegen 2 B
вы́полнить/выполня́ть erfüllen, ausführen, erledigen 3 A
выпускни́к Abiturient, Absolvent 1 B
вы́разить/выража́ть ausdrücken 3 Б
вы́расти/расти́ (auf)wachsen 6 B
высо́кий hoch 1
вы́ставка Ausstellung 1
вы́ступить/выступа́ть auftreten 6 B
вы́учить *v.* lernen 1
вы́ход Ausgang 1 B
выходи́ть *uv.* s. вы́йти
выходно́й (день) arbeitsfreier Tag 2 Б
выходны́е *Pl.* Wochenende 2 Б
вя́лый schlaff, träge, welk 4 B

Г

газе́та Zeitung 1
газе́тная статья́ Zeitungsartikel 1 Б
га́зовая плита́ Gasherd 1
галере́я Galerie 1
гандбо́л Handball 1
гара́ж Garage 1
гарни́р Beilage 1
гаспа́чо *m, nicht dekl.* Gazpacho *(kalte spanische Gemüsesuppe)* 1
гастро́ли *Pl.* Gastspiel *rez.* 6 B
где? wo? 1
где́-либо irgendwo 3 B
где́-нибудь irgendwo 3 A
где́-то irgendwo 3 B
ге́ний Genie 1

географи́ческий geographisch *rez.* 2 A
геогра́фия Geografie 1
гео́лог Geologe 1
геоме́трия Geometrie 1
Герма́ния Deutschland 1
гжель *f* (hand)bemalte Keramik mit blauem Muster 1
гид Reiseleiter, Fremdenführer, Guide 1
гимна́зия Gymnasium 1
гимна́стика Turnen, Gymnastik 1
гита́ра Gitarre 1
глава́ *m und w, Pl.* гла́вы Chef, Leiter, Oberhaupt 4 Б
гла́вный Haupt-, hauptsächlich 1
гла́сность *f* Transparenz, Offenheit, Publizität 4 Б
гло́бус Globus 1
глубина́ Tiefe 2 Б
глубо́кий tief 1
глу́пый, глу́по *Adv.* dumm 4 В
говори́ть *uv.* sprechen 1
говори́ть *uv.* по телефо́ну telefonieren 1
год, *Gen.* го́да, *Gen. Pl.* лет Jahr 1
го́лден ретри́вер! *[дэ]* Golden Retriever *rez.* 5 A
Голла́ндия Holland *rez.* 4 A
голова́ Kopf 3 A
го́лоден как волк einen Bärenhunger haben, hungrig wie ein Löwe 3 A
голо́дный hungrig 3 A
голубо́й hellblau 1
гольф Golf *rez.* 5 A
гора́, *Pl.* го́ры Berg, *Pl.* Gebirge 1
го́рный Berg- 1
го́род, *Pl.* города́ Stadt 1
го́род-партнёр, *Pl.* города́-партнёры Partnerstadt 1
городска́я стена́ Stadtmauer 1
городско́й Stadt- 1
горожа́нин, горожа́нка Städter, Städterin 1
гороско́п Horoskop 1
горя́чие блю́да *Pl.* warme Gerichte, Hauptgerichte 1
горя́чий, горячо́ *Adv.* heiß 2 В
господи́н, *Pl.* господа́ Herr 1
госпожа́ Frau *(Anrede)* 1
гости́ная, *Präp.* -ой Wohnzimmer 1
гости́ница Hotel 1
гость *m, Pl.* го́сти Gäste 1
госуда́рство Staat 4 A
гото́вить *uv.* 1. vorbereiten; 2. (Essen) zubereiten 1
гото́виться *uv.* s. подгото́виться
гото́вый fertig 3 A
гра́дус Grad *(Temperatur, Winkel)* 1
гражда́нский bürger-, bürgerlich 4 В
грани́ца Grenze 1 Б
граф Graf *rez.* 3 В
гра́фика Grafik *rez.* 6 Б

грипп Grippe *rez.* 3 A
гру́ппа Gruppe, Band 1
гуля́ть *uv.* s. погуля́ть
ГУМ (Гла́вный универса́льный магази́н) GUM 1

Д

да ja 1
Дава́й познако́мимся! Machen wir uns miteinander bekannt! 1
дава́й(те) mit 1. Pers. Pl. oder mit *Inf.* lass(t) uns (etw. tun) 1
дава́ть *uv.* s. дать
давно́ *Adv.* längst, seit langem 1
да́же sogar 1
да́йвинг Diving *rez.* 5 A
да́йМонд-ту́р Diamanten-Tour *rez.* 2 Б
далеко́ *Adv.* weit 1, weit 1
да́льний weit 3 Б
да́льше *Adv.* weiter 1
да́ма Dame *rez.* 3 A
Да́мы и господа́! Meine Damen und Herren! 1
Да́ния Dänemark *rez.* 3 A
дари́ть *uv.* schenken 1
да́та Datum 1
дать/дава́ть кому́? mit Dat. что? mit Akk. geben 1
да́ча Datsche, Landhaus, Wochenendhaus 1
дво́йка Zwei (Zensur) 1
дворе́ц, *Gen.* дворца́, *Pl.* дворцы́ Palast, Palais 1
дворяни́н, *Pl.* дворя́не Adliger 4 A
двою́родная сестра́ Cousine 1 Б
двою́родный брат Cousin 1 Б
двухме́стный zweisitzig, Doppel-, Zweibett- (bei Zimmern) 2 Б
Де́ва (Sternzeichen) Jungfrau 1
де́вочка, *Gen. Pl.* де́вочек (kleines) Mädchen 1
де́вушка, *Gen. Pl.* де́вушек junges Mädchen, Freundin 1
девчо́нка *ugs.* Mädchen, Mädel 5 В
де́душка *m* Opa, Großvater 1
действи́тельно *Adv.* tatsächlich 1
дека́брь *m* Dezember 1
де́лать *uv.* tun, machen 1
де́лать *uv.* уро́ки Hausaufgaben machen 1
де́ло, *Pl.* дела́ Angelegenheit, Sache 5 В
делово́й Geschäfts-, Handels- 1
дельфи́н Delfin 1
демократи́ческий demokratisch *rez.* 4 A
демокра́тия Demokratie 1
демонстрацио́нный зал Ausstellungshalle 1
день *m, Pl.* дни Tag 1
день а́нгела Namenstag 4 A

День наро́дного еди́нства Tag der nationalen Einheit 1
День Побе́ды Tag des Sieges 1
день рожде́ния Geburtstag 1
День свято́го Валенти́на Valentinstag 1
де́ньги *nur Pl., Gen. Pl.* де́нег Geld 1
дере́вня Dorf 1
де́рево, *Pl.* дере́вья Baum 2 Б
деревя́нный Holz- 2 В
десе́рт Dessert 1
дета́ль *f* Detail 1
детекти́в Krimi 1
де́ти *nur Pl.* Kinder 1
де́тская, *Präп.* -ой Kinderzimmer 1
де́тский Kinder- 1
дешёвый billig, preiswert 1
джаз Jazz 1
джи́нсы *nur Pl.* Jeans 1
дзюдо́ *nicht dekl.* Judo 1
диагра́мма Diagramm *rez.* 1 В
диало́г Dialog *rez.* 4 Б
диа́метр Durchmesser 2 Б
диа́спора Diaspora *rez.* 1 Б
дива́н Couch 1
дива́н-крова́ть *m* Schlafcouch 1
диза́йн Design 1
диза́йнер Designer 1
дире́ктор Leiter(in) 1
дирижёр Dirigent 5 Б
диск CD 1
дискоте́ка Disko(thek) 1
дисципли́на Disziplin *rez.* 1 В
дли́нный lang 1
дли́ться *nur uv. mit Akk.* dauern 1
для кого́? mit Gen. für 1
дневни́к 1. Tagebuch; 2. Hausaufgabenheft 1
дневно́й Tages- 5 Б
днём *Adv.* tagsüber 1
до чего́? mit Gen. bis 1
До ве́чера! Bis (heute) Abend! 1
До за́втра! Bis morgen! 1
До послеза́втра! Bis übermorgen! 1
До свида́ния. Auf Wiedersehen. 1
Добро́ пожа́ловать куда́? в mit Akk. Herzlich willkommen 1
До́брое у́тро! Guten Morgen! 1
до́брый gut, liebevoll, freundlich gesinnt 1
До́брый ве́чер! Guten Abend! 1
До́брый день! Guten Tag! 1
дово́льно *Adv.* ziemlich 5 A
дово́льный кем? чем? mit Instr. zufrieden mit etw. 4 A
Договори́лись! Abgemacht! 1
договори́ться/догова́риваться sich einigen, sich absprechen 5 Б
дое́хать/доезжа́ть до чего́? mit Gen. fahren (bis zu einem best. Ziel), ankommen 1, 2 В
дождли́вый, дождли́во *Adv.* regnerisch 2 В

дождь *m* Regen 1
дойти́/доходи́ть до *чего? mit Gen.* gehen *(bis zu einem best. Ziel)*, ankommen, erreichen 2 В
докла́д Vortrag 1
до́ктор Doktor, Arzt 1
докуме́нт Dokument *rez.* 1 В
до́лго *Adv.* lange 1
долете́ть/долета́ть до *чего? mit Gen.* fliegen *(bis zu einem best. Ziel)*, ankommen 2 В
до́лжен *m*, должна́ *f*; должны́ *Pl. mit Inf.* jmd. ist verpflichtet etwas zu tun, muss etwas tun 1
дом, *Pl.* дома́ Haus 1
до́ма *Adv.* zu Hause 1
дома́шнее зада́ние Hausaufgabe 5 В
домо́й *Adv.* nach Hause 1
дорого́й teuer 1
достава́ть *uv.* s. доста́ть
доста́точно *Adv. чего? mit Gen.* genug 6 Б
доста́ть/достава́ть 1. herausnehmen; 2. beschaffen, ergattern 5 Б
досто́йный, досто́йно *Adv.* würdig, anständig 5 А
достопримеча́тельность *f* Sehenswürdigkeit 1
доходи́ть *uv.* s. дойти́
дочь *f*, до́чка *ugs., Gen.* до́чери Tochter 1 Б
дра́ма Drama *rez.* 3 В
драмкружо́к Theaterzirkel 6 В
друг, *Pl.* друзья́ Freund 1
друг дру́га *Gen. und Akk.*, *Dat.* друг дру́гу, *Instr.* друг с дру́гом, *Präp.* друг о дру́ге einander 1 А
друго́й anderer 1 Б
дру́жба Freundschaft 4 В
дружи́ть *uv. с кем? mit Instr.* befreundet sein 5 А
Ду́ма Staatsduma *(russisches Parlament)* 1
ду́мать *uv.* s. поду́мать
дура́к Dummkopf 4 В
дя́дя *m* Onkel 1

Е

е́вро *m, nicht dekl.* Euro 1
европеизи́ровать *v., uv.* europäisieren 4 А
европе́йский europäisch 1
Евросою́з Europäische Union 1 Б
его́ зову́т er heißt 1
ЕГЭ́ (Еди́ный госуда́рственный экза́мен) Einheitliche Staatliche Abschlussprüfung 1 В
еда́ Essen 3 А
едини́ца Eins *(Zensur)* 1
её зову́т sie heißt 1
ежего́дный, ежего́дно *Adv.* jährlich 5 А
е́здить *uv.* fahren (hin und zurück) 1

е́сли falls, wenn 6 А
есте́ственные нау́ки Naturwissenschaften 1
есть 1. es gibt, es ist vorhanden; 2. *uv.* essen 1
е́хать *uv.* s. пое́хать
ещё *Adv.* noch 1

Ж

жа́лко *Adv.* schade 5 В
жалюзи́ *nicht dekl.* Jalousie 1
жанр Genre *rez.* 3 Б
жа́ркий, жа́рко *Adv.* heiß *(Wetter)* 2 В
ждать *uv. mit Akk.* (er)warten 1, *чего? от чего? кого? mit Gen.* etw. erwarten von 1 А
же *Partikel* doch *(verstärkend, betont das Wort davor)* 1 А
жела́ние Wunsch 4 Б
жела́ть *uv.* s. пожела́ть
желе́зный eisern 5 А
жена́, *Pl.* жёны Ehefrau 1 Б
Же́нский день (Internationaler) Frauentag 1
же́нщина Frau 1
жесто́кий grausam, außerordentlich heftig 4 А
жёлтый gelb 1
живо́й lebendig 3 А
жи́вопись *f* Malerei 6 Б
живо́тное Tier, Lebewesen 1
жизнь *f* Leben 1 А
жи́тель *m* Bewohner, Einwohner 1
жить *uv.* wohnen 1
журна́л Zeitschrift, Magazin 1
журнали́ст(ка) Journalist(in) 1

З

за 1. *чем? mit Instr.* hinter; 2. *mit Akk.* für *(Preisangabe)* 1
за грани́цей *Adv.* im Ausland 1 Б
заброни́ровать/брони́ровать reservieren 2 Б
забы́ть/забыва́ть vergessen 1
зави́сеть *uv. от чего? mit Gen.* abhängen von etw., abhängig sein, darauf ankommen 5 А
заво́д Betrieb 6 В
за́втра *Adv.* morgen 1
за́втрак Frühstück 1
за́втракать *uv.* frühstücken 1
загора́ть *uv.* sich sonnen 1
загрязне́ние Verschmutzung 2 Б
загрязни́ть/загрязня́ть verschmutzen 2 Б
задава́ла *m, f, Gen.* задава́лы Angeber 5 А
зада́ча Aufgabe 3 А
за́дний план Hintergrund 6 Б
заинтересова́ть/заинтересо́вывать *кого? mit Akk. в чём? mit Präp.* bei jmdm. Interesse an etwas wecken 5 А

заказа́ть/зака́зывать bestellen 4 В
зако́нчить/зака́нчивать beenden, abschließen 1
зал Saal 1
замени́ть/заменя́ть ersetzen 4 В
замерза́ть *uv.* s. замёрзнуть
заме́тить/замеча́ть bemerken 5 А
замёрзнуть/замерза́ть 1. frieren; 2. erfrieren; 3. zufrieren 6 В
за́мок, *Gen.* за́мка, *Pl.* за́мки Schloss *(Gebäude)* 1
заня́ть/занима́ть einnehmen *(Platz, Raum, Zeit)* 1
занима́ться *uv. чем? mit Instr.* sich beschäftigen mit etw., Sport) treiben 1
за́нят 1. beschäftigt; 2. besetzt 5 В
заня́тие Beschäftigung, Unterricht 5 А
заня́тия спо́ртом Sporttreiben 5 А
занима́ть *uv.* s. заня́ть
за́пад Westen 1
записна́я кни́жка Notizbuch 5 В
запо́лнить/заполня́ть ausfüllen 1
запрети́ть/запреща́ть verbieten 1, 6 А
зарегистри́роваться/регистри́роваться sich registrieren lassen 1 В
заста́вить/заставля́ть zwingen, veranlassen 4 А
зате́м *Adv.* danach 1
захоте́ть *v.* möchten, wollen, Lust bekommen 4 Б
звать *uv.* rufen, nennen 1
звезда́, *Pl.* звёзды Star 5 Б
звони́ть *uv. кому? mit Dat.* 1. jmdn. anrufen; 2. klingeln, läuten 1
звоно́к, *Gen.* звонка́ Klingel(zeichen), Anruf 1
звуча́ть *uv.* ertönen, klingen 5 В
здесь *Adv.* hier 1
Здо́рово! Klasse! Toll! 4 В
здоро́вый gesund 1
здоро́вье Gesundheit 1
Здра́вствуй(те)! Guten Tag! 1
зе́бра Zebra 1
зелёный grün 1
земля́ 1. Erde, Boden, Land; 2. Bundesland 1
зе́ркало Spiegel 1
зима́ Winter 1
зи́мний Winter-, winterlich 3 Б
зимо́й *Adv.* im Winter 1
змея́, *Pl.* зме́и Schlange 1
знак Zeichen, Symbol 1
зна́ки зодиа́ка *Pl.* Sternzeichen 1
знако́миться *uv.* s. познако́миться
знако́мый bekannt 3 А
знамени́тость *f* Berühmtheit 1 А
знамени́тый berühmt, bekannt 1, 3 Б
зна́ние Wissen, Kenntnis

знать *uv.* kennen, wissen 1
значе́ние Bedeutung 4 В
зна́чит das heißt, bedeutet 1 Б
значи́тельный, значи́тельно
   Adv. bedeutend, bemerkenswert 4 А
зо́лото Gold 2 А
золото́й goldener 2 А
зоо́лог Zoologe 1
зоопа́рк Zoo 1
зре́лость *f* Reife 1 В
зри́тель *m* Zuschauer 5 Б
зри́тельный Zuschauer- 5 Б

И

и 1. und; 2. auch 1
и т. д. (и так да́лее) usw. (und so weiter) 1
игра́, *Pl.* и́гры Spiel 1
игра́ть *uv.* на чём? *mit Präp.*, в(о) что? *mit Akk.* spielen 1. auf etw. spielen *(Musikinstrument, Computer)*; 2. etw. *(z. B. Spiel)* spielen 1
игро́к, *Gen.* игрока́ Spieler 5 А
иде́я Idee, Einfall 1
идти́ *uv.* gehen 1
из *mit Gen.* aus 1
изве́стный bekannt, berühmt 1, 3 Б
извини́ть/извиня́ть entschuldigen 1
и́здавна *Adv.* seit jeher, von alters her 1
измени́ть/изменя́ть (ver)ändern 1
измени́ться/изменя́ться sich (ver)ändern 4 А
изобрази́ть/изобража́ть darstellen 6 Б
изучи́ть/изуча́ть lernen (systematisch), studieren 3 Б
ико́на Ikone 1, 4 А
и́ли oder 1
им. = и́мени *mit Gen.* nach ... benannt 1
и́менно gerade, ausgerechnet, nämlich 1 В
име́ть *uv.* haben, besitzen 1
импера́тор, императри́ца Imperator, Kaiser(in) 1, *rez.* 4 А
импровизи́ровать *uv.* improvisieren *rez.* 3 Б
и́мя (Vor)Name 1
индивидуа́льный individuell *rez.* 2 Б
индустри́я Industrie *rez.* 2 Б
инжене́р Ingenieur 1
инновацио́нный innovativ *rez.* 2 Б
иногда́ *Adv.* manchmal 3 В
иностра́нец, *Gen.* иностра́нца Ausländer 1
иностра́нный язы́к Fremdsprache 1
институ́т Institut, Hochschule 1
инстру́ктор Instrukteur, Ausbilder 1
интервью́ *n, nicht dekl.* Interview 1
интере́с Interesse 1 Б
интере́сно *Adv.* interessant 1
интере́сный interessant 1

интересова́ть *uv.* interessieren 2 Б
интересова́ться *uv. mit Instr.* sich interessieren für etw. 1
интернет-кафе́ Internetcafé 1
интернет-клу́б Internetclub 1
интерне́т-порта́л Internetportal *rez.* 5 Б
интерье́р Interieur, Raumausstattung 1
информа́тик Informatiker *rez.* 1 В
информа́тика Informatik 1
информа́ция Information 1 В
иска́ть *uv.* suchen 1 В
исключе́ние Ausnahme 1 В
иску́сство Kunst 1
исполне́ние Darbietung, Darstellung 3 Б
исполни́тель Interpret, Darsteller 3 Б
испо́лнить/исполня́ть 1. ausführen, erfüllen; 2. (auf der Bühne) spielen, singen, vortragen 3 Б
испо́лниться/исполня́ться 1. in Erfüllung gehen 5 А; 2. *uv.* aufgeführt werden 3 Б
исполня́ться *uv.* s. испо́лниться
испо́льзовать *v., uv.* verwenden, benutzen 2 Б
испыта́ть/испы́тывать на *mit Präp.* erleben, erfahren an 1 А
исто́рик Historiker 1
исто́рия Geschichte 1
ию́ль *m* Juli 1
ию́нь *m* Juni 1

Й

йо́гурт Joghurt 1

К

к *кому? mit Dat.* zu, an, nach 1
к сожале́нию leider 1
к сча́стью zum Glück 1
ка́ждый jeder 1
каза́ться *uv. кому? mit Dat.* scheinen 1 А
казни́ть *v., uv.* hinrichten 1
как? wie? 1
Как дела́? Wie geht's? 1
Как дое́хать до...? Wie kommt man ...? 1
Как по-неме́цки...? Wie heißt ... auf Deutsch? 1
Как по-ру́сски...? Wie heißt ... auf Russisch? 1
как пра́вило in der Regel 1 В
Как тебя́ зову́т? Wie heißt du? 1
кака́о *nicht dekl.* Kakao 1
ка́к-либо irgendwie 3 В
ка́к-нибудь irgendwie 3 В
како́го числа́? an welchem Tag (Datum)? 1
како́й? welcher?, was für ein? 1
како́й-либо irgendwelcher 3 В

како́й-нибудь irgendwelcher 3 В
како́й-то irgendwelcher 3 В
ка́к-то irgendwie, irgendwann 3 А
ка́ктус Kaktus 1
календа́рь *m* Kalender 1
ками́н Kamin 1
Кана́да Kanada *rez.* 6 В
кана́л Kanal 1
канаре́йка Kanarienvogel 1
кани́кулы *nur Pl.* Ferien 1
ка́нцлер Kanzler 1
каранда́ш, *Gen. Pl.* карандаше́й Bleistift, Buntstift 1
карао́ке *n, nicht dekl.* пе́ть *uv.* под карао́ке Karaoke 1
карате́ *nicht dekl.* Karate 1
ка́рта Karte, Landkarte, Stadtplan 1
карти́на Bild, Gemälde 1
карти́нный Bilder-, Gemälde- 6 Б
карто́фель фри *m, nur Sg.* Pommes frites 1
ка́рточка Karte 5 А
карусе́ль *f* Karussell 1
карье́ра Kariere *rez.* 4 Б
ка́сса Kasse 1
ката́ться *uv.* на чём? *mit Präp.* fahren, sich auf etw. bewegen 1
ката́ться *uv.* на ро́ликах Inliner fahren 1
кафе́ *nicht dekl.* Café 1
квадра́тный quadratisch, Quadrat- *rez.* 4 Б
кварти́ра Wohnung 1
квас Kwas(s) *(russisches Erfrischungsgetränk)* 1
кеба́б Kebab 1
кенгуру́ Känguru 1
ки́ви *n, nicht dekl.* Kiwi 1
кикбо́ксинг Kickboxing *rez.* 5 А
киломе́тр Kilometer 2 Б
кино́ *nicht dekl., ugs.* Kino, Film 1
кинока́мера Filmkamera 1
киноклассика Kinoklassik *rez.* 5 Б
кинотеа́тр Kino 1
кинофестива́ль *m* Filmfestival 1
кио́ск Kiosk, Verkaufsstand 1
класс Klassenraum, Klasse 1
кла́ссика Klassik 1
класси́ческий klassisch *rez.* 3 Б
кла́ссный 1. *ugs.* toll, cool; 2. Klassen- 1
клие́нт Kunde 2 Б
кли́мат Klima 1
клуб Club 1
клубни́ка *nur Sg.* Erdbeere(n) 2 В
кни́га Buch 1
кни́жная по́лка Bücherregal 1
кни́жный Buch- 1
князь Fürst 2 А
ко́бра Kobra 1
ковёр, *Gen.* ковра́ Teppich 1
когда́ wenn, als 1
когда́? wann? 1

когда́-либо irgendwann 3 В
когда́-нибудь irgendwann 3 А
когда́-то irgendwann 3 В
Козеро́г *(Sternzeichen)* Steinbock 1
ко́ла Cola 1
колбаса́, *Pl.* колба́сы Wurst 1
колла́ж Kollage 1
кольцо́, *Pl.* ко́льца Ring 1
кома́нда Mannschaft 5 А
Ко́меди клаб Comedy Club 1
коме́дия Komödie 1
ко́мната Zimmer, Raum 1
компози́тор Komponist 3 Б
компози́ция Komposition *rez.* 3 Б
компо́т Getränk aus (gekochtem) Obst 1
компью́тер Computer 1
компью́терный стол Computertisch 1
коне́ц, *Gen.* конца́ Ende 1
коне́чно *Adv.* natürlich, selbstverständlich 1
конкре́тный konkret 1 Б
ко́нкурс Wettbewerb 3 Б
консервато́рия Konservatorium *rez.* 3 Б
ко́нсульство Konsulat 1
контине́нт Kontinent 1
контролёр Kontrolleur 1
контроли́ровать *uv.* kontrollieren *rez.* 5 А
контро́льный Kontroll- 1 В
конфе́ты *Pl., Sg.* конфе́та Konfekt, Pralinen, Bonbons 1
конфли́кт Konflikt *rez.* 4 Б
конце́рт Konzert 1, 3 Б
коньки́ *Pl.* Schlittschuhe 5 А
копе́йка Kopeke 1
кора́бль *m* Schiff 3 А
ко́рень, *Pl.* ко́рни Wurzel 1 Б
коридо́р Korridor, Diele 1
кори́чневый braun 1
коро́ткий kurz 5 Б
ко́смос Kosmos, Weltall 1
кот Kater 1
котле́та Bulette, Fleischklops, Frikadelle 1
кото́рый der, welcher 1
Кото́рый час? Wie viel Uhr ist es? 1
котте́дж ! [тэ] Einfamilienhaus 2 В
ко́фе *m, nicht dekl.* Kaffee 1
ко́шка Katze 1
кошма́р Alptraum; *als Ausruf* Furchtbar! 4 В
краси́во *Adv.* schön 1
краси́вый schön *(auf Äußeres bezogen)* 1
кра́ска (Mal)Farbe 6 Б
кра́сный rot 1
красота́ Schönheit 1
кра́ткий kurz 4 В
креди́т Kredit *rez.* 4 А
кре́мль *m* Stadtfestung, Kreml 1

кре́пкий fest, kräftig, stark 1
крепостно́й leibeigen; *Subst.* Leibeigener 4 А
кре́пость *f* Festung 1
крести́ть *v.* taufen 4 А
крести́ться *v.* sich taufen lassen 4 А
крестья́нин, *Pl.* крестья́не Bauer 4 А
кримина́льный Kriminal- *rez.* 5 Б
кри́тик Kritiker *rez.* 3 Б
крити́ческий kritisch *rez.* 4 А
кроке́т Kricket *rez.* 5 А
крокоди́л Krokodil 1
кро́лик Kaninchen 1
кро́ме *кого́? чего́?* mit Gen. außer 1
кро́ме того́ außerdem 1 Б
кро́на Krone 1
кроссво́рд Kreuzwort *rez.* 4 В
кроссо́вка, *Pl.* кроссо́вки Turnschuh, Turnschuhe 1
круасса́н Croissant 1
кру́глый rund 2 А
кружо́к, *Pl.* кружки́ Kreis, Interessengemeinschaft 3 В
круи́з Kreuzfahrt 2 Б
кры́са Ratte 1
кто? wer? 1
кто́-либо irgendjemand, irgendwer, irgendeiner 3 В
кто́-нибудь irgendjemand, irgendwer, irgendeiner 3 В
кто́-то jemand 3 В
куда́? wohin? 1
куда́-либо irgendwohin 3 В
куда́-нибудь irgendwohin 3 В
куда́-то irgendwohin 3 В
культу́ра Kultur *rez.* 1 Б
культу́рный Kultur-, kulturell 1
куми́р Idol 6 В
купа́ться *uv.* baden 1
купи́ть/покупа́ть *что? mit Akk.*; за *ско́лько? mit Akk.* kaufen 1, 4 А
куре́ние Rauchen 6 А
ку́рица Huhn, Hühnchen 1
куро́рт Kurort 1
курс Kurs 1
курье́р Kurier 1
ку́хня Küche 1
куше́тка Liege 1

Л

ла́герь, *Pl.* лагеря́ Lager 1
ла́мпа Lampe 1
ландша́фт Landschaft *rez.* 2 А
лати́нский lateinisch 1
лебеди́ный Schwanen- 3 А
лев Löwe 1
Лев *(Sternzeichen)* Löwe 1
легионе́р Legionär 1
лежа́ть *uv.* liegen 1
лека́рство от *чего́?* Medizin, Arzneimittel gegen etw. 3 А
лени́вый faul 4 В
лета́ть *uv.* fliegen *(hin und zurück)* 1

лете́ть *uv.* fliegen 1
ле́тний Sommer-, sommerlich 3 Б
ле́то Sommer 1
ле́том *Adv.* im Sommer 1
лёд, *Gen.* льда, *Instr.* льдом, *Präp.* на льду Eis 2 Б
лётчик Pilot(in) 1
ли *Partikel in Entscheidungsfragen (wird nicht übersetzt)* 1
лимона́д Limonade 1
лине́йка, *Gen. Pl.* лине́ек Lineal 1
ли́ния Linie *rez.* 1 Б
литерату́ра Literatur 1
литерату́рный Literatur- 3 В
лицо́ 1. Gesicht; 2. Person 3 А
ли́шний übrig 5 Б
ло́жа Loge *rez.* 5 Б
ло́жка Löffel 1
ло́зунг Losung *rez.* 4 В
ло́ндонец, ло́ндонка Londoner, Londonerin 1
лотере́я Lotterie 1
лото́ *nicht dekl.* Lotto 1
ло́шадь *f* Pferd 1
лу́чше *Adv.* besser 1
лу́чший der (die, das, die) beste *Superlativ zu* хоро́ший 2 Б
лы́жи *Pl.* Ski 5 А
любе́зный liebenswürdig, freundlich 6 Б
люби́мый beliebt, geliebt, Lieblings- 1
люби́ть *uv.* mögen, lieben 1
любо́вь *f, Gen.* любви́ Liebe 1
любо́й beliebig 4 А
лю́ди *nur Pl.* Leute, Menschen 1

М

магази́н Laden, Geschäft 1
май Mai 1
макаро́ны Makkaroni, Nudeln 1
ма́клер Makler 1
ма́ксимум höchstens, Maximum 1
ма́ленький klein, unbedeutend 1
ма́ло *Adv.* wenig 1
ма́льчик Junge 1
ма́ма Mama, Mutti 1
ма́рка Marke 1
ма́ркер Marker 1
мармела́д *nur Sg.* Geleefrüchte, Geleekonfekt 1
март März 1
маршру́т Route 2 А
маршру́тка Marschrutka *(eine Art Linientaxi, Kleinbus)* 1
Ма́сленица *vgl.* Fasching, Fastnacht, Karneval 1
ма́ссовый Massen- *rez.* 2 Б
ма́стер, *Pl.* мастера́ Meister, Spezialist 1
матема́тик Mathematiker 1
матема́тика Mathematik 1
материа́л Material *rez.* 1 В

матрёшка Matrjoschka 1
матч sportlicher Wettkampf, Wettspiel 1
мать f, Gen. ма́тери Mutter 1 Б
маши́на Auto 1
ме́бель f, nur Sg. Möbel 1
меда́ль f Medaille rez. 6 A
медици́нский medizinisch, Medizin- rez. 1 B
ме́жду чем? mit Instr. zwischen 1
междунаро́дный international 1
ме́неджер Manager 1
ме́нее Komparativ zu ма́ло weniger (zur Bildung des zusammengesetzten Komparativs) 2 A
меню́ n, nicht dekl. Speisekarte 1
меня́ зову́т ich heiße 1
ме́сто Platz, Ort, Stelle 1
ме́сяц Monat 1
метеоро́лог Meteorologe 1
метр Meter 2 Б
метро́ nicht dekl. U-Bahn, Metro 1
мечта́ Traum 4 B
мечта́ть uv. о ком? чём? mit Präp. träumen 1 B
меша́ть uv. кому? mit Dat. stören 1
мигра́нт Migrant rez. 1 Б
микроволно́вка ugs. Mikrowelle 1
микрокалькуля́тор Taschenrechner 1
микрофо́н Mikrofon 1
милиционе́р Polizist(in) 1
миллио́н Million 1
миллионе́р Millionär rez. 6 A
ми́лый lieb 1
ми́нимум mindestens, Minimum 1
Министе́рство юсти́ции Justizministerium rez. 3 Б
мини́стр чего? mit Gen. Minister 1
ми́нус Minus 1
мину́та Minute 1
мир 1. Welt; 2. Frieden 1
мла́дший jüngerer, jüngster 4 A
Мне ... лет. Ich bin ... Jahre alt. 1
мне́ние Meinung 2 Б
мно́гие viele 1
мно́го чего? mit Gen. Pl. viel 1
многобо́рье Mehrkampf 5 A
многонациона́льный multinational 2 A
моби́льник Handy 1
мо́да Mode 1
моде́ль f Model 1
модельер Modedesigner(in) 1
мо́жет быть möglicherweise 3 A
мо́жно man kann 1
мой, моя́, моё; мои́ mein(e) 1
Молоде́ц! Prachtkerl! Gut gemacht! 4 B
молодёжный Jugend-, jugendlich 6 A
молодёжь f Jugend 1 A
молодо́й jung 3 Б
молоко́ Milch 1

молча́ть uv. schweigen 3 B
моме́нт Moment rez. 1 A
монасты́рь m Kloster 1
монти́ровать (Video) schneiden 1
мо́ре, Pl. моря́ Meer 1
морко́вь f, nur Sg. Mohrrübe, Karotte 1 A
моро́женое (Speise-)Eis 1
моро́з Frost 2 B
москви́ч(ка) Moskauer(in) 1
моско́вское вре́мя Moskauer Zeit 1
мост Brücke 1
мотива́ция Motivation rez. 5 A
мочь uv. können 1
моя́ фами́лия mein Nachname 1
му́дрый weise 4 A
муж, Pl. мужья́ Ehemann 1 Б
мужчи́на Mann 1
му́за Muse rez. 5 Б
музе́й, Pl. музе́и Museum 1
му́зыка Musik 1
музыка́льный musikalisch, Musik- 1
музыка́нт Musiker 1
му́льтик ugs. Zeichentrickfilm 1
мультфи́льм Zeichentrickfilm 1
му́скулы Pl. Muskeln rez. 5 A
мы wir 1
мысль f Gedanke, Idee 4 Б
мышь f Maus 1
мэр Bürgermeister 6 A
мю́нхенец, мю́нхенка Münchner, Münchnerin 1
мю́сли nicht dekl. Müsli 1
мя́со Fleisch 1

Н

на 1. auf, an, in (örtlich) mit Präp.; 2. zum (z. B. zum Frühstück) mit Akk. 3. mit (Transportmittel) mit Präp. 4. für (zeitlich) mit Akk. 5. an (Richtung) mit Akk. 1; 6. mit Zahl um wieviel (bei Vergleich) 4 Б
На старт! Внима́ние! Марш! Auf die Plätze! Fertig! Los! 5 A
наблюда́тель m Beobachter 6 Б
наве́рное Adv. wahrscheinlich, sicher, sicherlich, wohl 1
наве́рх Adv. nach oben, aufwärts, bergauf 5 Б
наверху́ Adv. oben 5 Б
над чем? mit Instr. über 1
на́до mit Inf. кому? mit Dat. man (jmd.) muss etwas tun 1
На́до же! Interj. Na, so was! 4 B
наза́д (zeitlich) vor 4 Б
наза́д Adv. nach hinten, rückwärts 5 Б
назва́ние Bezeichnung, Benennung, Name, Titel 1
назва́ть/называ́ть (be)nennen, einen Namen geben 1

назва́ться/называ́ться heißen, genannt werden (nicht bei Personen) 1
найти́/находи́ть finden 1
наказа́ние Bestrafung 6 B
наказа́ть/нака́зывать bestrafen 6 A
наконе́ц Adv. schließlich, endlich 5 Б
нале́во Adv. nach links 1
нам интере́сно es interessiert uns 1
наоборо́т umgekehrt 1 A
написа́ть v. schreiben 1
напи́тки Pl., Sg. напи́ток Getränke 1
направле́ние Richtung 5 B
напра́во Adv. nach rechts 1
наприме́р Adv. zum Beispiel 1
напро́тив чего? mit Gen. gegenüber 1
нарисова́ть v. malen, zeichnen 1
нарко́тик Rauschgift, Droge 6 A
наро́д Volk 2 A
населе́ние Bevölkerung 2 A
населённый bevölkert, bewohnt 2 A
насто́льный те́ннис Tischtennis 1
настоя́щий echt, wahr, wirklich 1 A
настрое́ние Stimmung, Laune 5 B
натура́льный Natur- 1
нау́ка Wissenschaft 5 Б
научи́ться v. чему? mit Dat. oder mit Inf. lernen 6 B
находи́ться uv. где? mit Präp. sich befinden 1
национа́льный National- rez. 2 A
нача́ло Beginn, Anfang 1
нача́льная шко́ла Grundschule 1
нача́ть/начина́ть anfangen, beginnen 1
нача́ться/начина́ться anfangen (von einer Sache), beginnen 1
наш unser 1
не nicht 1
Не за что. Keine Ursache. Gern geschehen. 1
не находи́ть себе́ ме́ста keine Ruhe finden 1 A
Не о́чень. ugs. Nicht besonders gut. 1
не то́лько ..., но и nicht nur ..., sondern auch 1
не́бо Himmel 1
небольшо́й klein 1
нева́жно Adv. unwichtig, egal 2 B
невозмо́жно Adv. unmöglich 1
неда́вно Adv. unlängst, kürzlich, vor kurzem, neulich 6 B
недалеко́ Adv. nicht weit 1
недалеко́ от чего? mit Gen. unweit von, nicht weit von 1
неде́ля Woche 1
не́жность f Zärtlichkeit 1 A
незави́симый, незави́симо Adv. unabhängig 3 Б
нейтрализова́ть v, uv. neutralisieren 2 Б
нейтра́льный neutral 1 Б

165

не́когда *Adv.* es eilig haben, keine Zeit haben 5 Б
неконтроли́руемый unkontrolliert *rez.* 2 Б
не́который 1. ein gewisser; 2. *Pl.* einige 1 В
нельзя́ man (jmd.) darf etwas nicht tun 1
нема́ло *mit Gen.* nicht wenig, recht viel 1
не́мец, не́мка Deutscher, Deutsche 1
неме́цкий deutsch 1
немно́го *Adv.* nicht viel, ein bisschen 1
не́нависть *f* Hass 1 A
непра́вильно *Adv.* falsch 2 A
нереа́льный 1. unwirklich, irreal; 2. unerfüllbar, unrealistisch 6 A
не́сколько *mit Gen.* einige 1
несовмести́мый nicht zusammenpassend, unvereinbar 4 В
нестаби́льный instabil, unsicher 4 A
нести́ *uv.* tragen 4 В
нет nein 1
нетерпе́ние Ungeduld 5 Б
неуже́ли? wirklich *(in Entscheidungsfragen)* 1
нигде́ nirgends 1
ни́жний niederer, unterer, Unter- 3 Б
никако́й kein 1 В
никогда́ nie, niemals 1 В
никто́, *Gen.* никого́, *Präp.* ни о ком niemand 1 A
Ничего́. *ugs.* (Ganz) OK. Gut. 1
ничто́ nichts 1 В
ни́щий bettelarm 4 В
но aber 1
но́вость *f* Neuigkeit, Nachricht 1 A
но́вый neu 1
Но́вый год Neujahr 1
ноль *m* Null 1
но́мер Hotelzimmer, Nummer 2 Б
но́мер телефо́на Telefonnummer 1
нон-сто́п nonstop 1
носи́ть *uv. что? mit Akk.* tragen 1
но́та Note *(Musik)* 1
ноутбу́к Notebook, Laptop 1
ночева́ть *uv.* übernachten 2 Б
ночёвка Übernachtung 2 Б
ночно́й nächtlich, Nacht- 1
ночь *f* Nacht 1
ноя́брь *m* November 1
нра́виться *uv. s.* понра́виться
нра́вственность *f* Sittlichkeit, Moral 4 В
ну nun, also 1
Ну, ла́дно. *ugs.* Na, macht nichts. Na gut. 1
ну́жно *mit Inf. кому́? mit Dat.* man (jmd.) muss etwas tun 1

ну́жный 1. nötig, notwendig, erforderlich; 2. *als Kurzform* jmd. braucht 3 A

О

о *ком? (чём?) mit Präp.*; об *(vor Vokalen)* über, von 1
о́ба *m, n,* о́бе *f* beide 3 A
обе́д Mittagessen 1
обе́дать *uv.* zu Mittag essen 1
обеща́ть *uv. s.* пообеща́ть
обзо́рный Überblicks- 2 A
обзо́рный тур Rundfahrt 2 A
о́блачно *Adv.* bewölkt 2 В
обожа́ть *uv.* verrückt sein nach, toll finden, etwas sehr gern tun *(mit Inf.)* 5 Б
о́браз Bild, Symbol 4 В
образова́ние (Schul-)Bildung, Ausbildung 1 В
образо́ванный gebildet 4 A
обра́тно *Adv.* zurück 1
о́бувь *f, nur Sg.* Schuhwaren 1
обучи́ть/обуча́ть *чему? mit Dat.* etw. lehren 5 Б
обща́ться *uv.* sich unterhalten, sprechen 3 A
обществове́дение Gesellschaftskunde, Sozialkunde 1
объе́кт Objekt 1
объяви́ть/объявля́ть *чем? mit Instr.* zu etwas erklären 1
объявле́ние Bekanntmachung, Anzeige, Ansage 3 В
объясня́ться в любви́ *uv. кому́? mit Dat.* eine Liebeserklärung machen 5 A
обы́чно *Adv.* gewöhnlich 1
обы́чный gewöhnlich 1
обяза́тельно *Adv.* unbedingt 1
обяза́тельный obligatorisch, Pflicht- 5 Б
О́вен (*Sternzeichen*) Widder 1
огоро́д Gemüsebeet, Gemüsegarten 2 В
огро́мный riesig, riesengroß 5 Б
оде́жда *nur Sg.* Kleidung 1
одина́ковый gleich 5 A
однокла́ссник Mitschüler, Klassenkamerad 1 A
однокла́ссница Mitschülerin 1 A
о́зеро, *Pl.* озёра See 1
Ой! au, hu, ei *(bei Verwunderung, Freude, Mitgefühl, Schmerz, Furcht)* 1
оказа́ться/ока́зываться 1. *mit Instr.* sich erweisen (als); 2. *(Ortsangabe)* sich zufällig befinden 4 A
оказа́ться/ока́зываться в дурака́х dumm dastehen 4 В
окно́, *Pl.* о́кна Fenster 1

о́коло *чего? mit Gen.* 1. neben, bei, an *(räumlich)*; 2. gegen, ungefähr *(bei Zahlenangaben)* 6 В
око́нчить/ока́нчивать beenden 3 Б
окружа́ющая среда́ Umwelt 2 Б
октя́брь *m* Oktober 1
Олимпиа́да Olympiade 1
Олимпи́йские и́гры *Pl.* Olympische Spiele 1
он er 1
она́ sie *f* 1
они́ sie *Pl.* 1
оно́ es 1
опа́сный gefährlich 5 A
о́пера Oper 1
опера́тор 1. Techniker; 2. Kameramann 1
о́перный Opern- *rez.* 3 Б
описа́ние Beschreibung 6 Б
определённый bestimmt 1 В
опро́с Umfrage 6 Б
о́птика Optiker 1
опубликова́ть/публикова́ть veröffentlichen 6 A
о́пус Opus *rez.* 3 Б
о́пыт Erfahrung 1 A
опя́ть *Adv.* wieder 1 Б
ора́нжевый orange 1
организа́тор Organisator *rez.* 1 В
организова́ть *v., uv.* organisieren 1
оригина́льность *f* Originalität 3 В
оригина́льный Original-, echt, authentisch 1
орке́стр Orchester *rez.* 5 Б
о́сень *f* Herbst 1
о́сенью *Adv.* im Herbst 1
осмотре́ть/осма́тривать besichtigen 1
основа́ние Gründung 6 В
основа́тельно *Adv.* gründlich 2 A
основа́ть/осно́вывать gründen, begründen 2 A
осо́бенно *Adv.* besonders 1
осо́бенность *f* Besonderheit 3 В
осо́бенный besonderer 1
остава́ться *uv. s.* оста́ться
оста́вить/оставля́ть (übrig)lassen 1 Б
остально́й übrig, sonstig; *Pl. (von Menschen)* alle Übrigen, alle Anderen 4 В
остано́вка Haltestelle *(gilt für Bus, Straßenbahn, O-Bus und Taxi)* 1
оста́ться/остава́ться bleiben 1 Б
осторо́жный, осторо́жно *Adv.* vorsichtig 5 В
о́стров Insel 1
от *mit Gen.* von 1
от и́мени *кого? mit Gen.* im Namen von 1
отбира́ть *uv. s.* отобра́ть
отве́т Antwort 1

отве́тить/отвеча́ть *кому́? mit Dat.* на *что? mit Akk.* antworten auf etw. 1
отдохну́ть/отдыха́ть sich ausruhen, erholen 1, 5А
о́тдых Erholung, Entspannung 1
отдыха́ть *uv.* s. отдохну́ть
оте́ц, *Gen.* отца́ Vater 1 Б
открове́нность *f* Offenheit 1 А
откры́тка, *Gen. Pl.* откры́ток Postkarte, Ansichtskarte 1
откры́тый offen, geöffnet 2 Б
откры́ться/открыва́ться sich öffnen, geöffnet werden 1
отку́да? woher? 1
отли́чно *Adv.* ausgezeichnet 1
отме́тить/отмеча́ть *(ein konkretes Fest)* begehen, feiern 1
отноше́ние Beziehung 1 Б
отобра́ть/отбира́ть 1. auswählen; 2. wegnehmen 6 А
отпра́здновать/пра́здновать *(allgemein)* feiern 1
отры́вок, *Gen.* отры́вка Auszug, Abschnitt 5 А
отсу́тствовать fehlen, abwesend sein 5 А
отсю́да *Adv.* von hier (aus) 1, 5 Б
отту́да *Adv.* von dort (aus) 1
о́тчество Vatersname 3 В
офице́р Offizier *rez.* 3 А
официа́льный offiziell *rez.* 3 Б
Ox! *Interj.* Ach! 4 В
охо́тно *Adv.* gern 5 А
оце́нка, *Pl.* оце́нок (Schul-)Note 1
о́чень *Adv.* sehr 1
очи́стить/очища́ть reinigen, säubern 6 А

П

павильо́н Pavillon *rez.* 3 А
паке́т (Plastik-)Tüte 3 А
пала́тка Zelt 1
па́льма Palme 1
па́мятник Denkmal 1
панора́ма Panorama 1
па́па *m* Papa, Vati 1
па́па ри́мский Papst 1
па́пка, *Gen. Pl.* па́пок Schnellhefter, Ordner 1
парашю́тный Fallschirm- 5 А
па́рень *m, ugs., Gen. Pl.* парне́й junger Mann, Freund 1 А
парижа́нин, парижа́нка Pariser, Pariserin 1
парк Park 1
парке́т Parkettfußboden 1
парку́р Parkour *rez.* 5 А
парте́р! [тэ] Parterre *rez.* 5 Б
па́ртия Partei 1
партнёр (по обме́ну) (Austausch-)Partner 1
па́спорт Pass 1

пассажи́р Passagier, Fahrgast 1
Па́сха Ostern 1
пахлава́ *nur Sg.* Baklava 1
певе́ц, *Pl.* певцы́ Sänger 1
певи́ца Sängerin 1
пельме́ни *Pl.* Pelmeni 1
пена́л Federtasche, -mäppchen 1
пе́ние Gesang 1
пенсионе́р Rentner 1
перево́дчик, перево́дчица Übersetzer(in) 1
пе́ред *чем? mit Instr.* vor 1
Переда́й(те) ... приве́т! *mit Dat.* Grüße (Grüßt) ...! Bestelle (Bestellt) ... einen Gruß! 1
переда́ть/передава́ть 1. übergeben; 2. mitteilen; 3. wiedergeben 6 Б
пере́дний план Vordergrund 6 Б
перее́хать/переезжа́ть 1. *через что? mit Akk.* hinüberfahren, überfahren; 2. umziehen 1 Б
перейти́/переходи́ть durchlaufen, hinübergehen, überqueren, überschreiten 1 А
перелете́ть/перелета́ть *через что? mit Akk.* hinüberfliegen 2 В
переме́на Veränderung 4 Б
переры́в Pause, Arbeitspause 2 Б
пересека́ть *uv.* s. пересе́чь
переселе́нец, *Pl.* переселе́нцы Übersiedler 4 Б
переселе́ние Umsiedlung 6 В
пересе́чь/пересека́ть überqueren 2 Б
переста́ть/перестава́ть aufhören 4 Б
перестро́йка Umbau, Umgestaltung 4 Б
переходи́ть *uv.* s. перейти́
пе́сня Lied 1 А
петь *uv.* singen 1
пешко́м *Adv.* zu Fuß 1
пиани́но *nicht dekl.* Klavier 1
пиани́ст, пиани́стка Pianist, Pianistin *rez.* 3 Б
пирожо́к, *Pl.* пирожки́ Pirogge 1
писа́тель *m* Schriftsteller 3 В
писа́тель-фанта́ст Science-Fiction-Schriftsteller 6 А
писа́ть *uv.* schreiben 1
пи́сьменный schriftlich 1 В
пи́сьменный стол Schreibtisch 1
письмо́ Brief 1
пить *uv.* trinken 1
пи́цца Pizza 1
пицце́рия Pizzeria 1
Пиши́. Schreibe. 1
пла́вать *uv.* schwimmen 1
плака́т Plakat 1
пла́кать *uv.* weinen 4 В
план Plan 1
планета́рий Planetarium 1
плани́ровать *uv. что? на когда́?* etw. planen 1

пла́тье Kleid 1
племя́нник Neffe 1 Б
племя́нница Nichte 1 Б
плечо́, *Pl.* пле́чи Schulter 1
пло́хо *Adv.* schlecht 1
плохо́й schlecht 1 Б
площа́дка (kleiner) Platz, Fläche 1
пло́щадь *f* Platz, Кра́сная пло́щадь Roter Platz 1
плюс Plus 1
по *чему́? mit Dat.* entlang; entsprechend; laut; in 1
по сравне́нию *с чем? mit Instr.* im Vergleich zu 4 Б
по-англи́йски auf Englisch 1
побе́да Sieg 4 В
победи́тель *m* Gewinner, Sieger 3 Б
победи́ть/побежда́ть siegen 5 А
побыва́ть/быва́ть besuchen, sich aufhalten 6 Б
поведе́ние Verhalten 4 Б
повезти́ *v. кому́? mit Dat. с чем? mit Instr.* Glück haben 2 В
пове́рить/ве́рить в(о) *что? mit Akk.* glauben an etw./jmdn. 1
поверну́ть *v.* abbiegen, sich wenden 1
по́весть *f* (längere) Erzählung 6 А
повора́чивать *uv.* abbiegen, sich wenden 1
Повтори́. Wiederhole. 1
повтори́ть *v.* wiederholen 1
поговори́ть *v. с кем? mit Instr.* sprechen 1 А, sich unterhalten, sprechen, besprechen 5 Б
пого́да Wetter 1
погуля́ть/гуля́ть по *чему́? mit Dat.* spazieren gehen, bummeln 1
под *чем? mit Instr.* unter 1
подари́ть *v.* schenken 1
пода́рок Geschenk 1
подво́дный Unterwasser- 5 А
подготови́тельные ку́рсы Vorbereitungskurse 1 В
подгото́виться/гото́виться *v. к чему́? mit Dat.* sich vorbereiten auf etw. 1
подгото́вка Vorbereitung, Kondition 5 А
подмоско́вный bei Moskau gelegen 6 В
подня́ться/поднима́ться на *mit Akk.* besteigen, hinaufgehen 2 Б
подраба́тывать *uv.* hinzuverdienen, gelegentlich verdienen 4 Б
подро́сток, *Gen.* подро́стка Heranwachsender, Teenager 6 А
подру́га Freundin 1
по-друго́му *Adv.* anders, auf andere Art und Weise 6 А
поду́мать/ду́мать denken 1
по́езд Zug 1
пое́здка Reise 1
пое́хать/е́хать fahren 1
пожа́луйста bitte 1

167

пожела́ть/жела́ть *чего́? mit Gen.*
    etw. wünschen 1
пожени́ться/жени́ться
    heiraten *(v. Mann)* 1
поза́втракать *v.* frühstücken 1
позвони́ть *v.* anrufen 1
по́здно *Adv.*, по́зже
    Komparativ spät 2 A
поздра́вить/поздравля́ть *кого́?*
    mit Akk. с чем? mit Instr. jdm. zu
    etw. gratulieren 1
познако́миться/знако́миться *с кем?*
    чем? mit Instr. sich mit etw. bekannt
    (vertraut) machen; sich (einander)
    vorstellen, jmdn. kennenlernen 1
поигра́ть/игра́ть spielen 1
по-испа́нски auf Spanisch 1
по-италья́нски auf Italienisch 1
пойти́/идти́ gehen 1, 3 Б
пока́ bisher 1
пока́ нет noch nicht 1
Пока́! *ugs.* Tschüss! Bis dann! 1
показа́ть/пока́зывать *кому́? mit Dat.*
    что? mit Akk. zeigen 1, 3 Б
поката́ться *v.* **на** *чём? mit Präp.*
    fahren 1
поколе́ние Generation 4 Б
поко́рен, поко́рна, поко́рно;
    поко́рны untertänig, gehorsam 1 A
покори́ть/покоря́ть erobern 5 A
покупа́ть *uv. s.* **купи́ть**
пол, на полу́ (Fuß-)Boden 1
по́лдень *m* Mittag 5 В
по́ле Feld 1 A
полёт Flug 6 В
полете́ть *v.* hin-, abfliegen 2 Б
поли́тик Politiker 1
поли́тика Politik *rez.* 3 Б
полити́ческий politisch *rez.* 2 A
по́лка Regal 1
по́лночь *f* Mitternacht 5 В
по́лный пансио́н Vollpension 2 Б
полови́на Hälfte, halb... 5 В
положе́ние Lage, Zustand 4 Б
полупансио́н Halbpension 2 Б
получи́ть/получа́ть bekommen,
    erhalten 1
получи́ться/получа́ться *у кого́?*
    mit Gen. gelingen 1 В
по-мо́ему meiner Meinung nach 1
помо́чь/помога́ть helfen 1
понеде́льник Montag 1
по-неме́цки auf Deutsch 1
понима́ть *uv. s.* **поня́ть**
понра́виться/нра́виться *кому́?*
    mit Dat. jmdm. gefallen 1
(Я) (не) по́нял. *m;* (Я) (не) поняла́.
    f Ich habe (nicht) verstanden. 1
Поня́тно. Alles klar. Aha, ich habe
    verstanden. 1
поня́тный verständlich 4 В
поня́ть/понима́ть verstehen 5 Б
пообе́дать/обе́дать zu Mittag essen 1

пообеща́ть/обеща́ть versprechen 4 В
поп-звезда́ Popstar 1
поп-му́зыка Popmusik 1
по-по́льски auf Polnisch 1
поприве́тствовать/приве́тствовать
    begrüßen 1
попро́бовать/про́бовать probieren,
    ausprobieren 3 A
попуга́й Papagei
    (auch Wellensittich) 1
популя́рный populär, beliebt 1, 3 Б
пораже́ние Niederlage 5 A
по-ра́зному unterschiedlich 4 Б
порт Hafen 1
портфе́ль *m* Aktentasche 1
по-ру́сски auf Russisch 1
посади́ть/сажа́ть pflanzen 2 Б
посети́тель *m* Besucher 6 Б
посети́ть/посеща́ть besuchen 1
по́сле *чего́? mit Gen.* nach *(zeitlich)* 1
после́дний letzter, neuester 3 Б
после́дствие Auswirkung, Folge 4 Б
послеза́втра *Adv.* übermorgen 1
послу́шать *v.* hören, anhören 1 A
посмотре́ть *v.* (an)schauen 1
по́стер Poster 1
постоя́нный, постоя́нно *Adv.*
    ständig 4 В
постро́ить/стро́ить bauen 3 A
поступи́ть/поступа́ть 1. handeln,
    verfahren; 2. *кому́? mit Dat.;*
    в(о) что? mit Akk. eintreten,
    aufgenommen werden *(in eine*
    Bildungseinrichtung) 1 A
посудомо́йка *ugs.* Geschirrspüler 1
по-тво́ему deiner Meinung nach 1
потеря́ть/теря́ть verlieren 1 A
пото́м *Adv.* danach 1
потому́ что *Konj.* weil 1
поу́жинать *v.* zu Abend essen 1
поуча́ствовать/уча́ствовать *в чём?*
    mit Präp. teilnehmen an etw. 1
по-францу́зски auf Französisch 1
похо́д Wanderung 1
похо́жий на *кого́? mit Akk.*
    ähnlich sein 3 A
поцелова́ть/целова́ть küssen 1
почему́? warum? 1
почита́ть *v.* (ein wenig, eine Zeit lang)
    lesen, vorlesen 3 В
по́чта Post 1
почтальо́н Briefträger 1
почти́ fast, beinahe 1
почу́вствовать/чу́вствовать
    (себя́) (sich) fühlen 3 A
поэ́т Poet, Dichter 1
поэти́чный poetisch *rez.* 3 Б
поэ́тому deshalb, deswegen, darum 1
появи́ться/появля́ться entstehen,
    aufkommen 4 В
пра́вда *Adv.* wirklich, tatsächlich 1
пра́вило Regel 1 В
пра́вильно *Adv.* richtig 1

пра́вильность *f* Richtigkeit 1 A
пра́вильный richtig, korrekt 1
пра́вить *uv. чем? mit Instr.* regieren,
    herrschen über 4 A
пра́во Recht(skunde) 1
правосла́вный orthodox 4 A
пра́здник Feiertag 1
пра́здничный feierlich, festlich 1
пра́здновать *uv. s.* **отпра́здновать**
практи́чный praktisch 1
предложи́ть/предлага́ть vorschlagen,
    anbieten 1
предме́т Unterrichtsfach 1
предста́вить/представля́ть себе́
    sich etw. vorstellen 1 A
пре́жде всего́ vor allem 4 A
презента́ция Präsentation 1
президе́нт Präsident 1
прекра́сный schön, wunderschön 1
преподава́тель *m* Lehrer, Dozent,
    Hochschullehrer 3 Б
пре́сса Presse 1
прести́жный Prestige-, angesehen 1
преступле́ние Verbrechen,
    Gesetzesübertretung 6 В
при *mit Präp.* bei,
    unter *(bei Regenten)* 1 В
приблизи́тельно *Adv.* ungefähr 6 Б
привезти́/привози́ть bringen 5 Б
Приве́т! Hallo! 1
приве́тствие Begrüßung 1
приве́тствовать *uv. s.*
    поприве́тствовать
привози́ть *uv. s.* **привезти́**
пригласи́ть/приглаша́ть *кого́?*
    mit Akk. **на** *что? mit Akk.*
    einladen 1
пригласи́ть/приглаша́ть в го́сти
    кого́? mit Akk. zu Besuch
    einladen 1
приглаше́ние Einladung 1
пригото́вить *v.* 1. vorbereiten;
    2. (Essen) zubereiten 1
прие́хать/приезжа́ть *куда́?* (hin)
    kommen *(mit einem Fahrzeug)* 1,
    angefahren kommen 2 В
приз Preis, Gewinn *rez.* 3 Б
прийти́/приходи́ть kommen,
    ankommen, eintreffen 1 Б
приказа́ть/прика́зывать
    befehlen 4 A
прилете́ть/прилета́ть
    heranfliegen 2 В
приме́р Beispiel 1 Б
приме́рно ungefähr, etwa 1
принима́ть *uv. s.* **приня́ть**
принима́ть уча́стие *uv. в чём?*
    mit Präp. an etw. teilnehmen 5 A
принце́сса Prinzessin *rez.* 4 A
приня́ть/принима́ть
    1. annehmen, akzeptieren;
    2. *(Arznei)* einnehmen 5 A
приро́да Natur 1

приро́дный Natur-, natürlich 1
присла́ть/присыла́ть schicken, senden 3 Б
приходи́ть *uv.* s. прийти́
про *что? mit Akk.* über, zum Thema 5 Б
пробле́ма Problem 1
про́бовать *uv.* s. попро́бовать
провести́/проводи́ть durchführen, verbringen 1
прогно́з Vorhersage, Prognose 2 В
програ́мма Programm 1
программи́ст Programmierer 1
продаве́ц Verkäufer 1
прода́ть/продава́ть verkaufen 4 А
проду́кты *Pl.* Lebensmittel 1
проезжа́ть *uv.* s. прое́хать
прое́кт Projekt 1
проекти́ровать *uv.* entwerfen, gestalten 1
прое́хать/проезжа́ть *что? mit Akk.* fahren, durch-, vorüberfahren 2 Б
прожи́ть *v.* про́жил, прожила́, прожило́; прожи́ли verleben 1 А
проигра́ть/прои́грывать verlieren 5 А
произведе́ние Werk 3 В
произвести́/производи́ть machen, hinterlassen, produzieren 3 Б
произойти́/происходи́ть sich ereignen, stattfinden 4 А
пройти́/проходи́ть 1. durchgehen, passieren; 2. vergehen, verfliegen; 3. durchnehmen; 4. stattfinden 1 А
пролете́ть/пролета́ть над *чем? mit Instr.* etw. überfliegen 2 В
проли́в Meerenge, Meerstraße 2 Б
пропага́нда Propaganda *rez.* 4 В
прорабо́тать *v.* (eine Zeit lang) arbeiten 6 В
проспе́кт Prospekt (breite, gerade Straße) 1
про́сто einfach 1
просто́й einfach 4 А
про́тив *mit Gen.* gegen 2 А
проти́вник Gegner 5 А
профе́ссия Beruf 1 Б
проходи́ть *uv.* s. пройти́
проце́нт Prozent 1
прочита́ть *v.* lesen 1
про́шлый vergangener, letzter 1
проща́льный Abschieds- 1
пряма́я трансля́ция Liveübertragung 1
пря́мо *Adv.* geradeaus 1
психо́лог Psychologe 1
публикова́ть *uv.* s. опубликова́ть
путеводи́тель *m*, по *чему? mit Dat.* Reiseführer (Buch) 1
путь *m* Weg 1 А
пыта́ться *uv. mit Inf.* versuchen etwas zu tun 4 Б
пюре́ *nicht dekl.* Püree 1
пятёрка Fünf (Zensur) 1
пятизвёздочный 5-Sterne- 2 Б
пя́тница Freitag 1

Р

рабо́та Arbeit, Job 1
рабо́тать arbeiten 1
равио́ли Ravioli 1
рад *кому? чему? mit Dat.* sich freuen über 3 А
ра́дио *n, nicht dekl.* Radio *rez.* 1 Б
ра́доваться *uv. чему? mit Dat.* sich freuen über 4 Б
ра́дость *f* Freude 1
раз, *Gen. Pl.* раз, ... раз в неде́лю Mal 1
ра́зве? etwa *(in Entscheidungsfragen)* 1
разви́тие Entwicklung 4 А
разво́д Scheidung 6 В
разгова́ривать *uv.* sprechen, reden, sich unterhalten 3 В
ра́зный verschieden 1
разреши́ть/разреша́ть erlauben 3 А
райо́н Bezirk, Viertel 1
Рак *(Sternzeichen)* Krebs 1
ра́нний früh 3 Б
ра́но *Adv.* früh 1
ра́ньше *Adv.* früher 1
распа́сться/распада́ться zerfallen, auseinanderbrechen 4 А
расписа́ние Zeitplan 1
расписа́ние уро́ков Stundenplan 1
расплани́ровать *v.* (ver)planen 5 В
расска́з Erzählung, Geschichte 1
рассказа́ть *v.* erzählen 1
расска́зывать *uv. что? mit Akk.; о чём? mit Präp.* erzählen, berichten 1
расстоя́ние Entfernung, Abstand 2 Б
расстре́л Erschießung 4 А
расстреля́ть/расстре́ливать erschießen 4 А
расти́ *uv.* s. вы́расти
расши́рить/расширя́ть *(im Umfang)* erweitern 4 А
ра́туша Rathaus 1
ра́фтинг Rafting *rez.* 2 Б
реализова́ть verwirklichen, realisieren 1
ребя́та *Pl.* Kinder, Jugendliche 1
револю́ция Revolution 4 А
регио́н Region, Gebiet 1
регистра́ция Anmeldung 1
регистри́роваться *uv.* s. зарегистри́роваться
регуля́рный regelmäßig 5 А
реда́кция Redaktion 1
ре́дкий rar 5 А
ре́дко *Adv.* selten 1
режи́м Betrieb, Regime, Modus 1
режи́м дня Tagesablauf 1
резервуа́р Reservoir 1
рези́нка Radiergummi 1
результа́т Resultat *rez.* 1 Б

река́, *Pl.* ре́ки Fluss 1
рекла́ма Werbung 1
рекла́мный Werbe- 1
реконструи́ровать *uv.* rekonstruieren 1
реконстру́кция Rekonstruierung, Wiederaufbau 1
реко́рд Rekord 1
рели́гия Religion 1
реме́сленник Handwerker 4 А
репети́ровать *uv.* proben 1
репети́ция Probe 5 В
ре́слинг Wrestling, Ringen *rez.* 5 А
респу́блика Republik *rez.* 4 А
рестора́н Restaurant 1
ресу́рс Ressource *rez.* 2 Б
рефера́т Referat *rez.* 5 В
рефо́рма Reform 4 А
рефо́рматор Reformator *rez.* 4 А
реформи́ровать *v., uv.* reformieren 4 А
реце́пт Rezept 1, 3 А
речь *f* Rede 3 Б
реша́ть *uv.* s. реши́ть
реше́ние Entscheidung, Lösung 5 А
реши́ть/реша́ть 1. entscheiden; 2. lösen 2 А
Рим Rom 1
рис Reis 1
рисова́ние Zeichnen 1
рисова́ть *uv.* zeichnen, malen 1
рису́нок, *Pl.* рису́нки Zeichnung 6 Б
ритм Rhythmus *rez.* 3 Б
ро́вно *Adv.* genau (Zeit, Menge) 1
ро́дина Heimat 4 Б
роди́тели *Pl.* Eltern 1
роди́ться *v.* geboren werden 1
родно́й Heimat-, heimatlich 1
ро́дственник Verwandter 1 А
ро́дственница Verwandte 1 А
Рождество́ Weihnachten 1
ро́зовый pink, rosa 1
рок-гру́ппа Rockgruppe *rez.* 4 Б
рок-конце́рт Rockkonzert 1
рок-му́зыка Rockmusik 1
роллердро́м Halle für Inlineskating 1
роль *f* Rolle 3 Б
рома́н Roman 1
росси́йский russisch *(in Hinsicht auf den Staat Russland)* 1
Росси́я Russland 1
россия́нин, россия́нка Russe, Russin *(Staatsangehörigkeit)* 1
руба́шка Hemd 1
рубль *m* Rubel 1
рука́, *Pl.* ру́ки Arm, Hand 1, 5 Б
руководи́ть *uv.* кем? чем? *mit Instr.* leiten 3 А
руково́дство Führung, Leitung 4 А
руле́т Biskuitrolle 1
ру́сская деся́тка die russischen Top Ten 1
ру́сский russisch 1

Русь *f* Rus *(historisch)* 4 А
ру́чка Kugelschreiber, Stift, Füller 1
ры́ба Fisch 1
ры́бка Zierfisch 1
Ры́бы *(Sternzeichen)* Fische 1
рэп Rap 1
рюкза́к Rucksack 1
ряд, *Präp.* в ... ряду́,
  Pl. ряды́ Reihe 5 Б
ря́дом *с чем? mit Instr.* neben 1

С

с *кем? mit Instr.* mit 1
С Но́вым го́дом! Frohes neues Jahr!
  Alles Gute zum neuen Jahr! 1
с тех пор seitdem 4 Б
с удово́льствием mit Vergnügen,
  sehr gern 1
с утра́ до ве́чера von morgens bis
  abends *wörtl.*: vom Morgen
  bis zum Abend 1
сад Garten 1
сажа́ть *uv.* s. посади́ть
(веб-)сайт Website 1
саксофо́н Saxofon 1
сала́т Salat 1
сало́н Salon 1
сам, сама́, само́; са́ми selbst
  (ohne fremde Hilfe) 1
сам (сама́, само́; са́ми)
  себе́ на уме́ Hintergedanken haben,
  es faustdick hinter den Ohren
  haben, verschlagen sein 1 А
са́мба Samba 1
само́ собо́й разуме́ется
  versteht sich von selbst 1 А
самова́р Samowar 1
самоконтро́ль *m* Selbstkontrolle 1 В
самолёт Flugzeug 2 Б
са́мый bei Adjektiven
  (zur Bildung des Superlativs) 1
санато́рий Sanatorium, Kurheim 1
са́уна Sauna 1
сва́дьба Hochzeit 4 В
све́рху *Adv.* von oben 5 Б
свети́ть *uv.* scheinen, leuchten 2 В
све́тлый hell 6 Б
сви́тер Pullover 1
свобо́да Freiheit 4 Б
свобо́дное вре́мя Freizeit 1
свобо́дный *от чего? mit Gen.* frei 3 Б
свой, своя́, своё; свои́ mein, dein,
  sein; unser, ihr, euer; eigener 1 А
связа́ть/свя́зывать verbinden 3 А
связь *f* Verbindung 3 А
свято́й, свята́я Heiliger, Heilige 4 А,
  heilig 1
свяще́нник Priester, Pfarrer 1
свяще́нный heilig 1
сгоре́ть/сгора́ть verbrennen 1
сдать/сдава́ть ablegen 6 В
сде́лать *v.* machen, tun 1
сеа́нс Vorstellung 5 Б

себя́ *Gen. und Akk., Dat.* себе́,
  Instr. собо́й, *Präp.* о себе́ sich 1 А
се́вер Norden 1
се́веро-восто́к Nordosten 1
се́веро-за́пад Nordwesten 1
сего́дня *Adv.* heute 1
сего́дняшний heutiger 3 Б
сезо́н Saison 1
сейча́с *Adv.* jetzt 1
се́кция Sportgemeinschaft,
  Sektion 5 А
село́, *Gen.* села́, *Pl.* сёла (großes)
  Dorf 6 В
семья́, *Pl.* се́мьи Familie 1
сентя́брь *m* September 1
сервис-за́л Servicecenter 1
серде́чный herzlich 1
середи́на Mitte 6 В
сериа́л (Fernseh-)Serie 1
се́рия Folge 1
се́рый grau 1
серьёзный ernst(haft) 1
сестра́, *Pl.* сёстры Schwester 1
сза́ди *Adv.* hinten, von hinten 5 Б
сигна́л Signal, Zeichen 1
сиде́ть *uv.* sitzen 1
сиде́ть *uv.* в Интерне́те
  im Internet surfen 1
сиде́ть *uv.* в ча́те chatten 1
си́льный, си́льно *Adv.* stark 3 А
си́мвол Symbol *rez.* 4 Б
симпати́чный sympathisch 1
сингл Single *rez.* 3 Б
си́ний dunkelblau 1
сирота́ *m, f; Pl.* сиро́ты Waise 4 А
систе́ма System *rez.* 2 Б
ситуа́ция Situation *rez.* 1 А
сказа́ть sagen 1
скайсёрфинг Skysurfen *rez.* 5 А
сквер Grünanlage, kleiner Park 1
ски́дка Ermäßigung, Rabatt 1
ско́лько? Wie viel? 1
Ско́лько (сейча́с) вре́мени? *ugs.*
  Wie spät ist es? 1
Ско́лько ... лет? *mit Dat.*
  Wie alt ist (bist, seid, sind) ...? 1
Ско́лько тебе́ лет? Wie alt bist du? 1
ско́ро *Adv.* bald 1
Скорпио́н *(Sternzeichen)* Skorpion 1
скро́мный, скро́мно *Adv.*
  bescheiden 5 А
скульпту́ра Skulptur, Plastik 1
Скуча́ть бу́дет не́когда! Es wird
  keine Zeit für Langeweile bleiben! 1
ску́чно *Adv.* langweilig 1
сла́бый schwach 4 А
Сла́ва бо́гу! Gott sei Dank! 4 В
сла́вный berühmt 1
сле́ва *Adv.* links 1
сле́дующий nächster 1
слеза́, *Pl.* слёзы Träne 5 Б
сли́шком (all)zu, übermäßig 1

слова́рь *m* Wörterbuch,
  Wörterverzeichnis 1
сло́во Wort 1
слу́жба 1. Dienst(stelle);
  2. (Militär)dienst;
  3. Gottesdienst 6 В
случи́ться/случа́ться geschehen,
  sich ereignen, passieren 3 А
слу́шатель *m* Zuhörer 1
слу́шать *uv.* (zu)hören 1
слы́шать *uv.* hören, vernehmen 1
смерть *f* Tod 4 А
смеша́ться/сме́шиваться sich vermischen 4 Б
смешно́й, смешно́ *Adv.* lustig 3 Б
смея́ться *uv.* над *кем? чем? mit*
  Instr. lachen 2 А
смотре́ть *uv.* schauen, gucken 1
смотре́ть *uv.* кино́ *ugs.* Filme
  gucken 1
смотре́ть *uv.* телеви́зор fernsehen 1
смысл Sinn 5 Б
снача́ла *Adv.* zuerst 1
снег Schnee 1
сни́зу *Adv.* von unten 5 Б
снима́ть *uv.* s. снять
сноубо́рд Snowboard 1
сноубо́рдинг Snowboarding 1
снять/снима́ть *(Kleidung)* ausziehen 2 В
соба́ка Hund 1
собира́ть *uv.* s. собра́ть
собира́ться *uv.* s. собра́ться
соблюда́ть *uv.* einhalten 5 А
собо́р Kathedrale 1
собра́ть/собира́ть sammeln,
  pflücken 2 В
собра́ться/собира́ться sich versam-
  meln, sich treffen 5 В
соверше́нный, соверше́нно
  Adv. vollkommen 3 А
соверши́ть/соверша́ть vollziehen,
  begehen, abschließen 4 А
сове́т Ratschlag, Rat 4 В
Сове́тский Сою́з Sowjetunion 3 Б
совреме́нный modern,
  gegenwärtig 1
совсе́м *Adv.* überhaupt 1
согла́сный einverstanden 3 А
созда́ть/создава́ть erschaffen,
  gründen, bilden 6 А
сок Saft 1
со́лнечный, со́лнечно *Adv.* sonnig 2 В
со́лнце Sonne 1
соля́нка Soljanka 1
соревнова́ние Wettkampf 5 А
сорт Sorte 1
сортирова́ть *uv.* sortieren 1
сосе́дний Nachbar- 3 Б
соси́ски *Pl., Sg.*
  соси́ска Würstchen 1
состоя́ть *uv.* из *чего? mit Gen.*
  bestehen aus etw. 5 А

состоя́ться *v.* zustande kommen, stattfinden 4 A
состяза́ние Wettkampf 5 A
социали́зм Sozialismus *rez.* 4 B
сочини́ть/сочиня́ть verfassen, komponieren 3 Б
спаге́тти *nicht dekl.* Spaghetti 1
спа́льня Schlafzimmer 1
спартакиа́да Spartakiade *rez.* 5 A
спаси́бо danke 1
спать *uv.* schlafen 1
спекта́кль *m* (Theater-)Vorstellung 1
спе́реди *Adv.* von vorn 5 Б
спеть *v.* singen 5 A
специа́льно *Adv.* speziell 1
специа́льный speziell 1
спеши́ть *uv.* sich beeilen 5 A
спи́кер Sprecher im Parlament 1
спи́сок Liste 1
Споко́йной но́чи! Gute Nacht! 1
споко́йный ruhig, gelassen, friedlich 1
спорт *nur Sg.* Sport 1
спортза́л Sportsaal, Sportraum 1
спорти́вный sportlich, Sport- 1
спорткомплекс Sportzentrum, Sporthalle 1
спортсме́н(ка) Sportler(in) 1
спортто́ва́ры *Pl.* Sportartikel *Pl.* 1
спортце́нтр Sportzentrum 1
спра́ва *Adv.* rechts 1
справедли́вость *f* Gerechtigkeit 1 A
спроси́ть/спра́шивать fragen 1
сра́зу *Adv.* sofort, direkt 1
среда́ Mittwoch 1
среди́ *mit Gen.* unter, inmitten 1 A
СССР (Сою́з Сове́тских Социалисти́ческих Респу́блик) UdSSR, Union der Sozialistischen Sowjetrepubliken 1 Б
стаби́льность *f* Stabilität 4 A
стадио́н Stadion 1
станда́ртный Standard- *rez.* 1 B
станови́ться *uv.* s. стать
станцева́ть *v.* tanzen 1
ста́нция Station (U-Bahn) 1
стари́нный sehr alt, altertümlich 2 A
старт Start 1
ста́рший älterer, ältester 4 A
ста́рый alt 1
стать *v. mit Inf.* anfangen, beginnen etw. zu tun 1 Б
стать/станови́ться *кем? mit Instr.* 1. werden; 2. geschehen 1
стейк Steak 1
стена́ 1. Wand; 2. Mauer 1
сте́нка Anbauwand, Schrankwand 1
стереоаппарату́ра Stereoanlage 1
стиль *m* Stil 1
сти́льный stilvoll 1
стира́льная маши́на Waschmaschine 1

стихи́ *Pl., Sg.* стих Gedicht(e), *(der einzelne)* Vers
стихотворе́ние Gedicht 3 B
сто́ить *uv. сколько? mit Akk. сто́ит что де́лать? mit Inf.* 1. kosten; 2. sich lohnen 1
стол, *Pl.* столы́ Tisch 1
сто́лик Couchtisch, Tischchen 1
столи́ца Hauptstadt 1
Стоп! *Interj.* Stopp! 4 B
стоя́ть *uv.* stehen 1
страда́ть *uv.* leiden 5 Б
страна́, *Pl.* стра́ны Land, Staat 1
стра́нный merkwürdig, komisch 1
стра́ус Strauß *(Vogel)* 1
стра́шный, стра́шно *Adv.* schrecklich, furchtbar 4 B
Стреле́ц *(Sternzeichen)* Schütze 1
стреля́ть *uv.* из лу́ка Bogenschießen 1
стритбо́л Streetball 1
стро́гий streng 1 B
строи́тельство Bau, Errichtung 6 B
стро́ить *uv.* s. постро́ить
студе́нт Student 1
студе́нтка Studentin 1
сту́дия Studio, Werkstatt 1
стул Stuhl 1
суббо́та Samstag 1
субкульту́ра Subkultur *rez.* 1 Б
субти́тры *Pl.* Untertitel 5 Б
субтро́пики Subtropen 1
субъе́кт Subjekt 1
сувени́р Souvenir, Andenken 1
судья́ Schiedsrichter 5 A
суме́ть *v.* können, vermögen, fertig bringen 6 B
су́мка, *Gen. Pl.* су́мок (Hand-)Tasche, Beutel 1
су́мма Summe 1
суп Suppe 1
су́пер- *ugs.* Super- 1
суперзвезда́ Superstar 3 Б
суперма́ркет Supermarkt 1
су́шка Kringel *(Gebäck)* 1
сфе́ра Sphäre, Bereich *rez.* 6 A
сфотографи́ровать *v.* fotografieren 1
сце́на Bühne 3 Б, Szene 1
сча́стье Glück 1
счита́ть *uv.* 1. rechnen, zählen 1, 2. *кого́? кем? mit Instr.* jmdn. halten für 4 B
съесть *v.* essen, verspeisen 1
сын Sohn 1 Б
сыр Käse 1
сюда́ hierher 1
сюже́т Sujet *rez.* 6 Б
сюрпри́з Überraschung 1

Т
табле́тка Tablette 3 A
табуре́т(ка) Hocker 1
Таи́ти *nicht dekl.* Tahiti *rez.* 6 B

тайга́ Taiga, borealer Nadelwald 2 Б
так *Partikel* so 1
так как *Konj.* weil, da 4 A
та́кже auch, gleichfalls, außerdem 6 B
тако́й so ein, ein solcher 1
такси́ *n, nicht dekl.* Taxi 1
такт Takt 1
тала́нтливый talentiert, begabt 1, 3 Б
там *Adv.* dort 1
танцева́льный Tanz- 1
танцева́ть *uv.* tanzen 1
тата́рский tatarisch *rez.* 3 Б
Татарста́н Tatarstan *rez.* 3 Б
твой, твоя́, твоё; твои́ dein(e) 1
тво́рческий schöpferisch, kreativ 6 Б
тво́рчество (künstlerisches) Schaffen, Werk 6 A
твоя́ фами́лия dein Nachname 1
теа́тр Theater 1
театра́льный Theater- 1
текст Text 1
(теле)ба́шня (Fernseh-)Turm 1
телеви́дение Fernsehen 5 B
телеви́зор Fernseher 1
телепереда́ча (Fernseh-)Sendung 5 B
телепрогра́мма Fernsehprogramm 1
телефо́н Telefon 1
телефо́нный telefonisch, Telefon- *rez.* 1 Б
Теле́ц *(Sternzeichen)* Stier 1
те́ма Thema 1
темпера́ментный temperamentvoll 1
температу́ра Temperatur 1
те́ннис Tennis 1
тепе́рь *Adv.* jetzt, nun 1 Б
террито́рия Territorium, Gebiet, Gelände 1
терро́р Terror *rez.* 4 A
тест Test 1
тести́рование Testen 1 B
тетра́дь *f* Heft 1
те́хника Technik 1
тёмный dunkel 6 Б
тёплый, тепло́ *Adv.* warm 2 B
тётя Tante 1
тигр Tiger 1
тира́н Tyrann *rez.* 4 A
ти́хий still, ruhig, friedlich 1
то so, dann *(in Konditionalsätzen)* 6 A
това́р Ware 1
тогда́ 1. dann; 2. damals 1
то́же auch 1
толстя́к, *Gen.* толстяка́ Dickbauch 5 A
то́лько nur, erst 1
торго́вый центр Einkaufszentrum 1
торт Torte 1
тоскова́ть *uv. по кому́? чему́? mit Dat.* sich sehnen nach, vermissen 3 B

тот, та, то; те derjenige, diejenige, dasjenige; diejenigen 1 А
тот же (са́мый), та же (са́мая), то же (са́мое); те же (са́мые) der gleiche (derselbe) 1 Б
то́чно *Adv.* genau 1
то́чное вре́мя die genaue Zeit 1
традицио́нный traditionell, überliefert, Traditions- 1
тради́ция Tradition 1
тра́ктор Traktor 1
трамва́й Straßenbahn 1
тре́бовать *uv. чего́? mit Gen. от кого́? mit Gen.* verlangen 1 В
тре́кинг ! [рэ] Trekking, Wandern *rez.* 2 Б
тре́нер Trainer 5 А
тренирова́ть *uv. кого́? mit Akk.* (jmdn., etwas) trainieren 6 А
трениро́вка Training 5 А
треть *f* Drittel 6 Б
три́ллер Thriller 1
Тро́ица Pfingsten 1
тро́йка Drei *(Zensur)* 1
тролле́йбус Trolleybus, O-Bus (Oberleitungsbus) 1
тропа́ Pfad, Weg 1
труд 1. Arbeit, Mühe; 2. Werken *(Schulfach)* 1
тру́дный schwierig 1
трудолюби́вый fleißig 4 В
туале́т Toilette, WC 1
туда́ *Adv.* dorthin 1
ту́ндра Tundra, baumlose Landschaftszone 2 Б
тур Tour, Fahrt *rez.* 2 А
тури́зм Tourismus 1
тури́ст Tourist 1
туристи́ческий Touristen-, Reise- *rez.* 2 А
турфи́рма Reisebüro 1
тусо́вка *ugs.* Fete, Feier *(privat)* 1
ту́фля, *Pl.* ту́фли Schuh, Schuhe 1
ты du 1
тюрьма́, *Pl.* тю́рьмы Gefängnis 4 А
тяжёлый, тяжело́ *Adv.* schwer, schwierig 4 А

У

у *mit Gen.* bei *(örtlich)* 1
у вас есть ihr habt; Sie haben 1
У кого́ есть …? Wer hat …? 1
у меня́ есть ich habe 1
у меня́ нет *mit Gen.* ich habe nicht, ich habe kein(-e, -en) 1
у нас есть wir haben 1
у тебя́ есть du hast 1
уби́ть/убива́ть erschlagen, umbringen 4 А
уважа́ть *uv.* achten, verehren, respektieren 5 А
увели́читься/увели́чиваться größer werden, sich vergrößern 4 А

уве́ренность *f* Sicherheit 1 А
уве́ренный überzeugt *(von etwas)* 3 А
уви́деть/ви́деть sehen, erblicken 1
у́гол, *Präp.* в углу́ Ecke 1
уго́льник (Geo-)Dreieck 1
уда́ться/удава́ться *кому́? mit Dat.* jmdm. gelingen 4 Б
удели́ть/уделя́ть *что? чему́? mit Dat.* schenken (Aufmerksamkeit, Zeit) 4 В
уделя́ться *uv. чему́? mit Dat.* geschenkt werden (von Aufmerksamkeit) 4 В
удиви́тельно *Adv.* erstaunlich, bewundernswert, wunderbar 1
удиви́тельный merkwürdig, erstaunlich 4 В
удиви́ть/удивля́ть verwundern 1
удо́бный bequem 1
удовлетвори́тельно *Adv.* zufriedenstellend 1
уе́хать/уезжа́ть wegfahren 2 В
У́жас! *ugs.* (Wie) schrecklich! 1
ужа́сный schrecklich 1
уже́ *Adv.* schon 1
у́жин Abendbrot 1
у́жинать zu Abend essen 1
узна́ть/узнава́ть 1. erfahren, in Erfahrung bringen; 2. kennen lernen; 3. erkennen 3 А
уйти́/уходи́ть weggehen 2 В
улете́ть/улета́ть wegfliegen 2 В
у́лица Straße 1
уме́ньшиться/уменьша́ться sich verringern, abnehmen 4 Б
умере́ть/умира́ть sterben 3 Б
уме́ть *uv.* können, fähig sein etwas zu tun 1
у́мный klug, intelligent 1 В
университе́т Universität 1
Ура́! *Interj.* Hurra! 4 В
у́ровень *m, Gen.* у́ровня Niveau, Standard 4 Б
уро́к 1. Unterrichtsstunde; 2. Hausaufgabe 1
усло́вие 1. Bedingung, Voraussetzung; 2. *Pl.* Bedingungen, Verhältnisse 6 В
услы́шать *v.* hören 6 В
успе́х Erfolg 1
успе́шный, успе́шно *Adv.* erfolgreich 4 В
уста́ть/устава́ть ermüden, müde werden 3 А
у́тренний Morgen- 3 Б
у́тро der Morgen 1
у́тром *Adv.* morgens 1
уходи́ть *uv. s.* уйти́
уча́ствовать *uv. s.* поуча́ствовать
уча́стник Teilnehmer 1 В
учёба *nur Sg.* Studium, Ausbildung, Lehre 6 А
уче́бник Lehr-, Schulbuch 1

уче́бный Lehr-, Schul- 1
уче́ние Lehre 1
учени́к Schüler 1
учени́ца Schülerin 1
учи́лище Fachschule 3 Б
учи́тель *m* Lehrer 1
учи́тельница Lehrerin 1
учи́ть *uv.* lernen 1
учи́ться *nur uv.* 1. lernen, studieren; 2. *(in eine Schule, eine Klasse)* gehen в *mit Präp.* 1
ую́тный gemütlich, behaglich, wohnlich 1

Ф

фаза́н Fasan 1
факт Tatsache *rez.* 1 Б
факультати́в Wahlkurs 1
фами́лия Familienname, Zu- oder Nachname 1
фан-клу́б Fanclub 1
фанта́стика Science-Fiction 6 А
февра́ль *m* Februar 1
фестива́ль Festival 1
фи́зик Physiker 1
фи́зика Physik 1
физкульту́ра Sport 1
филосо́фия Philosophie *rez.* 6 В
филосо́фский philosophisch *rez.* 6 В
фильм Film 1
фина́л Finale 1
фиоле́товый violett 1
фи́тнес Fitness 1
фла́ер Flyer 1
фле́йта Flöte 1
флома́стер Filzstift 1
флот Flotte *rez.* 3 А
фойе́ *n, nicht dekl.* Foyer *rez.* 5 Б
формуля́р Formular 1
фортепиа́но *nicht dekl.* Klavier 1
фо́рум Forum 1
фо́то *ugs., nicht dekl.* Foto 1
фотоаппара́т Fotoapparat 1
фотографи́ровать *uv.* fotografieren 1
фотогра́фия Lichtbild, Fotografie 1
фра́за Phrase *rez.* 4 В
фристайл Freestyle *rez.* 5 А
фру́кты *Pl.* Obst, Früchte 1
футбо́л Fußball *(Spiel)* 1
футболи́ст Fußballspieler *rez.* 6 А
футбо́лка T-Shirt 1
футля́р Etui, Futteral 1
фэ́нтези *n, nicht dekl.* Fantasy 1

Х

хамелео́н Chamäleon 1
хара́ктер Charakter 4 А
хвали́ть *uv.* loben 4 В
Хеллоуи́н Halloween 1
хи́мик Chemiker 1
хи́мия Chemie 1
хип-хо́п Hip-Hop 1
хит, *Pl.* хиты́ Schlager 1

хит-пара́д Hitparade 1
хлеб Brot 1
хо́бби n, nicht dekl. Hobby 1
ходи́ть uv. 1. gehen wohin? в, на mit Akk.;
	2. bummeln wo? по mit Dat.;
	3. tragen (Kleidung) в mit Präp. 1
ходи́ть uv. по магази́нам einkaufen 1
хокке́й Eishockey, Hockey 1
холоди́льник Kühlschrank 1
холо́дный, хо́лодно Adv. kalt 2 В
хомя́к Hamster 1
хор Chor 1
хоро́ший gut 1
хорошо́ Adv. gut 1
хоте́ть uv. möchten, wollen 1
хоте́ться uv. кому́? mit Dat. der Person und Inf. wollen, möchten, wünschen 6 Б
хотя́ Konj. obwohl 4 Б
хохлома́ mit Lackfarben bemalte Löffel, Schüsseln, Dosen aus Holz 1
храм Gotteshaus, Kirche 1
христиани́н, Pl. христиа́не Christ 4 A
худо́жественная самоде́ятельность f Laienkunst 5 A
худо́жественный фильм Spielfilm 1, 5 Б
худо́жник Künstler, Maler 6 Б

Ц

ца́рский zaristisch, Zaren- 4 A
царь m, Gen. царя́, цари́ца Zar, Zarin Bezeichnung für die russischen Herrscher(innen) 1
цвет, Pl. цвета́ Farbe 1
цветы́ Pl., Sg. цвето́к Blumen, Blume 1
целова́ть uv. s. поцелова́ть
це́лый ganz 1
цель f Ziel 1
цена́, Pl. це́ны Preis 1
цензу́ра Zensur 3 Б
центр Zentrum 1
це́рковь f, Gen. це́ркви Kirche 4 A
цивилиза́ция Zivilisation rez. 2 Б
цирк Zirkus 1
ци́ркуль m Zirkel (Zeichengerät) 1

Ч

чай Tee 1
час, Pl. часы́ Stunde 1
часы́ nur Pl. Uhr 1
ча́сто Adv. oft 1
часть f Teil 1
ча́шка Tasse 1 Б
ча́ще Komparativ zu ча́сто häufiger;
	ча́ще всего́ Superlativ am häufigsten (häufiger als alles andere), meistens 2 Б
чей, чья, чьё; чьи wessen? 5 В

челове́к Mensch 1
чем als (bei Vergleich) 2 A
чемпио́н Champion, Titelträger 1
чемпиона́т Meisterschaft 1
че́рез 1. über (... hinüber) 1;
	2. (Zeitangabe) in; später 3 Б
черепа́ха Schildkröte 1
че́стность f Ehrlichkeit 1 A
че́стный, че́стно Adv. ehrlich 5 A
честь f Ehre 2 A
четве́рг Donnerstag 1
четвёрка Vier (Zensur) 1
чёрно-бе́лый schwarz-weiß 6 Б
чёрный schwarz 1
чи́збургер Cheeseburger 1
чи́псы Chips 1
число́ Datum, Zahl 1
чита́ть uv. lesen 1
что? was? 1
Что ты! Wo denkst du hin! 2 В
Что э́то тако́е? Was ist das? 1
что́бы 1. um zu; 2. dass 2 A
что́-либо (irgend)etwas 3 В
что́-нибудь (irgend)etwas 3 В
что́-то etwas 3 В
чу́вство Gefühl 3 Б
чу́вствовать (себя́) uv. s. почу́вствовать (себя́)
чуде́сный wunderbar, wunderschön 1
чу́до, Pl. чудеса́ Wunder 1

Ш

шаг, Pl. шаги́ Schritt 1 A
шанс Chance 1
ша́риковая ру́чка Kugelschreiber 1
ша́хматы nur Pl. Schach (Spiel) 1
ша́хта Bergwerk, Grube, Schacht 2 Б
шашлы́к Schaschlik 1
шеде́вр! [дэ] Meisterwerk, -stück 6 Б
шеф Chef 1
шик chic (Luxus) 1
шкату́лка Schatulle, Dose 1
шкаф, Präp. в шкафу́ Schrank 1
шко́ла Schule 1
шко́ла-партнёр Partnerschule 1
шко́льник, шко́льница Schüler(in) 1
шко́льный Schul- 1
шни́цель m Schnitzel 1
шокола́д Schokolade 1
шо́пинг Shopping, Einkaufen 1
шо́у n, nicht dekl. Show 1
шпина́т Spinat 1
шпиц Spitz (Hunderasse) rez. 3 A
штру́дель m Strudel 1

Щ

щи nur Pl. russische Kohlsuppe 1

Э

эвакуа́ция Evakuation rez. 6 В
экза́мен Prüfung 1 В

экологи́ческий Öko-, ökologisch rez. 2 Б
эконо́мика Wirtschaft 1
экономи́ст Ökonom, Wirtschaftsexperte 1
экономи́ческий ökonomisch, wirtschaftlich 4 A
экотури́зм Ökotourismus 1
экра́н Bildschirm, Leinwand 5 Б
экску́рсия Exkursion, Ausflug 1
экскурсово́д Reiseleiter, Fremdenführer 1
экспеди́ция Expedition, Forschungsreise rez. 2 Б
экспериме́нт Experiment 1
экспона́т Exponat, Ausstellungsstück 1
экстрема́льный extrem rez. 5 A
электри́чка Vorortzug, Nahverkehrszug (elektrisch betrieben) 1
электроплита́ Elektroherd 1
электротова́ры Elektrogeräte 1
эмо́ция Emotion rez. 3 Б
энерги́чно Adv. energisch rez. 3 Б
энерги́чный energisch 4 A
эне́ргия Energie rez. 2 Б
эски́з Skizze, Entwurf 1
эстафе́та Staffellauf 5 A
эта́ж Etage, Stockwerk 1
эта́п Etappe rez. 2 Б
э́тика Ethik 1
э́то das 1
э́тот, э́та, э́то; э́ти diese (-r, -s) 1
эффекти́вно Adv. effektiv rez. 4 A

Ю

юбиле́й Jubiläum, Jahrestag 1
ю́бка Rock 1
ювели́рные изде́лия Pl. Juwelierwaren 1
юг Süden 1
ю́го-восто́к Südosten 1
ю́го-за́пад Südwesten 1
Югосла́вия Jugoslawien rez. 6 В
ю́ность f Jugend 4 A
юриди́ческий juristisch rez. 3 Б
юри́ст Jurist 1

Я

я Ich 1
яви́ться/явля́ться кем? чем? mit Instr.
	1. sein; 2. sich erweisen (als) 4 A
я́годы Pl., Sg. я́года Beeren 3 A
язы́к Sprache 1
янва́рь m Januar 1
янта́рный Bernstein-, aus Bernstein 1
я́ркий bunt, leuchtend 1
я́рмарка Messe 1
я́рус Rang 5 Б
я́хта Jacht 1

Неме́цко-ру́сский алфави́тный слова́рь

A

abbiegen поверну́ть v. 1, повора́чивать uv. 1
Abend ве́чер 1, Guten Abend! До́брый ве́чер! 1, zu Abend essen у́жинать 1, Bis (heute) Abend! До ве́чера! 1
Abend- вече́рний 5 Б
Abendbrot у́жин 1, zum Abendbrot на у́жин 1
abends ве́чером *Adv.* 1, von morgens bis abends с утра́ до ве́чера 1
aber а 1, но 1
abfliegen полете́ть v. 2 Б, вы́лететь/вылета́ть 2 В
Abgemacht! Договори́лись! 1
abhängen von зави́сеть uv. от чего́? *mit Gen.* 5 А
abhängig sein зави́сеть uv. от чего́? *mit Gen.* 5 А
Abitur аттеста́т зре́лости 1 В
Abiturient выпускни́к 1 В
ablegen сдать/сдава́ть 6 В
abnehmen sich verringern, abnehmen уме́ньшиться/уменьша́ться 4 Б
Abschieds- проща́льный 1
abschließen зако́нчить/зака́нчивать 1
Abschnitt отры́вок, *Gen.* отры́вка 5 А
absolut абсолю́тно *Adv. rez.* 2 Б
Absolvent выпускни́к 1 В
absprechen sich absprechen договори́ться/догова́риваться 5 Б
Abstand расстоя́ние 2 Б
abwärts вниз *Adv.* 5 Б
abwesend sein отсу́тствовать 5 А
Ach Gott! Бо́же! *Interj.* 4 В
Ach! Ах! *Interj.* 4 В, Ох! *Interj.* 4 В
achten уважа́ть uv. 5 А
Adliger дворяни́н, *Pl.* дворя́не 4 А
Adresse а́дрес 2 Б
Aha, ich habe verstanden. Поня́тно. 1
ähnlich sein похо́жий на кого́? *mit Akk.* 3 А
Air Hockey аэрохокке́й 1
akkurat аккура́тный 1
Aktentasche портфе́ль *m* 1
aktiv акти́вный 1
aktuell актуа́льный 1
akzeptieren приня́ть/принима́ть 5 А
Album альбо́м 1
Algebra а́лгебра 1
Alkohol алкого́ль *m rez.* 6 А
alle все 1
alle Anderen, alle Übrigen остальны́е 4 В
alles всё 1
alles Gute всего́ хоро́шего 1, Frohes neues Jahr! Alles Gute zum neuen Jahr! С Но́вым го́дом! 1
Alles klar. Поня́тно. 1

allzu сли́шком 1
Alphabet алфави́т 1
Alpinismus альпини́зм 1
Alpinist альпини́ст *rez.* 2 Б
Alptraum кошма́р 4 В
als когда́ 1, *(bei Vergleich)* чем 2 А
also итак 1
alt ста́рый 1, Wie alt bist du? Ско́лько тебе́ лет? 1, Ich bin ... Jahre alt. Мне ... лет. 1, Wie alt ist (bist, seid, sind) ...? Ско́лько ... лет? *mit Dat.* 1
Alter во́зраст 1 А
älterer ста́рший 4 А
alternative альтернати́вный *rez.* 2 Б
altertümlich стари́нный 2 А
ältester ста́рший 4 А
Amphitheater амфитеа́тр *rez.* 5 Б
an в 1, на *mit Präp.* 1, о́коло чего́? *mit Gen.* 6 В
an etw. teilnehmen принима́ть уча́стие uv. в чём? *mit Präp.* 5 А
Ananas анана́с 1
Anbauwand сте́нка 1
anbieten предложи́ть/предлага́ть 1
Andenken сувени́р 1
anderer друго́й 1 Б
ändern sich (ver)ändern измени́ться/изменя́ться 4 А
anders по-друго́му *Adv.* 6 А
Anfang нача́ло 1
anfangen нача́ть/начина́ть 1, нача́ться/начина́ться 1, anfangen, beginnen etw. zu tun стать *mit Inf.* 1 Б
Angeber задава́ла *m, f* 5 А
angefahren kommen прие́хать/приезжа́ть 2 В
Angelegenheit де́ло, *Pl.* дела́ 5 В
angesehen прести́жный 1
Angst haben боя́ться uv. чего́? *mit Gen.* 1 В
anhören послу́шать v. 1 А
ankommen прийти́/приходи́ть 1 Б, дойти́/доходи́ть до чего́? *mit Gen.* 2 В, дое́хать/доезжа́ть до чего́? *mit Gen.* 2 В, долете́ть/долета́ть до чего́? *mit Gen.* 2 В
Anmeldung регистра́ция 1
annehmen приня́ть/принима́ть 5 А
Anruf звоно́к, *Gen.* звонка́ 1
anrufen звони́ть uv. кому́? *mit Dat.* 1, позвони́ть v. 1
Ansage объявле́ние 3 В
anschauen посмотре́ть v. 1
Anschrift а́дрес 2 Б
Ansicht взгляд 4 А
Ansichtskarte откры́тка 1
anständig досто́йный, досто́йно *Adv.* 5 А
anstelle von вме́сто кого́? чего́? *mit Gen.* 3 А
Antilope антило́па 1

Antwort отве́т 1
antworten отве́тить/отвеча́ть кому́? *mit Dat.* на что? *mit Akk.* 1
Anzeige объявле́ние 3 В
Apfelsine апельси́н 1
Apotheke апте́ка 1
Apotheker апте́карь *m rez.* 3 А
April апре́ль *m* 1
Arbeit труд 1, рабо́та 1
arbeiten рабо́тать 1, прорабо́тать v. 6 В
arbeitsfreier Tag выходно́й (день) 2 Б
Arbeitspause переры́в 2 Б
Archäologe архео́лог 1
Architektur архитекту́ра 1
arm бе́дный 4 А
Arm рука́, *Pl.* ру́ки 5 Б
Art вид 2 Б
Arzneimittel лека́рство от чего́? 3 А
Arzt до́ктор 1, врач 3 А
asiatisch азиа́тский *rez.* 2 А
Atlas а́тлас 1
Attestieren аттеста́ция *rez.* 1 В
Attraktion аттракцио́н 1
au Ой! 1
auch и 1, то́же 1, та́кже 6 В
Audiotechnik аудиоте́хника 1
Auditorium аудито́рия *rez.* 1 В
auf на *mit Präp.* 1
auf andere Art und Weise по-друго́му *Adv.* 6 А
auf Deutsch по-неме́цки 1, Wie heißt ... auf Deutsch? Как по-неме́цки...? 1
Auf die Plätze! Fertig! Los! На старт! Внима́ние! Марш! 5 А
auf Englisch по-англи́йски 1
auf Französisch по-францу́зски 1
auf Italienisch по-италья́нски 1
auf Polnisch по-по́льски 1
auf Russisch по-ру́сски 1, Wie heißt ... auf Russisch? Как по-ру́сски...? 1
auf Spanisch по-испа́нски 1
Auf Wiedersehen. До свида́ния. 1
Aufgabe зада́ча 3 А
aufgeführt werden исполня́ться uv. 3 Б
aufgenommen werden поступи́ть/поступа́ть 1 А
aufhalten sich aufhalten побыва́ть/быва́ть 6 В
aufhören переста́ть/перестава́ть 4 Б
aufkommen возни́кнуть/возника́ть 3 Б, появи́ться/появля́ться 4 В
Aufmerksamkeit внима́ние 4 В
aufstehen встать/встава́ть 6 В
auftreten вы́ступить/выступа́ть 6 В
aufwachsen вы́расти/расти́ 6 В
aufwärts наве́рх *Adv.* 5 Б
August а́вгуст 1
aus из *mit Gen.* 1

Ausbilder инстру́ктор 1
Ausbildung образова́ние 1 В, учёба *nur Sg.* 6 А
ausdrücken вы́разить/выража́ть 3 Б
auseinanderbrechen распа́сться/распада́ться 4 А
ausfliegen вы́лететь/вылета́ть 2 В
Ausflug экску́рсия 1
ausführen вы́полнить/выполня́ть 3 А, испо́лнить/исполня́ть 3 Б
ausfüllen запо́лнить/заполня́ть 1
Ausgang вы́ход 1 В
ausgerechnet и́менно 1 В
ausgezeichnet отли́чно *Adv.* 1
Ausländer иностра́нец 1
Ausnahme исключе́ние 1 В
ausprobieren попро́бовать/про́бовать 3 А
ausreisen вы́ехать/выезжа́ть 2 В
ausruhen sich ausruhen отдохну́ть/отдыха́ть 5 А, 1
außer кро́ме *кого́? чего́? mit Gen.* 1
außerdem кро́ме того́ 1 Б, та́кже 6 В
außerordentlich heftig жесто́кий 4 А
Aussicht вид 2 Б
Ausstellung вы́ставка 1
Ausstellungshalle демонстрацио́нный зал 1
Ausstellungsstück экспона́т 1
Austauschpartner партнёр (по обме́ну) 1
Auswahl вы́бор 4 А
auswählen вы́брать/выбира́ть 2 А, отобра́ть/отбира́ть 6 А
Auswirkung после́дствие 4 Б
ausziehen снять/снима́ть 2 В
Auszug отры́вок, *Gen.* отры́вка 5 А
authentisch оригина́льный 1
Auto маши́на 1, автомоби́ль *m* 2 Б
Auto- автомоби́льный 2 Б
Autor а́втор 1, 3 Б, а́втор-исполни́тель 3 Б

B

Bad ва́нная, *Präp.* -ой 1
baden купа́ться *uv.* 1
Badewanne ва́нна 1
Bahnhof вокза́л 1
Baklava пахлава́ *nur Sg.* 1
bald ско́ро *Adv.* 1
Balkon балко́н 1
Ballett бале́т 1
Banane бана́н 1
Band гру́ппа 1
Bank банк 1
Bar бар 1
Bardenlieder, Bardenmusik а́вторская пе́сня *nur Sg.* 3 Б, ба́рдовская му́зыка 3 Б
Barock баро́кко 1
Basketball баскетбо́л 1
Basketball- баскетбо́льный 1

Bau строи́тельство 6 В
bauen постро́ить/стро́ить 3 А
Bauer крестья́нин, *Pl.* крестья́не 4 А
Baum де́рево, *Pl.* дере́вья 2 Б
bedeutend большо́й 1, вели́кий 4 А, значи́тельный, значи́тельно *Adv.* 4 А
bedeutet зна́чит 1 Б
Bedeutung значе́ние 4 В
Bedingung усло́вие 1
beeilen sich beeilen спеши́ть *uv.* 5 А
beenden око́нчить/ока́нчивать 3 Б, зако́нчить/зака́нчивать 1
Beeren я́годы *Pl., Sg.* я́года 3 А
befehlen приказа́ть/прика́зывать 4 А
befinden sich befinden находи́ться *uv. где? mit Präp.* 1, sich zufällig befinden оказа́ться/ока́зываться 4 А
befreundet sein дружи́ть *uv. с кем? mit Instr.* 5 А
begabt тала́нтливый 3 Б
begehen соверши́ть/соверша́ть 4 А, отме́тить/отмеча́ть 1
Begeisterung восто́рг 6 А
Beginn нача́ло 1
beginnen стать *mit Inf.* 1 Б, нача́ть/начина́ть 1, нача́ться/начина́ться 1
begründen основа́ть/осно́вывать 2 А
begrüßen поприве́тствовать/приве́тствовать 1
Begrüßung приве́тствие 1
behaglich ую́тный 1
beherrschen владе́ть *uv. чем? mit Instr.* 4 А
bei при *mit Präp.* 1 В, у *mit Gen.* 1, о́коло *чего́? mit Gen.* 6 В
bei Moskau gelegen подмоско́вный 6 В
beide о́ба *m, n,* о́бе *f* 3 А
beige бе́жевый 1
Beilage гарни́р 1
beinahe почти́ 1
Beispiel приме́р 1 Б, zum Beispiel наприме́р *Adv.* 1
bekannt знако́мый 3 А, изве́стный 3 Б, знамени́тый 3 Б, изве́стный 1, знамени́тый 1
bekannt machen познако́миться/знако́миться с *кем? чем? mit Instr.* 1, Machen wir uns miteinander bekannt! Дава́й познако́мимся! 1
Bekanntmachung объявле́ние 3 В
bekommen получи́ть/получа́ть 1
belegtes Brot бутербро́д 1
beliebig любо́й 4 А
beliebt люби́мый 1, популя́рный 3 Б
Belletage бельэта́ж *rez.* 5 Б
bemerken заме́тить/замеча́ть 5 А
bemerkenswert значи́тельный, значи́тельно *Adv.* 4 А

benehmen sich benehmen вести́ себя́ *uv.* 5 А
benennen назва́ть/называ́ть 1
Benennung назва́ние 1
benutzen испо́льзовать *uv.* 2 Б
Benzin бензи́н *rez.* 2 Б
Beobachter наблюда́тель *m* 6 Б
bequem удо́бный 1
Bereich сфе́ра *rez.* 6 А
Berg гора́, *Pl.* го́ры 1, in den Bergen в гора́х 1
Berg- го́рный 1
bergab вниз *Adv.* 5 Б
bergauf наве́рх *Adv.* 5 Б
Bergsteigen альпини́зм 1
Bergsteiger альпини́ст *rez.* 2 Б
Bergwerk ша́хта 2 Б
berichten расска́зывать *uv. что? mit Akk.; о чём? mit Präp.* 1
Bernstein- янта́рный 1
Beruf профе́ссия 1 Б
berühmt знамени́тый 1, 3 Б, изве́стный 1, 3 Б, сла́вный 1
Berühmtheit знамени́тость *f* 1 А
beschaffen доста́ть/достава́ть 5 Б
beschäftigen sich beschäftigen mit etw. занима́ться *uv. чем? mit Instr.* 1
beschäftigt за́нят 5 В
Beschäftigung заня́тие 5 А
bescheiden скро́мный, скро́мно *Adv.* 5 А
Beschreibung описа́ние 6 Б
besetzt за́нят 5 В
besichtigen осмотре́ть/осма́тривать 1
besitzen владе́ть *uv. чем? mit Instr.* 4 А, име́ть *uv.* 1
besonderer осо́бенный 1
Besonderheit осо́бенность *f* 3 В
besonders осо́бенно *Adv.* 1, Nicht besonders gut. Не о́чень. *ugs.* 1
besprechen поговори́ть *v. с кем? mit Instr.* 5 Б
besser лу́чше *Adv.* 1
beste der beste лу́чший 2 Б
bestehen aus состоя́ть *uv. из чего́? mit Gen.* 5 А
besteigen подня́ться/поднима́ться на *mit Akk.* 2 Б
Bestelle ... einen Gruß! Переда́й(те) ... приве́т! *mit Dat.* 1
bestellen заказа́ть/зака́зывать 4 В
bestimmt определённый 1 В
bestrafen наказа́ть/нака́зывать 6 А
Bestrafung наказа́ние 6 В
Besuch einladen пригласи́ть/приглаша́ть в го́сти *кого́? mit Akk.* 1
besuchen посети́ть/посеща́ть 1, побыва́ть/быва́ть 6 В
Besucher посети́тель *m* 6 Б
Betrieb режи́м 1, заво́д 6 В
bettelarm ни́щий 4 В

175

Beutel су́мка, *Gen. Pl.* су́мок 1
bevölkert населённый 2 А
Bevölkerung населе́ние 2 А
Bewohner жи́тель *m* 1
bewohnt населённый 2 А
bewölkt о́блачно *Adv.* 2 В
bewundernswert удиви́тельно *Adv.* 1
Bezeichnung назва́ние 1
Beziehung отноше́ние 1 Б
Bezirk райо́н 1
Bibliothek библиоте́ка 1
Bigosch би́гос 1
Bikini бики́ни *n, nicht dekl. rez.* 3 А
Bild карти́на 1, о́браз 4 В
bilden созда́ть/создава́ть 6 А
Bilder- карти́нный 6 Б
Bildschirm экра́н 5 Б
Bildung образова́ние 1 В
billig дешёвый 1
Bioethanol биоэтано́л *rez.* 2 Б
Biografie биогра́фия *rez.* 6 Б
Biologe био́лог 1
Biologie биоло́гия 1
bis до *чего? mit Gen.* 1,
  Tschüss! Bis dann! Пока́! *ugs.* 1,
  Bis (heute) Abend! До ве́чера! 1,
  Bis morgen! До за́втра! 1, Bis
  übermorgen! До послеза́втра! 1
bisher пока́ 1
Biskuitrolle руле́т 1
bisschen немно́го *Adv.* 1
Bistro бистро́ *nicht dekl.* 1
bitte пожа́луйста 1
bleiben оста́ться/остава́ться 1 Б
Bleistift каранда́ш 1
Blick вид 2 Б, взгляд 4 А
Blog блог *rez.* 3 А
Blondine блонди́нка *rez.* 3 А
Blume(n) цветы́ *Pl., Sg.* цвето́к 1
Bluse блу́зка 1
Boa боа́ *m, nicht dekl.* 1
Boden пол, на полу́ 1,
  (*Land*) земля́ 1
Bogenschießen стреля́ть *uv.*
  из лу́ка 1
Bolschewik большеви́к,
  Pl. большевики́ 4 А
Bonbons конфе́ты *Pl.,
  Sg.* конфе́та 1
Borschtsch борщ 1
Bouillon бульо́н 1
Boulette котле́та 1
Boutique бути́к 1
Bowling бо́улинг 1
Boxen бокс 1
brauchen jmd. braucht ну́жен,
  нужна́, ну́жно; нужны́ 3 А
braun кори́чневый 1
Bravo бра́во 1
Brief письмо́ 1
Briefträger почтальо́н 1
bringen привезти́/привози́ть 5 Б

Brot хлеб 1, belegtes
  Brot бутербро́д 1
Brötchen бу́лочка 1
Brücke мост 1
Bruder брат, *Pl.* бра́тья 1
Brühe бульо́н 1
Buch кни́га 1
Buch- кни́жный 1
Bücherregal кни́жная по́лка 1
Bühne сце́на 3 Б
Bulgarien Болга́рия *rez.* 6 В
bummeln ходи́ть *uv.* 1,
  погуля́ть/гуля́ть по *чему?
  mit Dat.* 1
Bundesland земля́ 1
Bungee-Jumping
  ба́нджи-джа́мпинг *rez.* 5 А
bunt я́ркий 1
Buntstift каранда́ш 1
bürger- гражда́нский 4 В
bürgerlich гражда́нский 4 В
Bürgermeister мэр 6 А
Büro бюро́ *nicht dekl.* 1
Bus авто́бус 1
Business би́знес ! [нэ] *rez.* 4 Б

C

Café кафе́ *nicht dekl.* 1
Cafeteria буфе́т 1
Chamäleon хамелео́н 1
Champion чемпио́н 1
Chance шанс 1
Charakter хара́ктер 4 А
chatten сиде́ть *uv.* в ча́те 1
CD диск 1
Cheeseburger чи́збургер 1
Chef шеф 1, глава́ *m und w,
  Pl.* гла́вы 4 Б
Chemie хи́мия 1
Chemiker хи́мик 1
chic шик 1
Chips чи́псы 1
Chor хор 1
Christ христиани́н,
  Pl. христиа́не 4 А
Club клуб 1
Cola ко́ла 1
Comedy Club Ко́меди клаб 1
Computer компью́тер 1
Computertisch
  компью́терный стол 1
cool кла́ссный 1
Couch дива́н 1
Couchtisch сто́лик 1
Cousin двою́родный брат 1 Б
Cousine двою́родная сестра́ 1 Б
Croissant круасса́н 1

D

da так как *Konj.* 4 А
damals тогда́ 1
Dame да́ма *rez.* 3 А
danach пото́м *Adv.* 1, зате́м *Adv.* 1

Dänemark Да́ния *rez.* 3 А
dankbar благода́рный 5 Б
danke спаси́бо 1
dann тогда́ 1, то 6 А
darauf ankommen зави́сеть *uv.* от
  чего? mit Gen. 5 А
Darbietung исполне́ние 3 Б
darstellen изобрази́ть/
  изобража́ть 6 Б
Darsteller исполни́тель 3 Б
Darstellung исполне́ние 3 Б
darum поэ́тому 1
das э́то 1, вот 1, *(welches)* кото́рое 1
das heißt зна́чит 1 Б
dasjenige то 1 А
dass что́бы 2 А
Datsche да́ча 1
Datum число́ 1, да́та 1
dauern дли́ться *nur uv. mit Akk.* 1
dauernd всё вре́мя 4 А
dein(e) твой, твоя́, твоё; твои́ 1,
  свой, своя́, своё; свои́ 1 А
Delfin дельфи́н 1
Demokratie демокра́тия 1
demokratisch демократи́ческий
  rez. 4 А
denken поду́мать/ду́мать 1
Denkmal па́мятник 1
der *(welcher)* кото́рый 1
der gleiche тот же (са́мый),
  та же (са́мая), то же (са́мое);
  те же (са́мые) 1 Б
derjenige тот 1 А
deshalb поэ́тому 1
Design диза́йн 1
Designer дизайнер 1
Dessert десе́рт 1
deswegen поэ́тому 1
Detail дета́ль *f* 1
deutsch неме́цкий 1, auf Deutsch
  по-неме́цки 1, Wie heißt ... auf
  Deutsch? Как по-неме́цки...? 1
Deutsche(r) не́мец, не́мка 1
Deutschland Герма́ния 1
Dezember дека́брь *m* 1
Diagramm диагра́мма *rez.* 1 В
Dialog диало́г *rez.* 4 Б
Diamanten- алма́зный 2 Б
Diamanten-Tour да́ймонд-ту́р
  rez. 2 Б
Diaspora диа́спора *rez.* 1 Б
Dichter поэ́т 1
Dickbauch толстя́к, *Gen.*
  толстяка́ 5 А
die *(welche)* кото́рая 1, кото́рые 1
die ganze Zeit всё вре́мя 4 А
diejenige та 1 А
diejenigen те 1 А
Diele коридо́р 1
Dienst слу́жба 6 В
Dienstag вто́рник 1
Dienststelle слу́жба 6 В
dieser э́тот, э́та, э́то; э́ти 1

direkt сра́зу *Adv.* 1
Dirigent дирижёр 5 Б
Disko(thek) дискоте́ка 1
Disziplin дисципли́на *rez.* 1 В
Diving да́йвинг *rez.* 5 А
doch же *Partikel* 1 А, ведь *Partikel* 1
Doktor до́ктор 1
Dokument докуме́нт *rez.* 1 В
Donnerstag четве́рг 1
Doppel- двухме́стный 2 Б
Dorf дере́вня 1, село́, *Gen.* села́, *Pl.* сёла 6 В
dort там *Adv.* 1
dorthin туда́ *Adv.* 1
Dose шкату́лка 1
Dozent преподава́тель *m* 3 Б
Drama дра́ма *rez.* 3 В
Drei *(Zensur)* тро́йка 1
Dreieck уго́льник 1
drinnen внутри́ *Adv.* 5 Б
Drittel треть *f* 6 В
drittens в-тре́тьих 6 В
Droge нарко́тик 6 А
du ты 1
dumm глу́пый, глу́по *Adv.* 4 В
dumm dastehen оказа́ться/ока́зываться в дурака́х 4 В
Dummkopf дура́к 4 В
dunkel тёмный 6 Б
dunkelblau си́ний 1
durchaus абсолю́тно *Adv. rez.* 2 Б
durchfahren прое́хать/проезжа́ть что? *mit Akk.* 2 Б
durchführen провести́/проводи́ть 1
durchgehen пройти́/проходи́ть 1 А
durchlaufen перейти́/переходи́ть 1 А
Durchmesser диа́метр 2 Б
durchnehmen пройти́/проходи́ть 1 А

E

echt настоя́щий 1 А, оригина́льный 1
Ecke у́гол, *Präp.* в углу́ 1
effektiv эффекти́вно *Adv. rez.* 4 А
egal нева́жно *Adv.* 2 В, всё равно́ 3 А
Ehefrau жена́, *Pl.* жёны 1 Б
ehemaliger бы́вший 4 А
Ehemann муж, *Pl.* мужья́ 1 Б
Ehre честь *f* 2 А
ehrlich че́стный, че́стно *Adv.* 5 А
Ehrlichkeit че́стность *f* 1 А
ei Ой! 1
eigener свой, своя́, своё; свой 1 А
ein bisschen немно́го *Adv.* 1
ein gewisser не́который 1 В
einander друг дру́га *Gen. und Akk.*, *Dat.* друг дру́гу, *Instr.* друг с дру́гом, *Präp.* друг о дру́ге 1 А
Eindruck впечатле́ние 3 Б
eine Liebeserklärung machen объясня́ться в любви́ *uv.* кому́? *mit Dat.* 5 А

einen Bärenhunger haben го́лоден как волк 3 А
einfach про́сто 1, просто́й 4 А
Einfall иде́я 1
Einfamilienhaus котте́дж ! [тэ] 2 В
Einfluss влия́ние 6 А
einhalten соблюда́ть *uv.* 5 А
einige не́сколько *mit Gen.* 1, не́которые 1 В
einigen sich einigen договори́ться/догова́риваться 5 Б
Einkaufen шо́пинг 1
Einkaufszentrum торго́вый центр 1
einladen пригласи́ть/приглаша́ть кого́? *mit Akk.* на что? *mit Akk.* 1
Einladung приглаше́ние 1
einnehmen заня́ть/занима́ть 1
einnehmen *(Arznei)* приня́ть/принима́ть 5 А
Eins *(Zensur)* едини́ца 1
einschließen включа́ть (в себя́) *uv.* 5 А
eintreffen прийти́/приходи́ть 1 Б
eintreten поступи́ть/поступа́ть 1 А, вступи́ть/вступа́ть 4 А
Eintrittskarte биле́т 1
einverstanden согла́сный 3 А
Einwohner жи́тель *m* 1
Eis моро́женое 1, лёд, *Gen.* льда, *Instr.* льдом, *Präp.* на льду 2 Б
eisern желе́зный 5 А
Eishockey хокке́й 1
Elektrogeräte электротова́ры 1
Elektroherd электроплита́ 1
Eltern роди́тели *Pl.* 1
E-Mail e-mail 1
Emotion эмо́ция *rez.* 3 Б
Ende коне́ц, *Gen.* конца́ 1
endlich наконе́ц *Adv.* 5 Б
Energie эне́ргия *rez.* 2 Б
energisch энерги́чно *Adv. rez.* 3 Б, энерги́чный 4 А
Engländer(in) англича́нин, англича́нка 1
englisch англи́йский 1, auf Englisch по-англи́йски 1
Ensemble анса́мбль *m* 1
Entfernung расстоя́ние 2 Б
entlang по чему́? *mit Dat.* 1
entscheiden реши́ть/реша́ть 2 А
Entscheidung реше́ние 5 А
entschuldigen извини́ть *v.* 1, извиня́ть *uv.* 1
Entspannung о́тдых 1
entsprechend по чему́? *mit Dat.* 1
entstehen появи́ться/появля́ться 4 В
entwerfen проекти́ровать *uv.* 1
Entwicklung разви́тие 4 А
Entwurf эски́з 1
er он 1
erblicken уви́деть/ви́деть 1
Erdbeere(n) клубни́ка *nur Sg.* 2 В
Erde земля́ 1

ereignen sich ereignen случи́ться/случа́ться 3 А, произойти́/происходи́ть 4 А
erfahren испыта́ть/испы́тывать на *mit Präp.* 1 А, узна́ть/узнава́ть 3 А
Erfahrung о́пыт 1 А
Erfolg успе́х 1
erfolgreich успе́шный, успе́шно *Adv.* 4 А
erforderlich ну́жный 3 А
erfrieren замёрзнуть/замерза́ть 6 В
erfüllen вы́полнить/выполня́ть 3 А, испо́лнить/исполня́ть 3 Б
ergattern доста́ть/достава́ть 5 Б
erhalten получи́ть/получа́ть 1
erheben sich gegen jmdn. erheben восста́ть/восстава́ть про́тив кого́? *mit Gen.* 4 А
erholen отдыха́ть *uv.* 1, отдохну́ть *v.* 1, отдохну́ть/отдыха́ть 5 А
Erholung о́тдых 1
erinnern sich erinnern an вспо́мнить/вспомина́ть кого́? что? *mit Akk.*, о ком? чём? *mit Präp.* 2 А
erkennen узна́ть/узнава́ть 3 А
erlauben разреши́ть/разреша́ть 3 А
erleben испыта́ть/испы́тывать на *mit Präp.* 1 А
erledigen вы́полнить/выполня́ть 3 А
Ermäßigung ски́дка 1
ermüden уста́ть/устава́ть 3 А
ernst(haft) серьёзный 1
erobern покори́ть/покоря́ть 5 А
erreichen дойти́/доходи́ть до чего́? *mit Gen.* 2 В
Errichtung строи́тельство 6 В
erschaffen созда́ть/создава́ть 6 А
erscheinen вы́йти/выходи́ть 1 В, возни́кнуть/возника́ть 3 Б
erschießen расстреля́ть/расстре́ливать 1
Erschießung расстре́л 4 А
erschlagen уби́ть/убива́ть 4 А
ersetzen замени́ть/заменя́ть 4 В
erst то́лько 1
erstaunlich удиви́тельный 4 В, удиви́тельно *Adv.* 1
erstens во-пе́рвых 6 В
ertönen звуча́ть *uv.* 5 В
erwarten ждать *uv.* чего́? от кого́? чего́? *mit Gen.* 1 А
erweisen sich erweisen (als) яви́ться/явля́ться кем? чем? *mit Instr.* 4 А, оказа́ться/ока́зываться *mit Instr.* 4 А
erweitern расши́рить/расширя́ть 4 А
erzählen расска́зывать *uv.* что? *mit Akk.*; о чём? *mit Präp.* 1, рассказа́ть *v.* 1
Erzählung расска́з 1, по́весть *f* 6 А
Erziehung воспита́ние 4 В
es оно́ 1

es eilig haben некогда *Adv.* 5 B
es faustdick hinter den Ohren haben сам (сама́, само́; са́ми) себе́ на уме́ 1 A
essen есть *uv.* 1
Essen еда́ 3 A
essen съесть 1, zu Mittag essen обе́дать *uv.* 1, zu Abend essen у́жинать 1
Etage эта́ж 1
Etappe эта́п *rez.* 2 Б
Ethik э́тика 1
Etui футля́р 1
etwa приме́рно 1, *(in Entscheidungsfragen)* ра́зве? 1
etwas что́-либо 3 B, что́-нибудь 3 B, что́-то 3 B
euer(e) свой, своя́, своё; свои́ 1 A, ваш 1
Euro е́вро *m, nicht dekl.* 1
europäisch европе́йский 1
Europäische Union Евросою́з 1 Б
europäisieren европеизи́ровать *v., uv.* 4 A
Evakuation эвакуа́ция *rez.* 6 B
ewig ве́чный, ве́чно *Adv.* 5 A
Exkursion экску́рсия 1
Expedition экспеди́ция *rez.* 2 Б
Experiment экспериме́нт 1
Exponat экспона́т 1
extrem экстрема́льный *rez.* 5 A

F

Fachschule учи́лище 3 Б
fähig fähig sein etwas zu tun уме́ть *uv.* 1
fahren пое́хать/е́хать 1, *(bis zu einem bestimmten Ziel)* дое́хать/доезжа́ть до *чего? mit Gen.* 1, 2 B прое́хать/проезжа́ть *что? mit Akk.* 2 Б, sich auf etw. bewegen ката́ться *uv.* на *чём? mit Präp.* 1, Inliner fahren ката́ться *uv.* на ро́ликах 1, поката́ться *v.* на *чём? mit Präp.* 1
Fahrgast пассажи́р 1
Fahrkarte биле́т 1
Fahrrad велосипе́д 1
Fahrt тур *rez.* 2 A
falls е́сли 6 A
Fallschirm- парашю́тный 5 A
falsch непра́вильно *Adv.* 2 A
Familie семья́, *Pl.* се́мьи 1
Familienname фами́лия 1
Fanclub фан-клу́б 1
Fantasy фэ́нтези *n, nicht dekl.* 1
Farbe цвет, *Pl.* цвета́ 1, *(Mal-)*Farbe кра́ска 6 Б
Fasan фаза́н 1
fast почти́ 1
faul лени́вый 4 B
Februar февра́ль *m* 1
Federtasche, -mäppchen пена́л 1

fehlen отсу́тствовать 5 A
Feier тусо́вка *ugs.* 1
feierlich пра́здничный 1
feiern отпра́здновать/пра́здновать 1, отме́тить/отмеча́ть 1
Feiertag пра́здник 1
Feind враг, *Pl.* враги́ 4 Б
Feld по́ле 1 A
Fenster окно́, *Pl.* о́кна 1
Ferien кани́кулы *nur Pl.* 1
fernsehen смотре́ть *uv.* телеви́зор 1
Fernsehen телеви́дение 5 B
Fernseher телеви́зор 1
Fernsehprogramm телепрогра́мма 1
Fernsehsendung телепереда́ча 5 B
Fernsehserie сериа́л 1
Fernsehturm (теле)ба́шня 1
fertig гото́вый 3 A
fertigbringen суме́ть *v.* 6 B
fest кре́пкий 1
Festival фестива́ль 1
festlich пра́здничный 1
Festung кре́пость *f* 1
Fete тусо́вка *ugs.* 1
Film фильм 1, кино́ *nicht dekl., ugs.* 1
Filme gucken смотре́ть *uv.* кино́ *ugs.* 1
Filmfestival кинофестива́ль *m* 1
Filmkamera кинока́мера 1
Filzstift флома́стер 1
Finale фина́л 1
finden найти́/находи́ть 1
Fisch ры́ба 1
Fische Ры́бы *(Sternzeichen)* 1
Fitness фи́тнес 1
Fläche величина́ 4 Б, *(kleiner)* Platz, Fläche пло́щадка 1
Fleisch мя́со 1
Fleischklops котле́та 1
fleißig трудолюби́вый 4 B
fliegen долете́ть/долета́ть до *чего? mit Gen.* 2 B, лете́ть *uv.* 1, лета́ть *uv.* 1
Flöte флейта 1
Flotte флот *rez.* 3 A
Flug полёт 6 B
Flügel фортепиа́но *nicht dekl.* 1
Flughafen аэропо́рт 1
Flugticket авиабиле́т 1
Flugzeug самолёт 2 Б
Fluss река́, *Pl.* ре́ки 1
Flyer фла́ер 1
Folge се́рия 1, после́дствие 4 Б
Formular бланк 1 B, формуля́р 1
Forschungsreise экспеди́ция *rez.* 2 Б
Forum фо́рум 1
Foto фо́то *ugs., nicht dekl.* 1
Fotoapparat фотоаппара́т 1
Fotografie фотогра́фия 1
fotografieren фотографи́ровать *uv.* 1, сфотографи́ровать *v.* *rez.* 5 A
Foyer фойе́ *n, nicht dekl. rez.* 5 B

Frage вопро́с 1
fragen спроси́ть/спра́шивать 1
französisch по-францу́зски 1
Frau же́нщина 1, Frau *(Anrede)* госпожа́ 1
Frauentag Internationaler Frauentag Междунаро́дный же́нский день 1
Freestyle фристайл *rez.* 5 A
frei свобо́дный *от чего? mit Gen.* 3 Б
Freiheit свобо́да 4 Б
Freitag пя́тница 1
Freizeit свобо́дное вре́мя 1
Fremdenführer экскурсово́д 1, гид 1
Fremdsprache иностра́нный язы́к 1
Freude ра́дость *f* 1
freuen sich freuen über рад *кому? чему? mit Dat.* 3 A, ра́доваться *uv. чему? mit Dat.* 4 Б
Freund друг, *Pl.* друзья́ 1, па́рень *m, ugs., Gen. Pl.* парне́й 1 A
Freundin подру́га 1, де́вушка, *Gen. Pl.* де́вушек 1
freundlich любе́зный 6 Б
freundlich gesinnt до́брый 1
Freundschaft дру́жба 4 B
Frieden мир 1
friedlich ти́хий 1, споко́йный 1
frieren замёрзнуть/замерза́ть 6 B
Frikadelle котле́та 1
Frohes neues Jahr! С Но́вым го́дом! 1
fröhlich весёлый 1
Frost моро́з 2 B
Früchte фру́кты *Pl.* 1
früh ра́нний 3 Б, ра́но *Adv.* 1
früher ра́ньше *Adv.* 1
Frühling весна́ 1, im Frühling весно́й 1
Frühstück за́втрак 1, zum Frühstück на за́втрак 1
frühstücken за́втракать *uv.* 1, поза́втракать *v.* 1
fühlen (sich) fühlen почу́вствовать/чу́вствовать (себя́) 3 A
führen вести́ *uv.* 4 A
Führung руково́дство 4 A
Füller ру́чка 1
Fünf *(Zensur)* пятёрка 1
für для *кого? mit Gen.* 1, за *mit Akk.* 1
furchtbar стра́шный, стра́шно *Adv.* 4 B, кошма́р 4 B
Fürst князь 2 A
Fuß zu Fuß пешко́м *Adv.* 1
Fußball футбо́л 1
Fußballspieler футболи́ст *rez.* 6 A
Fußboden пол, на полу́ 1
Futteral футля́р 1

G

Galerie галере́я 1
ganz це́лый 1, весь, вся, всё; все 5 B
Garage гара́ж 1
Garten сад 1

Gasherd га́зовая плита́ 1
Gast гость *m, Pl.* го́сти 1
Gastspiel гастро́ли *Pl. rez.* 6 В
Gazpacho гаспа́чо *m, nicht dekl.* 1
geben дать/дава́ть *кому? mit Dat. что? mit Akk.* 1,
  es gibt, es ist vorhanden есть 1
Gebiet террито́рия 1, регио́н 1
gebildet образо́ванный 4А
Gebirge го́ры 1, im Gebirge в гора́х 1
geboren werden роди́ться *v.* 1
Geburtstag день рожде́ния 1
Gedanke мысль *f* 4Б
Gedicht стихотворе́ние 3 В
Gedicht(e) стихи́ *Pl., Sg.* стих 1
gefährlich опа́сный 5А
gefallen понра́виться/нра́виться *кому? mit Dat.* 1
Gefängnis тюрьма́, *Pl.* тю́рьмы 4А
Gefühl чу́вство 3 Б
gegen про́тив *mit Gen.* 2А, *(bei Zahlenangaben)* о́коло *чего? mit Gen.* 6 В
gegenüber напро́тив *чего? mit Gen.* 1
gegenwärtig совреме́нный 1
Gegner проти́вник 5А
gehen пойти́/идти́ 3 Б, ходи́ть *uv.* 1, дойти́/доходи́ть до *чего? mit Gen.* 2 Б, Wie geht's? Как дела́? 1, *(in eine Schule, eine Klasse)* gehen в *mit Präp.* учи́ться *nur uv.* 1
gehorsam поко́рен, поко́рна, поко́рно; поко́рны 1 А
Gelände террито́рия 1
gelassen споко́йный 1
gelb жёлтый 1
Geld де́ньги *nur Pl., Gen. Pl.* де́нег 1
Geldautomat банкома́т 1
Geleefrüchte мармела́д *nur Sg.* 1
Geleekonfekt мармела́д *nur Sg.* 1
gelegentlich verdienen подраба́тывать *uv.* 4 Б
geliebt люби́мый 1
gelingen получи́ться/получа́ться у *кого? mit Gen.* 1 В, уда́ться/удава́ться *кому? mit Dat.* 4 Б
Gemälde карти́на 1
Gemälde- карти́нный 6 Б
Gemüsebeet огоро́д 2 В
Gemüsegarten огоро́д 2 В
gemütlich ую́тный 1
genannt werden называ́ться *uv.* 1, назва́ться *v.* 1
genau ро́вно *Adv.* 1, то́чно *Adv.* 1, die genaue Zeit то́чное вре́мя 1
Generation поколе́ние 4 Б
Genie ге́ний 1
Genre жанр *rez.* 3 Б
genug доста́точно *Adv. чего? mit Gen.* 6 Б

Geodreieck уго́льник 1
geöffnet откры́тый 2 Б
geöffnet werden откры́ться/открыва́ться 1
Geografie геогра́фия 1
geographisch географи́ческий *rez.* 2А
Geologe гео́лог 1
Geometrie геоме́трия 1
Gepäck бага́ж 1
gerade и́менно 1 В
geradeaus пря́мо *Adv.* 1
Gerechtigkeit справедли́вость *f* 1 А
Gerichte (warm) горя́чие блю́да *Pl.* 1
gern охо́тно *Adv.* 5А, с удово́льствием 1, Keine Ursache. Gern geschehen. Не за что. 1
gesamtrussisch всеросси́йский 5А
Gesang вока́л 1, пе́ние 1
Geschäft магази́н 1
Geschäfts- делово́й 1
Geschäftsmann бизнесме́н 1
geschehen быва́ть 2 В, случи́ться/случа́ться 3А
Geschenk пода́рок 1
geschenkt werden *(von Aufmerksamkeit)* уделя́ться *uv. чему? mit Dat.* 4 В
Geschichte расска́з 1, исто́рия 1
Geschirrspüler посудомо́йка *ugs.* 1
Gesellschaftskunde обществове́дение 1
Gesetzesübertretung преступле́ние 6 В
Gesicht лицо́ 3А
gestalten проекти́ровать *uv.* 1
gestern вчера́ 1
gestriger вчера́шний 3 Б
gesund здоро́вый 3А
Gesundheit здоро́вье 1
Getränke напи́тки *Pl., Sg.* напи́ток 1
Gewinn приз *rez.* 3 Б
Gewinner победи́тель *m* 3 Б
gewöhnlich обы́чно *Adv.* 1
Giraffe жира́ф 1
Gitarre гита́ра 1
glauben пове́рить/ве́рить в(о) *что? mit Akk.* 1
gläubig ве́рующий 4А
Gläubiger ве́рующий 4А
gleich одина́ковый 5А
gleichfalls та́кже 6 В
Globus гло́бус 1
Glück сча́стье 1, zum Glück к сча́стью 1
Glück haben повезти́ *v. кому? mit Dat. с чем? mit Instr.* 2 В
Gold зо́лото 2А
Golden Retriever го́лден ретри́вер ! *[дэ] rez.* 5А
goldener золото́й 2А
Golf гольф *rez.* 5А

Gott sei Dank! Сла́ва бо́гу! 4 В
Gottesdienst слу́жба 6 В
Gotteshaus храм 1
Grad гра́дус 1
Graf граф *rez.* 3 В
Grafik гра́фика *rez.* 6 Б
gratulieren поздра́вить/поздравля́ть *кого? mit Akk. с чем? mit Instr.* 1
grau се́рый 1
grausam жесто́кий 4А
Grenze грани́ца 1 Б
Grippe грипп *rez.* 3А
groß большо́й 1, вели́кий 4А
Großartig! (Вот) здо́рово! 1
Größe величина́ 4 Б
größer werden увели́читься/увели́чиваться 4А
Großmutter ба́бушка 1
Großvater де́душка *m* 1
Grube ша́хта 2 Б
grün зелёный 1
Grünanlage сквер 1
gründen основа́ть/осно́вывать 2А, созда́ть/создава́ть 6А
gründlich основа́тельно *Adv.* 2А
Grundschule нача́льная шко́ла 1
Gründung основа́ние 6 В
Gruppe гру́ппа 1
Grüße (Grüßt) ...! Переда́й(те) ... приве́т! *mit Dat.* 1
gucken смотре́ть *uv.* 1, Filme gucken смотре́ть *uv.* кино́ *ugs.* 1
Guide гид 1
GUM (Kaufhaus) ГУМ (Гла́вный универса́льный магази́н) 1
gut хорошо́ *Adv.* 1, хоро́ший 1, до́брый 1, (Ganz) OK. Gut. Ничего́. *ugs.* 1, Nicht besonders gut. Не о́чень. *ugs.* 1
Gut gemacht! Молоде́ц! 4 В
Gute Nacht! Споко́йной но́чи! 1
Guten Abend! До́брый ве́чер! 1
Guten Morgen! До́брое у́тро! 1
Guten Tag! Здра́вствуй(те)! 1, До́брый день! 1
Gymnasium гимна́зия 1
Gymnastik гимна́стика 1

H

Haare во́лосы *Pl.* 1
haben име́ть *uv.* 1,
  Wer hat ...? У кого́ есть ...? 1,
  ich habe у меня́ есть 1,
  du hast у тебя́ есть 1,
  wir haben у нас есть 1,
  ich habe nicht, ich habe kein(-e, -en) у меня́ нет *mit Gen.* 1,
  ihr habt; Sie haben у вас есть 1
Hafen порт 1
halb полови́на 5 В
Halbpension полупансио́н 2 Б
Hälfte полови́на 5 В

Halle (für Inlineskating) роллердро́м 1
Hallo! Приве́т! 1,
  Begrüßung am Telefon Алло́! 1
Halloween Хеллоуи́н 1
halten für счита́ть *uv.* кого́? кем?
  mit Instr. 4 В
Haltestelle остано́вка 1
Hamster хомя́к 1
Hand рука́, *Pl.* ру́ки 1, **рука́,**
  Pl. **ру́ки** 5 Б
Handball гандбо́л 1
handeln поступи́ть/поступа́ть 1 А
Handels- делово́й 1
Handtasche су́мка, *Gen. Pl.* су́мок 1
Handwerker реме́сленник 4 А
Handy моби́льник 1
hängen висе́ть *uv.* 2 Б
Hass не́нависть *f* 1 А
häufiger ча́ще 2 Б
Haupt- гла́вный 1
Hauptgerichte горя́чие блю́да *Pl.* 1
hauptsächlich гла́вный 1,
  в основно́м 4 А
Hauptstadt столи́ца 1
Haus дом, *Pl.* дома́ 1
Hausaufgabe уро́к 1,
  дома́шнее зада́ние 5 В
Hausaufgaben machen де́лать *uv.*
  уро́ки 1
Hausaufgabenheft дневни́к 1
Heft тетра́дь *f* 1
heilig свято́й 1, свяще́нный 1
Heilige(r) свято́й, свята́я 4 А
Heimat ро́дина 4 Б
Heimat- родно́й 1
heimatlich родно́й 1
heiraten пожени́ться/жени́ться 1,
  (vom Mann) жени́ться *v.,*
  uv. на ком? *mit Präp.,*
  (von Frau) вы́йти/выходи́ть за́муж
  за кого́? *mit Akk.*
heiß жа́ркий, жа́рко *Adv.* 2 В,
  горя́чий, горячо́ *Adv.* 2 В
heißen называ́ться *uv.* 1, назва́ться
  v. 1, ich heiße меня́ зову́т 1,
  Wie heißt du? Как тебя́ зову́т? 1,
  sie heißt её зову́т 1,
  er heißt его́ зову́т 1,
  Wie heißt ... auf Deutsch? Как
  по-неме́цки...? 1, Wie heißt ... auf
  Russisch? Как по-ру́сски...? 1
heiter весёлый 1
helfen помо́чь/помога́ть 1
hell све́тлый 6 Б
hellblau голубо́й 1
Hemd руба́шка 1
heranfliegen прилете́ть/
  прилета́ть 2 В
Heranwachsender подро́сток,
  Gen. подро́стка 6 А
herausfahren вы́ехать/выезжа́ть 2 В

herausgehen вы́йти/выходи́ть 1 В
herausnehmen доста́ть/достава́ть 5 Б
Herbst о́сень *f* 1, im Herbst
  о́сенью *Adv.* 1
Herr господи́н, *Pl.* господа́ 1
herrschen пра́вить *uv.* чем?
  mit Instr. 4 А
herzlich серде́чный 1
herzlich willkommen Добро́
  пожа́ловать куда́? в *mit Akk.* 1
heute сего́дня *Adv.* 1
heutiger сего́дняшний 3 Б
hier здесь *Adv.* 1,
  von hier (aus) отсю́да *Adv.* 1
hierher сюда́ 1
Himmel не́бо 1
hinaufgehen подня́ться/поднима́ться
  на *mit Akk.* 1
hinausgehen вы́йти/выходи́ть 1 В
hineinfahren въе́хать/въезжа́ть 2 В
hineinfliegen влете́ть/влета́ть 2 В
hineingehen войти́/входи́ть 2 В
hineinziehen въе́хать/въезжа́ть 2 В
hinfliegen полете́ть *v.* 2 Б
hinkommen прие́хать/приезжа́ть
  куда́? 1
hinrichten казни́ть *v., uv.* 1
hinten сза́ди *Adv.* 5 Б
hinter за чем? *mit Instr.* 1
Hintergedanken haben сам
  (сама́, само́; са́ми) себе́ на уме́ 1 А
Hintergrund за́дний план 6 Б
hinterlassen произвести́/
  производи́ть 3 Б
hinüberfahren перее́хать/
  переезжа́ть 1 Б
hinüberfliegen перелете́ть/перелета́ть
  че́рез что? *mit Akk.* 2 В
hinübergehen перейти́/
  переходи́ть 1
hinzuverdienen подраба́тывать
  uv. 4 Б
Hip-Hop хип-хо́п 1
Historiker исто́рик 1
Hitparade хит-пара́д 1
Hobby хо́бби *n, nicht dekl.* 1
hoch ве́рхний 3 Б, высо́кий 1
Hochschule институ́т 1
Hochschullehrer преподава́тель
  m 3 Б
höchstens ма́ксимум 1
Hochzeit сва́дьба 4 В
Hocker табуре́т(ка) 1
Hockey хокке́й 1
höflich ве́жливый, ве́жливо *Adv.* 4 А
Höflichkeit ве́жливость *f* 1 А
Holland Голла́ндия *rez.* 4 А
Holz- деревя́нный 2 В
hören послу́шать *v.* 1 А,
  слы́шать *uv.* 1, услы́шать *v.* 6 В,
  (zu)hören слу́шать *uv.* 1
Horoskop гороско́п 1

Hörsaal аудито́рия *rez.* 1 В
Hose брю́ки *nur Pl.*
Hotel гости́ница 1
Hotelzimmer но́мер 2 Б
hu Ой! 1
Huhn ку́рица 1
Hühnchen ку́рица 1
Hund соба́ка 1
hungrig голо́дный 3 А
hungrig wie ein Löwe
  го́лоден как волк 3 А
Hurra! Ура́! *Interj.* 4 В

I

ich я 1
Idee мысль *f* 4 Б, иде́я 1
Idol куми́р 6 Б
ihr, Ihr вы, Вы 1
ihr(e) ваш 1, её 1, свой, своя́, своё;
  свои́ 1 А, 4 А
Ikone ико́на 1, ико́на 4 А
im Ausland за грани́цей *Adv.* 1 Б
im Namen von от и́мени кого́?
  mit Gen. 1
im Prinzip в при́нципе *rez.* 3 Б
im Vergleich zu по сравне́нию с чем?
  mit Instr. 4 Б
im Wesentlichen в основно́м 4 А
immer всегда́ *Adv.* 1
Imperator импера́тор,
  императри́ца *rez.* 4 А
improvisieren импровизи́ровать
  uv. rez. 3 Б
in в 1, на *mit Präp.* 1,
  (Zeitangabe) че́рез 3 Б
in der Regel как пра́вило 1 В
in der Zeit во вре́мя чего́? *mit Gen.* 1
in Erfahrung bringen узна́ть/
  узнава́ть 3 А
in Erfüllung gehen испо́лниться/
  исполня́ться 5 А
individuell индивидуа́льный *rez.* 2 Б
Industrie индустри́я *rez.* 2 Б
Informatik информа́тика 1
Informatiker информа́тик *rez.* 1 В
Information информа́ция 1 В
Ingenieur инжене́р 1
Inliner fahren ката́ться *uv.*
  на ро́ликах 1
inmitten среди́ *mit Gen.* 1 А
innen внутри́ *Adv.* 5 Б
innovativ инновацио́нный *rez.* 2 Б
Insel о́стров 1
insgesamt всего́ 1
instabil нестаби́льный 4 А
Institut институ́т 1
Instrukteur инстру́ктор 1
intelligent у́мный 1 В
interessant интере́сный 1,
  интере́сно *Adv.* 1
Interesse интере́с 1 Б

Interesse an etwas wecken заинтересовáть/ заинтересóвывать *когó? mit Akk.* в чём? *mit Präp.* 5 A
Interessengemeinschaft кружóк, *Pl.* кружки́ 3 Б
interessieren интересовáть *uv.* 2 Б, es interessiert uns нам интерéсно 1, sich interessieren für etw. интересовáться *uv. mit Instr.* 1
Interieur интерьéр 1
international международный 1
Internet im Internet surfen сидéть *uv.* в Интернéте 1
Internetcafé интернéт-кафé 1
Internetclub интернéт-клуб 1
Internetportal интернéт-портáл *rez.* 5 Б
Interpret исполни́тель 3 Б
Interview интервью́ *n, nicht dekl.* 1
irgendeiner ктó-либо 3 В, ктó-нибудь 3 В
irgendetwas чтó-либо 3 В, чтó-нибудь 3 В
irgendjemand ктó-либо 3 В, ктó-нибудь 3 В
irgendwann когдá-либо 3 В, когдá-нибудь 3 А, когдá-то 3 В, кáк-то 3 А
irgendwelcher какóй-либо 3 В, какóй-нибудь 3 В, какóй-то 3 В
irgendwer ктó-либо 3 В, ктó-нибудь 3 В
irgendwie кáк-либо 3 В, кáк-нибудь 3 В, кáк-то 3 А
irgendwo гдé-либо 3 В, гдé-нибудь 3 А, гдé-то 3 В
irgendwohin кудá-либо 3 В, кудá-нибудь 3 В, кудá-то 3 А
irreal нереáльный 6 А
italienisch auf Italienisch по-италья́нски 1

J

ja да 1
Jacht я́хта 1
Jahr год, *Gen.* гóда, *Gen. Pl.* лет 1, Ich bin ... Jahre alt. Мне ... лет. 1
Jahrestag юбилéй 1
Jahreszeit врéмя *n* гóда, *Pl.* временá гóда 1
Jahrhundert век 1
jährlich ежегóдный, ежегóдно *Adv.* 5 A
Jalousie жалюзи́ *nicht dekl.* 1
Januar янвáрь *m* 1
Jazz джаз 1
Jeans джи́нсы *nur Pl.* 1
jeder кáждый 1
jeher и́здавна *Adv.* 1
jemand ктó-либо 3 В
jetzt тепéрь *Adv.* 1 Б, сейчáс *Adv.* 1

Joghurt йóгурт 1
Journalist(in) журнали́ст(ка) 1
Jubiläum юбилéй 1
Judo дзюдó *nicht dekl.* 1
Jugend молодёжь *f* 1 A, ю́ность *f* 4 A
Jugend- молодёжный 6 A
jugendlich молодёжный 6 A
Jugendliche ребя́та *Pl.* 1
Jugoslawien Югослáвия *rez.* 6 В
Juli ию́ль *m* 1
jung молодóй 3 Б
Junge мáльчик 1
junger Mann пáрень *m, ugs., Gen. Pl.* парнéй 1 A
jüngerer млáдший 4 A
Jungfrau Дéва (*Sternzeichen*) 1
jüngster млáдший 4 A
Juni ию́нь *m* 1
Jurist юри́ст 1
juristisch юриди́ческий *rez.* 3 Б
Justizministerium Министéрство юсти́ции *rez.* 3 Б
Juwelierwaren ювели́рные издéлия *Pl.* 1

K

Kaffee кóфе *m, nicht dekl.* 1
Kaiser(in) императóр, императри́ца 1, *rez.* 4 A
Kakao какáо *nicht dekl.* 1
Kaktus кáктус 1
Kalender календáрь *m* 1
kalt холóдный, хóлодно *Adv.* 2 В
Kameramann оперáтор 1
Kamin камин 1
Kanada Канáда *rez.* 6 В
Kanal канáл 1
Kanarienvogel канарéйка 1
Känguru кенгурý 1
Kaninchen крóлик 1
Kanzler кáнцлер 1
Karaoke карáоке *n, nicht dekl.* петь *uv.* под карáоке 1
Karate каратé *nicht dekl.* 1
Kariere карьéра *rez.* 4 Б
Karotte моркóвь *f, nur Sg.* 1 A
Karte кáрта 1, кáрточка 5 A, Karte zum Valentinstag валенти́нка 1
Karussell карусéль *f* 1
Käse сыр 1
Kasse кáсса 1
Kater кот 1
Kathedrale собóр 1
Katze кóшка 1
kaufen купи́ть/покупáть *что? mit Akk.;* за *скóлько? mit Akk.* 1, 4 A, взять/брать 1
Kebab кебáб 1
kein никакóй 1 В
keine Ruhe finden не находи́ть себé мéста 1 A

Keine Ursache. Не за что. 1
keine Zeit haben нéкогда *Adv.* 5 В
kennen знать *uv.* 1
kennen lernen узнáть/узнавáть 3 A, познакóмиться/знакóмиться с *кем? чем? mit Instr.* 1
Kenntnis знáние 1
Kickboxing кикбóксинг *rez.* 5 A
Kilometer киломéтр 2 Б
Kinder ребя́та *Pl.* 1, дéти *nur Pl.* 1
Kinder- дéтский 1
Kinderzimmer дéтская, *Präp.* -ой 1
Kino кинотеáтр 1, кинó *nicht dekl., ugs.* 1
Kinoklassik киноклáссика *rez.* 5 Б
Kiosk киóск 1
Kirche цéрковь *f, Gen.* цéркви 4 A, храм 1
Kiwi ки́ви *n, nicht dekl.* 1
Klasse класс 1
Klasse! Здóрово! 4 В
Klassen- клáссный 1
Klassenkamerad однокла́ссник 1 A
Klassenraum класс 1
Klassik клáссика 1
klassisch класси́ческий *rez.* 3 Б
Klavier пиани́но *nicht dekl.* 1, фортепиáно *nicht dekl.* 1
Kleid плáтье 1
Kleidung одéжда *nur Sg.* 1
klein мáленький 1, небольшóй 1
kleiner Park сквер 1
Klima кли́мат 1
Klingel(zeichen) звонóк, *Gen.* звонкá 1
klingeln звони́ть *uv. комý? mit Dat.* 1
klingen звучáть *uv.* 5 В
Kloster монастырь *m* 1
klug ýмный 1 В
Kobra кóбра 1
kochen вари́ть *uv.* 2 В
Kollage коллáж 1
komisch стрáнный 1
kommen прийти́/приходи́ть 1 Б, Wie kommt man ...? Как доéхать до ...? 1
Komödie комéдия 1
komponieren сочини́ть/сочиня́ть 3 Б
Komponist композитор 3 Б
Komposition композ́иция *rez.* 3 Б
Kondition подготóвка 5 A
Konfekt конфéты *Pl., Sg.* конфéта 1
Konflikt конфли́кт *rez.* 4 Б
konkret конкрéтный 1 Б
können умéть *uv.* 1, мочь *uv.* 1, сумéть *v.* 6 В, man kann мóжно 1
Konservatorium консерватóрия *rez.* 3 Б
Konsulat кóнсульство 1
Kontinent континéнт 1
Kontroll- контрóльный 1 В
Kontrolleur контролёр 1

kontrollieren контроли́ровать *uv. rez.* 5 A
Konzert конце́рт 1, 3 Б, Rockkonzert рок-конце́рт 1
Kopeke копе́йка 1
Kopf голова́ 3 A
korrekt пра́вильный 1
Korridor коридо́р 1
Kosmos ко́смос 1
kosten сто́ить *uv.* ско́лько? *mit Akk.* 1
Kraftfahrzeug автомоби́ль *m* 2 Б
kräftig кре́пкий 1
Krähe воро́на 1
krank больно́й 3 A
kreativ тво́рческий 6 Б
Krebs Рак (*Sternzeichen*) 1
Kredit креди́т *rez.* 4 A
Kreis кружо́к, *Pl.* кружки́ 3 В
Kreml кре́мль *m* 1
Kreuzfahrt круи́з 2 Б
Kreuzwort кроссво́рд *rez.* 4 В
Kricket кроке́т *rez.* 5 A
Krieg война́ 1
Krieg führen gegen jmdn. вести́ *uv.* войну́ про́тив *кого́? mit Gen.* 4 A
Kriegsflotte вое́нно-морско́й флот 4 A
Krimi детекти́в 1
Kriminal- кримина́льный *rez.* 5 Б
Kritiker кри́тик *rez.* 3 Б
kritisch крити́ческий *rez.* 4 A
Krokodil крокоди́л 1
Krone кро́на 1
Küche ку́хня 1
Kugelschreiber ру́чка 1, ша́риковая ру́чка 1
Kühlschrank холоди́льник 1
Kultur культу́ра *rez.* 1 Б
Kultur- культу́рный 1
kulturell культу́рный 1
Kunde клие́нт 2 Б
Kunst иску́сство 1
Künstler худо́жник 6 Б
Künstlergruppe анса́мбль *m* 1
Kurheim санато́рий 1
Kurier курье́р 1
Kurort куро́рт 1
Kurs курс 1
kurz кра́ткий 4 В, коро́ткий 5 Б
kürzlich неда́вно *Adv.* 6 В
küssen поцелова́ть/целова́ть 1
Küste бе́рег, *Präp.* на берегу́ 1

L

lachen сме́яться *uv.* над *кем? чем? mit Instr.* 2 A
Laden магази́н 1
Lage положе́ние 4 Б
Lager ла́герь, *Pl.* лагеря́ 1
Laienkunst худо́жественная самоде́ятельность *f* 5 A
Lampe ла́мпа 1

Land страна́, *Pl.* стра́ны 1, (*Boden*) земля́ 1
Landhaus да́ча 1
Landkarte ка́рта 1
Landschaft ландша́фт *rez.* 2 A
lang дли́нный 1, längst, seit langem давно́ *Adv.* 1
lange до́лго *Adv.* 1
Langeweile Es wird keine Zeit für Langeweile bleiben! Скуча́ть бу́дет не́когда! 1
längst давно́ *Adv.* 1
langweilig ску́чно *Adv.* 1
Laptop ноутбу́к 1
Lass uns lesen. Дава́й прочита́ем. 1
lass(t) uns (etw. tun) дава́й(те) *mit 1. Pers. Pl. oder mit Inf.* 1
lassen оста́вить/оставля́ть 1 Б
lateinisch лати́нский 1
Laufen бег 5 A
Laune настрое́ние 5 В
laut по *чему́? mit Dat.* 1
läuten звони́ть *uv. кому́? mit Dat.* 1
Leben жизнь *f* 1 A
lebendig живо́й 3 A
Lebensmittel проду́кты *Pl.* 1
Lebewesen живо́тное 1
Legionär легионе́р 1
Lehr- уче́бный 1
Lehrbuch уче́бник 1
Lehre уче́ние 1, учёба *nur Sg.* 6 A
lehren обучи́ть/обуча́ть *чему́? mit Dat.* 5 A
Lehrer учи́тель *m* 1, преподава́тель *m* 3 Б
Lehrerin учи́тельница 1
leibeigen крепостно́й 4 A
Leibeigener крепостно́й 4 A
leiden страда́ть *uv.* 5 Б
leider к сожале́нию 1
Leinwand экра́н 5 Б
leiten руководи́ть *uv. кем? чем? mit Instr.* 3 A
Leiter глава́ *m und w, Pl.* гла́вы 4 Б
Leiter(in) дире́ктор 1
Leitung руково́дство 4 A
lernen учи́ть *uv.* 1, вы́учить *v.* 1, изучи́ть/изуча́ть 3 Б, учи́ться *nur uv.* 1, научи́ться *v. чему́? mit Dat. oder mit Inf.* 6 В
lesen чита́ть *uv.* 1, почита́ть *v.* 3 В, прочита́ть *v.* 1
letzter после́дний 3 Б, про́шлый 1
leuchten свети́ть *uv.* 2 В
Leute лю́ди *nur Pl.* 1
Lichtbild фотогра́фия 1
lieb ми́лый 1
Liebe любо́вь *f, Gen.* любви́ 1
lieben люби́ть *uv.* 1
liebenswürdig любе́зный 6 Б
liebevoll до́брый 1
Lieblings- люби́мый 1
Lied пе́сня 1 A

Liedermacher бард 3 Б
Liege куше́тка 1
liegen лежа́ть *uv.* 1
Limonade лимона́д 1
Lineal лине́йка, *Gen. Pl.* лине́ек 1
Linie ли́ния *rez.* 1 Б
links сле́ва *Adv.* 1, nach links нале́во *Adv.* 1
Liste спи́сок 1
Literatur литерату́ра 1
Literatur- литерату́рный 3 В
Liveübertragung пряма́я трансля́ция 1
loben хвали́ть *uv.* 4 В
Löffel ло́жка 1
Loge ло́жа *rez.* 5 Б
lohnen sich lohnen сто́ит что де́лать? *mit Inf.* 1
Londoner(in) ло́ндонец, ло́ндонка 1
lösen реши́ть/реша́ть 2 A
Losung ло́зунг *rez.* 4 В
Lösung реше́ние 5 A
Lotterie лотере́я 1
Lotto лото́ *nicht dekl.* 1
Löwe лев 1
Lust bekommen захоте́ть *v.* 4 Б
lustig смешно́й, смешно́ *Adv.* 3 Б

M

machen де́лать *uv.* 1, сде́лать *v.* 1, произвести́/производи́ть 3 Б
Macht власть *f* 4 A
Mädchen де́вочка 1, де́вушка, *Gen. Pl.* де́вушек 1, девчо́нка *ugs.* 5 В
Mädel девчо́нка *ugs.* 5 В
Magazin журна́л 1
Mai май 1
Makkaroni макаро́ны 1
Makler ма́клер 1
Mal раз, *Gen. Pl.* раз, ... раз в неде́лю 1
malen рисова́ть *uv.* 1, нарисова́ть *v.* 1
Maler худо́жник 6 Б
Malerei жи́вопись *f* 6 Б
Malfarbe кра́ска 1
Mama ма́ма 1
man (jmd.) darf etwas nicht tun нельзя́ 1
man (jmd.) muss etwas tun ну́жно *mit Inf. кому́? mit Dat.* 1, на́до *mit Inf. кому́? mit Dat.* 1
man kann мо́жно 1
Manager ме́неджер 1
manchmal иногда́ *Adv.* 3 В
Mann мужчи́на 1
Mannschaft кома́нда 5 A
Marine вое́нно-морско́й флот 4 A
Marke ма́рка 1
Marker ма́ркер 1
Markt база́р 1
März март 1

Massen- ма́ссовый *rez.* 2 Б
Material материа́л *rez.* 1 В
Mathematik матема́тика 1
Mathematiker матема́тик 1
Matura аттеста́т зре́лости 1 В
Mauer стена́ 1
Maus мышь *f* 1
Maximum ма́ксимум 1
Medaille меда́ль *f rez.* 6 А
Medizin лека́рство от *чего?* 3 А
Medizin- медици́нский *rez.* 1 В
medizinisch медици́нский *rez.* 1 В
Meer мо́ре, *Pl.* моря́ 1,
   am Meer на мо́ре 1
Meerenge проли́в 2 Б
Meerstraße проли́в 2 Б
mehr бо́лее 1,
   Komparativ zu мно́го, бо́льше 2 А
Mehrheit большинство́ 1
Mehrkampf многобо́рье 5 А
mein(e) мой, моя́, моё; мои́ 1, свой,
   своя́, своё; свои́ 1 А
Meine Damen und Herren!
   Да́мы и господа́! 1
Meinung мне́ние 2 Б, взгляд 4 А,
   meiner Meinung nach по-мо́ему 1,
   deiner Meinung nach по-тво́ему 1
meistens ча́ще всего́ 2 Б
Meister ма́стер 1, ма́стер,
   Pl. мастера́ 1
Meisterschaft чемпиона́т 1
Meisterstück, Meisterwerk шеде́вр !
   [дэ] 6 Б
Mensch челове́к 1
Menschen лю́ди *nur Pl.* 1
merkwürdig удиви́тельный 4 В,
   стра́нный 1
Messe я́рмарка 1
Meteorologe метеоро́лог 1
Meter метр 2 Б
Metro метро́ *nicht dekl.* 1
Migrant мигра́нт *rez.* 1 Б
Mikrofon микрофо́н 1
Mikrowelle микроволно́вка *ugs.* 1
Milch молоко́ 1
Militärdienst слу́жба 6 В
Million миллио́н 1
Millionär миллионе́р *rez.* 6 А
mindestens ми́нимум 1
Minimum ми́нимум 1
Minister мини́стр *чего? mit Gen.* 1
Minus ми́нус 1
Minute мину́та 1
mit с *кем? mit Instr.* 1
Mitschüler однокла́ссник 1 А
Mitschülerin однокла́ссница 1 А
Mittag по́лдень *m* 5 В,
   zu Mittag essen
   пообе́дать/обе́дать 1
Mittagessen обе́д 1, zum
   Mittagessen на обе́д 1
Mitte середи́на 6 В
mitteilen переда́ть/передава́ть 6 Б

Mitternacht по́лночь *f* 5 В
Mittwoch среда́ 1
Möbel ме́бель *f, nur Sg.* 1
möchten хоте́ть *uv.* 1,
   захоте́ть *v.* 4 Б, хоте́ться *uv. кому?*
   mit Dat. der Person und Inf. 6 Б
Mode мо́да 1
Modedesigner(in) модельéр 1
Model моде́ль *f* 1
modern совреме́нный 1
Modus режи́м 1
mögen люби́ть *uv.* 1
möglicherweise мо́жет быть 3 А
Möglichkeit возмо́жность *f* 4 А
Mohrrübe морко́вь *f, nur Sg.* 1 А
Moment моме́нт *rez.* 1 А
Monat ме́сяц 1
Montag понеде́льник 1
Moral нра́вственность *f* 4 В
Morgen у́тро 1,
   Guten Morgen! До́брое у́тро! 1
morgen за́втра *Adv.* 1,
   Bis morgen! До за́втра! 1
Morgen- у́тренний 3 Б
morgens у́тром *Adv.* 1, von morgens
   bis abends с утра́ до ве́чера 1
Moskauer Zeit моско́вское вре́мя 1
Moskauer(in) москви́ч(ка) 1
Motivation мотива́ция *rez.* 5 А
müde werden уста́ть/устава́ть 3 А
Mühe труд 1
multinational
   многонациона́льный 2 А
Münchner(in) мю́нхенец,
   мю́нхенка 1
Muse му́за *rez.* 5 Б
Museum музе́й, *Pl.* музе́и 1
Musik му́зыка 1
Musik- музыка́льный 1,
   музыка́льный 1
musikalisch музыка́льный 1
Musiker музыка́нт 1
Muskeln му́скулы *Pl. rez.* 5 А
Müsli мю́сли *nicht dekl.* 1
müssen до́лжен *m*, должна́ *f*;
   должны́ *Pl. mit Inf.* 1
Mutter мать *f, Gen.* ма́тери 1 Б
Mutti ма́ма 1

N
Na gut. Ну, ла́дно. *ugs.* 1
Na, macht nichts. Ну, ла́дно. *ugs.* 1
Na, sowas! На́до же! *Interj.* 4 В
nach по́сле *чего? mit Gen.* 1
nach ... genannt им. = и́мени
   mit Gen. 1
nach Hause домо́й *Adv.* 1
nach hinten наза́д *Adv.* 5 Б
nach links нале́во *Adv.* 1
nach oben наве́рх *Adv.* 5 Б,
   вверх *Adv.* 5 Б
nach rechts напра́во *Adv.* 1
nach unten вниз *Adv.* 5 Б

nach vorn вперёд *Adv.* 5 Б
Nachbar- сосе́дний 3 Б
Nachname фами́лия 1,
   dein Nachname твоя́ фами́лия 1,
   mein Nachname моя́ фами́лия 1
Nachricht но́вость *f* 1 А
nächste(r, s) сле́дующий 1
Nacht ночь *f* 1, Gute
   Nacht! Споко́йной но́чи! 1
Nacht- ночно́й 1
nächtlich ночно́й 1
nah бли́жний 3 Б
Nahverkehrszug электри́чка 1
Name и́мя 1, назва́ние 1, einen
   Namen geben назва́ть/называ́ть 1
Namen geben назва́ть/называ́ть 1
Namenstag день а́нгела 4 А
nämlich и́менно 1 В
National- национа́льный *rez.* 2 А
Natur приро́да 1
Natur- натура́льный 1,
   приро́дный 1
natürlich коне́чно *Adv.* 1,
   приро́дный 1
Naturwissenschaften есте́ственные
   нау́ки 1
neben ря́дом с *чем? mit Instr.* 1,
   о́коло *чего? mit Gen.* 6 В
Neffe племя́нник 1 Б
nehmen взять/брать 1
nein нет 1
nennen звать *uv.* 1,
   назва́ть/называ́ть 1
neu но́вый 1
neues Jahr Frohes neues Jahr!
   С Но́вым го́дом! 1
neuester после́дний 3 Б
Neuigkeit но́вость *f* 1 А
Neujahr Но́вый год 1
neulich неда́вно *Adv.* 6 В
neutral нейтра́льный 1 Б
neutralisieren нейтрализова́ть *v.*,
   uv. 2 Б
nicht не 1, ich habe nicht, ich habe
   kein(-e, -en) у меня́ нет *mit*
   Gen. 1, noch nicht пока́ нет 1,
   Nicht besonders gut.
   Не о́чень. *ugs.* 1
nicht nur ... , sondern auch ...
   не то́лько ..., но и 1
nicht viel немно́го *Adv.* 1
nicht weit недалеко́ *Adv.* 1,
   недалеко́ от *чего? mit Gen.* 1
nicht wenig нема́ло *mit Gen.* 1
nicht zusammenpassend
   несовмести́мый 4 В
Nichte племя́нница 1 Б
nichts ничто́ 1 В
nie никогда́ 1
niederer ни́жний 3 Б
Niederlage пораже́ние 5 А
niemals никогда́ 1 В

niemand никто́, *Gen.* никого́, *Präp.* ни о ком 1 A
nirgends нигде́ 1 B
Niveau у́ровень *m, Gen.* у́ровня 4 Б
noch ещё *Adv.* 1
noch nicht пока́ нет 1
nonstop нон-сто́п 1
Norden се́вер 1
Nordosten се́веро-восто́к 1
Nordwesten се́веро-за́пад 1
Note *(Musik)* но́та 1, (Schul-)Note оце́нка, *Pl.* оце́нок 1
Notebook ноутбу́к 1
nötig ну́жный 3 A
Notizbuch записна́я кни́жка 5 B
notwendig ну́жный 3 A
November ноя́брь *m* 1
Nudeln макаро́ны 1
Null ноль *m* 1
Nummer но́мер 2 Б
nun ну 1, *jetzt, nun* тепе́рь *Adv.* 1 Б
nur то́лько 1, всего́ 1

O

oben наверху́ *Adv.* 5 Б, вверху́ *Adv.* 5 Б
Oberhaupt глава́ *m und w, Pl.* гла́вы 4 Б
obiger ве́рхний 3 Б
Objekt объе́кт 1
obligatorisch обяза́тельный 5 A
Obst фру́кты *Pl.* 1
O-Bus, **Oberleitungsbus** тролле́йбус 1
obwohl хотя́ *Konj.* 4 Б
oder и́ли 1
offen откры́тый 2 Б
Offenheit открове́нность *f* 1 A, гла́сность *f* 4 Б
offiziell официа́льный *rez.* 3 Б
Offizier офице́р *rez.* 3 A
öffnen откры́ться/открыва́ться 1
oft ча́сто *Adv.* 1
ohne без 2 Б
OK Ничего́. *ugs.* 1
Öko-, ökologisch экологи́ческий *rez.* 2 Б
Ökonom экономи́ст 1
ökonomisch экономи́ческий 4 A
Ökotourismus экотури́зм 1
Oktober октя́брь *m* 1
Olympiade Олимпиа́да 1
Olympische Spiele Олимпи́йские и́гры *Pl.* 1
Oma ба́бушка 1
Onkel дя́дя *m* 1
Opa де́душка *m* 1
Oper о́пера 1
Opern- о́перный *rez.* 3 Б
Optiker о́птика 1
Opus о́пус *rez.* 3 Б

Orange апельси́н 1
orange ора́нжевый 1
Ordner па́пка, *Gen. Pl.* па́пок 1
Organisator организа́тор *rez.* 1 B
organisieren организова́ть *v., uv.* 1
Original- оригина́льный 1
Originalität оригина́льность *f* 3 B
Ort ме́сто 1
orthodox правосла́вный 4 A
Ost- восто́чный 1
Osten восто́к 1
Ostern Па́сха 1
östlich восто́чный 1

P

Palais, Palast дворе́ц, *Gen.* дворца́, *Pl.* дворцы́ 1
Palme па́льма 1
Panorama панора́ма 1
Papa па́па *m* 1
Papagei попуга́й 1
Papst па́па ри́мский 1
Parcours парку́р *rez.* 5 A
Pariser(in) парижа́нин, парижа́нка 1
Park парк 1, сквер 1
Parkettfußboden парке́т 1
Partei па́ртия 1
Parterre парте́р ! [тэ] *rez.* 5 Б
Partner партнёр (по обме́ну) 1
Partnerschule шко́ла-партнёр 1
Partnerstadt го́род-партнёр, *Pl.* города́-партнёры 1
Pass па́спорт 1
Passagier пассажи́р 1
passieren пройти́/проходи́ть 1 A, случи́ться/случа́ться 3 A
Pause переры́в 2 Б
Pavillon павильо́н *rez.* 3 A
Pelmeni пельме́ни *Pl.* 1
Person лицо́ 3 A
Pfad тропа́ 1
Pfarrer свяще́нник 1
Pferd ло́шадь *f* 1
Pfingsten Тро́ица 1
pflanzen посади́ть/сажа́ть 2 Б
Pflicht- обяза́тельный 5 A
pflücken собра́ть/собира́ть 2 B
Philosophie филосо́фия *rez.* 6 B
philosophisch филосо́фский *rez.* 6 B
Phrase фра́за *rez.* 4 B
Physik фи́зика 1
Physiker фи́зик 1
Pianist(in) пиани́ст, пиани́стка *rez.* 3 Б
Pilot лётчик 1
pink ро́зовый 1
Pirogge пирожо́к, *Pl.* пирожки́ 1
Pizza пи́цца 1
Pizzeria пицце́рия 1
Plakat плака́т 1
Plan план 1

planen плани́ровать *uv. что? на когда?* 1, (ver)planen расплани́ровать *v.* 5 B
Planetarium планета́рий 1
Plastik скульпту́ра 1
Plastiktüte паке́т 3 A
Platz ме́сто 1, пло́щадь *f* 1, площа́дка 1
Plus плюс 1
Poet поэ́т 1
poetisch поэти́чный *rez.* 3 Б
Politik поли́тика *rez.* 3 Б
Politiker поли́тик 1
politisch полити́ческий *rez.* 2 A
Polizist(in) милиционе́р 1
polnisch по-по́льски 1
Pommes frites карто́фель фри *m, nur Sg.* 1
Popmusik поп-му́зыка 1
Popstar поп-звезда́ 1
populär популя́рный 1, 3 Б
Post по́чта 1
Poster по́стер 1
Postkarte откры́тка 1
Prachtkerl! Молоде́ц! 4 B
praktisch практи́чный 1
Pralinen конфе́ты *Pl., Sg.* конфе́та 1
Präsentation презента́ция 1
Präsident президе́нт 1
Preis приз *rez.* 3 Б, цена́, *Pl.* це́ны 1
preiswert дешёвый 1
Presse пре́сса 1
Prestige- прести́жный 1
Priester свяще́нник 1
Prima! (Вот) здо́рово! 1
Prinzessin принце́сса *rez.* 4 A
Probe репети́ция 5 B
proben репети́ровать *uv.* 1
probieren попро́бовать/про́бовать 1
Problem пробле́ма 1
produzieren произвести́/производи́ть 3 Б
Prognose прогно́з 2 B
Programm програ́мма 1
Programmierer программи́ст 1
Projekt прое́кт 1
Propaganda пропага́нда *rez.* 4 B
Prospekt проспе́кт 1
Prozent проце́нт 1
Prüfung экза́мен 1 B
Psychologe психо́лог 1
Publizität гла́сность *f* 4 Б
Pullover сви́тер 1
Püree пюре́ *nicht dekl.* 1

Q

Quadrat- квадра́тный *rez.* 4 Б
quadratisch квадра́тный *rez.* 4 Б
Quarkplunder ватру́шка 1

R

Rabatt скидка 1
Radiergummi резинка 1
Radio радио *n, nicht dekl. rez.* 1 Б
Radsport велоспорт 1
Rafting рафтинг *rez.* 2 Б
Rang ярус 5 Б
Rap рэп 1
rar редкий 5 A
Rat совет 4 В
Rathaus ратуша 1
Ratschlag совет 4 В
Ratte крыса 1
Rauchen курение 6 A
Raum комната 1
Raumausstattung интерьер 1
Rauschgift наркотик 6 A
Ravioli равиоли 1
realisieren реализовать 1
rechnen считать *uv.* 1
recht viel немало *mit Gen.* 1
Recht(skunde) право 1
rechts справа *Adv.* 1,
  nach rechts направо *Adv.* 1
Redaktion редакция 1
Rede речь *f* 3 Б
reden разговаривать *uv.* 3 В
Referat реферат *rez.* 5 В
Reform реформа 4 A
Reformator реформатор *rez.* 4 A
reformieren реформировать *v., uv.* 4 A
Regal полка 1
Regel правило 1 В
regelmäßig регулярный 5 A
Regen дождь *m* 1
regieren править *uv. чем? mit Instr.* 4 A
Regime режим 1
Region регион 1
registrieren sich registrieren lassen зарегистрироваться/регистрироваться 1 В
regnerisch дождливый, дождливо *Adv.* 2 В
reich богатый 1
Reife зрелость *f* 1 В
Reifezeugnis аттестат зрелости 1 В
Reihe ряд, *Präp.* в ... ряду, *Pl.* ряды 5 Б
reinigen очистить/очищать 6 A
Reis рис 1
Reise поездка 1
Reise- туристический *rez.* 2 A
Reisebüro турфирма 1
Reiseführer путеводитель *m*, по *чему? mit Dat.* 1
Reiseleiter экскурсовод 1, гид 1
rekonstruieren реконструировать *uv.* 1
Rekonstruierung реконструкция 1
Rekord рекорд 1

Religion религия 1
Rentner пенсионер 1
Republik республика *rez.* 4 A
reservieren забронировать/бронировать 2 Б
Reservoir резервуар 1
respektieren уважать *uv.* 5 A
Ressource ресурс *rez.* 2 Б
Restaurant ресторан 1
Resultat результат *rez.* 1 Б
Revolution революция 4 A
Rezept рецепт 1, 3 A
Rhythmus ритм *rez.* 3 Б
richtig правильный 1, правильно *Adv.* 1
Richtigkeit правильность *f* 1 A
Richtung направление 5 В
riesengroß, riesig огромный 5 В
Ring кольцо, *Pl.* кольца 1
Ringen реслинг *rez.* 5 A
Rock юбка 1
Rockgruppe рок-группа *rez.* 4 Б
Rockkonzert рок-концерт 1
Rockmusik рок-музыка 1
Rolle роль *f* 3 Б
Roman роман 1
rosa розовый 1
rot красный 1
Route маршрут 2 A
Rubel рубль *m* 1
Rucksack рюкзак 1
rückwärts назад *Adv.* 5 Б
rufen звать *uv.* 1
ruhig тихий 1, спокойный 1
rund круглый 2 A
Rundfahrt обзорный тур 2 A
Rus Русь *f* 4 A
Russe, Russin россиянин, россиянка 1
russisch русский 1, российский 1, auf Russisch по-русски 1, Wie heißt ... auf Russisch? Как по-русски...? 1
Russland Россия 1

S

Saal зал 1
Sache дело, *Pl.* дела 5 В
Saft сок 1
sagen сказать 1
Saison сезон 1
Salat салат 1
Salon салон 1
Samba самба 1
sammeln собрать/собирать 2 В
Samowar самовар 1
Samstag суббота 1
Sanatorium санаторий 1
Sänger певец, *Pl.* певцы 1
Sängerin певица 1
säubern очистить/очищать 6 A
Sauna сауна 1

Saxofon саксофон 1
Schach шахматы *nur Pl.* 1
Schacht шахта 2 Б
schade жалко *Adv.* 5 В
schaden, schädigen вредить *uv.* 2 Б
Schaffen творчество 6 A
Schaschlik шашлык 1
Schatulle шкатулка 1
schauen смотреть *uv.* 1, посмотреть *v.* 1
Schauspiel- актёрский 6 В
Schauspieler актёр 1
Schauspielerin актриса 1
Scheidung развод 6 В
scheinen казаться *uv. кому? mit Dat.* 1 A, светить *uv.* 2 В
schenken подарить *v.* 1, дарить *uv.* 1, (Aufmerksamkeit, Zeit) уделить/уделять *что? чему? mit Dat.* 4 В
schicken прислать/присылать 3 Б
Schiedsrichter судья 5 A
Schiff корабль *m* 3 A
Schildkröte черепаха 1
Schlacht битва 5 Б
Schlafcouch диван-кровать *m* 1
schlafen спать *uv.* 1
schlaff вялый 4 В
Schlafzimmer спальня 1
Schlager хит, *Pl.* хиты 1
Schlange змея, *Pl.* змеи 1
schlecht плохой 1 Б, плохо *Adv.* 1
Schleife бант 1
schließlich в конце концов 3 A, наконец *Adv.* 5 Б
Schlittschuhe коньки *Pl.* 5 A
Schloss (Gebäude) замок, *Gen.* замка, *Pl.* замки 1
Schnee снег 1
schneiden (Video) schneiden монтировать 1
schnell быстро *Adv.* 1 A
Schnellhefter папка, *Gen. Pl.* папок 1
Schnitzel шницель *m* 1
Schokolade шоколад 1
schon уже *Adv.* 1
schön красивый 1, красиво *Adv.* 1, прекрасный 1
Schönheit красота 1
schöpferisch творческий 6 Б
Schrank шкаф, *Präp.* в шкафу, *Pl.* шкафы 1
Schrankwand стенка 1
schrecklich страшный, страшно *Adv.* 4 В, ужасный 1, (Wie) schrecklich! Ужас! *ugs.* 1
schreiben писать *uv.* 1, написать *v.* 1, Schreibe. Пиши. 1
Schreibtisch письменный стол 1
schriftlich письменный 1 В
Schriftsteller писатель *m* 3 В
Schritt шаг, *Pl.* шаги 1 A
Schuh туфля, *Pl.* туфли 1

Schuhwaren о́бувь *f, nur Sg.* 1
Schul- шко́льный 1, уче́бный 1
Schulbildung образова́ние 1 B
Schulbuch уче́бник 1
schuld sein винова́тый *в чём?*
  mit Präp. 3 A
Schule шко́ла 1
Schüler(in) учени́к 1, учени́ца 1,
  шко́льник, шко́льница 1
Schulnote оце́нка, *Pl.* оце́нок 1
Schulter плечо́, *Pl.* пле́чи 1
Schütze Стреле́ц (*Sternzeichen*) 1
schwach сла́бый 4 A
Schwanen- лебеди́ный 3 A
schwarz чёрный 1
schwarz-weiß чёрно-бе́лый 6 Б
schweigen молча́ть *uv.* 3 B
schwer тяжёлый, тяжело́ *Adv.* 4 A
Schwester сестра́, *Pl.* сёстры 1
schwierig тяжёлый, тяжело́ *Adv.* 4 A,
  тру́дный 1
Schwimmbad бассе́йн 1
schwimmen пла́вать *uv.* 1
Schwimmhalle бассе́йн 1
Science-Fiction фанта́стика 6 A
Science-Fiction-Schriftsteller
  писа́тель-фанта́ст 6 A
See о́зеро, *Pl.* озёра 1
sehen уви́деть/ви́деть 1
Sehenswürdigkeit
  достопримеча́тельность *f* 1
sehnen sich sehnen nach тоскова́ть
  uv. по кому́? чему́? *mit Dat.* 3 B
sehr о́чень *Adv.* 1
sehr alt стари́нный 2 A
sehr gern tun обожа́ть *uv.* 5 Б
sei, seien Sie бу́дь(те) 3 A
sein быть 1, яви́ться/явля́ться *кем?*
  чем? mit Instr. 4 A
sein(e) свой, своя́, своё; свои́ 1 A
seit jeher и́здавна *Adv.* 1
seit langem давно́ *Adv.* 1
seitdem с тех пор 4 Б
Sektion се́кция 5 A
selbst сам, сама́, само́; са́ми 1
Selbstkontrolle самоконтро́ль *m* 1 B
selbstverständlich коне́чно *Adv.* 1
selten ре́дко *Adv.* 1
senden присла́ть/присыла́ть 3 Б
Sendung телепереда́ча 5 B
September сентя́брь *m* 1
Serie сериа́л 1
Servicecenter сервис-за́л 1
Shopping шо́пинг 1
Show шо́у *n, nicht dekl.* 1
sich себя́ *Gen. und Akk., Dat.* себе́,
  Instr. собо́й, *Präp.* о себе́ 1 A
sicher наве́рное *Adv.* 1
Sicherheit уве́ренность *f* 1 A
sicherlich наве́рное *Adv.* 1
Sie Вы 1
sie sie *f* она́ 1, sie *Pl.* они́ 1

Sieg побе́да 4 B
siegen победи́ть/побежда́ть 5 A
Sieger победи́тель *m* 3 Б
Signal сигна́л 1
singen петь *uv.* 1, спеть *v.* 5 A,
  испо́лнить/исполня́ть 3 Б
Single сингл *rez.* 3 Б
Sinn смысл 5 Б
Sittlichkeit нра́вственность *f* 4 B
Situation ситуа́ция *rez.* 1 A
sitzen сиде́ть *uv.* 1
Ski лы́жи *Pl.* 5 A
Skizze эски́з 1
Skorpion Скорпио́н (*Sternzeichen*) 1
Skulptur скульпту́ра 1
Skysurfen скайсёрфинг *rez.* 5 A
Snowboard(ing) сноубо́рдинг 1,
  сноубо́рд 1
so так *Partikel* 1, то 6 A
so ein тако́й 1
sofort сра́зу *Adv.* 1
sogar да́же 1
Sohn сын 1 Б
solcher тако́й 1
Soljanka соля́нка 1
Sommer ле́то 1, im Sommer
  ле́том *Adv.* 1
Sommer-, sommerlich ле́тний 3 Б
sondern nicht nur ...,
  sondern auch не то́лько ..., но и 1
Sonne со́лнце 1
sonnen sich sonnen загора́ть *uv.* 1
sonnig со́лнечный, со́лнечно *Adv.* 2 B
Sonntag воскресе́нье 1
sonstig остально́й 4 B
Sorte сорт 1
sortieren сортирова́ть *uv.* 1
Souvenir сувени́р 1
sowieso всё равно́ 3 A
Sowjetunion Сове́тский Сою́з 3 Б
Sozialismus социали́зм *rez.* 4 B
Sozialkunde обществове́дение 1
Spaghetti спаге́тти *nicht dekl.* 1
spanisch по-испа́нски 1
Spartakiade спартакиа́да *rez.* 5 A
spät по́здно *Adv.*, по́зже
  Komparativ 2 A,
  Wie spät ist es?
  Ско́лько (сейча́с) вре́мени? *ugs.* 1
später (*Zeitangabe*) in; спä-
  ter че́рез 3 Б
spazieren gehen погуля́ть/гуля́ть
  по *чему́? mit Dat.* 1
Speiseeis моро́женое 1
Speisekarte меню́ *n, nicht dekl.* 1
Spezialist ма́стер, *Pl.* мастера́ 1
speziell специа́льный 1,
  специа́льно *Adv.* 1
Sphäre сфе́ра *rez.* 6 A
Spiegel зе́ркало 1
Spiel игра́, *Pl.* и́гры 1

spielen игра́ть *uv.* на *чём? mit Präp.*,
  в(о) *что? mit Akk.* 1, испо́лнить/
  исполня́ть 3 Б, поигра́ть/игра́ть 1
Spieler игро́к, *Gen.* игрока́ 5 A
Spielfilm худо́жественный фильм 1,
  худо́жественный фильм 5 Б
Spinat шпина́т 1
Spitz шпиц *rez.* 3 A
Sport спорт *nur Sg.* 1,
  физкульту́ра 1
Sport- спорти́вный 1
Sport treiben занима́ться *uv.* чем?
  mit Instr. 1
Sportart вид спо́рта 1
Sportartikel спортова́ры *Pl.* 1
Sportgemeinschaft се́кция 5 A
Sporthalle спорткомпле́кс 1
Sportler(in) спортсме́н(ка) 1
sportlich спорти́вный 1
Sportraum, Sportsaal спортза́л 1
Sporttreiben заня́тия спо́ртом 5 A
Sportzentrum спорткомпле́кс 1,
  спортце́нтр 1
Sprache язы́к 1
sprechen поговори́ть *v.* с *кем?*
  mit Instr. 1 A, говори́ть *uv.* 1,
  обща́ться *uv.* 3 A,
  поговори́ть *v.* с *кем? mit Instr.* 5 Б,
  разгова́ривать *uv.* 3 B
Sprecher спи́кер 1
Staat страна́, *Pl.* стра́ны 1,
  госуда́рство 4 A
Staatsduma Ду́ма 1
Stabilität стаби́льность *f* 4 A
Stadion стадио́н 1
Stadt го́род, *Pl.* города́ 1
Stadt- городско́й 1
Städter(in) горожа́нин,
  горожа́нка 1
Stadtfestung кремль *m* 1
Stadtmauer городска́я стена́ 1
Stadtplan ка́рта 1
Staffellauf эстафе́та 5 A
Standard у́ровень *m,*
  Gen. у́ровня 4 Б
Standard- станда́ртный *rez.* 1 B
ständig постоя́нный,
  постоя́нно *Adv.* 4 B
Star звезда́, *Pl.* звёзды 5 Б
stark си́льный, си́льно *Adv.* 3 A,
  кре́пкий 1
Start старт 1
Station ста́нция 1
stattfinden пройти́/проходи́ть 1 A,
  состоя́ться *v.* 4 A,
  произойти́/происходи́ть 4 A
Steak стейк 1
Stehcafe буфе́т 1
stehen стоя́ть *uv.* 1
Steinbock Козеро́г (*Sternzeichen*) 1
Stelle ме́сто 1
sterben умере́ть/умира́ть 3 Б

Stereoanlage стереоаппарату́ра 1
Sternzeichen зна́ки зодиа́ка *Pl.* 1
Stier Теле́ц (*Sternzeichen*) 1
Stift ру́чка 1
Stil стиль *m* 1
still ти́хий 1
stilvoll сти́льный 1
Stimmung настрое́ние 5 Б
Stockwerk эта́ж 1
Stopp! Стоп! *Interj.* 4 В
stören меша́ть *uv. кому́? mit Dat.* 1
Straße у́лица 1, проспе́кт 1
Straßenbahn трамва́й 1
Strauß стра́ус 1
Streetball стритбо́л 1
streng стро́гий 1 В
Strudel штру́дель *m* 1
Student студе́нт 1
Studentin студе́нтка 1
studieren изучи́ть/изуча́ть 3 Б, учи́ться *nur uv.* 1
Studio сту́дия 1
Studium учёба *nur Sg.* 6 А
Stuhl стул 1
Stunde час, *Pl.* часы́ 1
Stundenplan расписа́ние уро́ков 1
Subjekt субъе́кт 1
Subkultur субкульту́ра *rez.* 1 Б
Subtropen субтро́пики 1
suchen иска́ть *uv.* 1 В
Süden юг 1
Südosten ю́го-восто́к 1
Südwesten ю́го-за́пад 1
Sujet сюже́т *rez.* 6 Б
Summe су́мма 1
Super- су́пер- *ugs.* 1
Supermarkt суперма́ркет 1
Superstar суперзвезда́ 3 Б
Suppe суп 1
surfen im Internet surfen сиде́ть *uv.* в Интерне́те 1
Symbol си́мвол *rez.* 4 Б, о́браз 4 В, знак 1
sympathisch симпати́чный 1
System систе́ма *rez.* 2 Б
Szene сце́на 1

T

Tablette таблéтка 3 А
Tag день *m, Pl.* дни 1, Guten Tag! Здра́вствуй(те)! 1, До́брый день! 1, an welchem Tag (Datum)? како́го числа́? 1
Tag der nationalen Einheit День наро́дного еди́нства 1
Tag des Sieges День Побе́ды 1
Tagebuch дневни́к 1
Tagesablauf режи́м дня 1
Tagesvorstellung дневно́й 5 Б
tagsüber днём *Adv.* 1
Tahiti Таи́ти *nicht dekl. rez.* 6 В
Taiga тайга́ 2 Б

Takt такт 1
talentiert тала́нливый 3 Б, тала́нтливый 1
Tante тётя 1
Tanz- танцева́льный 1
tanzen танцева́ть *uv.* 1, станцева́ть *v.* 1
Tasche су́мка, *Gen. Pl.* су́мок 1
Taschenrechner микрокалькуля́тор 1
Tasse ча́шка 1 Б
tatarisch тата́рский *rez.* 3 Б
Tatarstan Татарста́н *rez.* 3 Б
Tatsache факт *rez.* 1 Б
tatsächlich действи́тельно *Adv.* 1, пра́вда *Adv.* 1
taufen крести́ть *v.* 4 А, sich taufen lassen крести́ться *v.* 4 А
Taxi такси́ *n, nicht dekl.* 1
Technik те́хника 1
Techniker опера́тор 1
Tee чай 1
Teenager подро́сток, *Gen.* подро́стка 6 А
Teil часть *f* 1
teilnehmen an поуча́ствовать/уча́ствовать в *чём? mit Präp.* 1
Teilnehmer уча́стник 1 В
Telefon телефо́н 1
Telefon- телефо́нный *rez.* 1 Б
telefonieren говори́ть *uv.* по телефо́ну 1
telefonisch телефо́нный *rez.* 1 Б
Telefonnummer но́мер телефо́на 1
temperamentvoll темпера́ментный 1
Temperatur температу́ра 1
Tennis те́ннис 1, Tischtennis насто́льный те́ннис 1
Teppich ковёр, *Gen.* ковра́ 1
Territorium террито́рия 1
Terror терро́р *rez.* 4 А
Test тест 1
Testen тести́рование 1 В
teuer дорого́й 1
Text текст 1
Theater теа́тр 1
Theater- театра́льный 1
Theatervorstellung спекта́кль *m* 1
Theaterzirkel драмкружо́к, *Gen.* драмкружка́ 6 В
Thema те́ма 1
Thriller три́ллер 1
Ticket биле́т 1
tief глубо́кий 1
Tiefe глубина́ 2 Б
Tier живо́тное 1
Tiger тигр 1
Tisch стол, *Pl.* столы́ 1
Tischchen сто́лик 1
Tischtennis насто́льный те́ннис 1
Titelträger чемпио́н 1

Tochter дочь *f,* до́чка *ugs. Gen.* до́чери 1 Б
Tod смерть *f* 4 А
Toilette туале́т 1
toll кла́ссный 1
toll finden обожа́ть *uv.* 5 Б, быть без ума́ от *кого́? чего́? mit Gen.* 5 В
Toll! Здо́рово! 4 В, (Вот) здо́рово! 1
Top Ten die russischen Top Ten ру́сская деся́тка 1
Tor воро́та *nur Pl.* 1
Torte торт 1
Tour тур *rez.* 2 А
Tourismus тури́зм 1
Tourist тури́ст 1
Touristen- тури́стический *rez.* 2 А
Tradition тради́ция 1
traditionell, Traditions- традицио́нный 1
träge вя́лый 4 В
tragen ходи́ть *uv.* 1, носи́ть *uv. что? mit Akk.* 1, нести́ *uv.* 4 В
Trainer тре́нер 5 А
trainieren тренирова́ть *uv. кого́? mit Akk.* 1
Training трениро́вка 5 А
Traktor тра́ктор 1
Träne слеза́, *Pl.* слёзы 5 Б
Transparenz гла́сность *f* 4 Б
Traum мечта́ 4 В
träumen мечта́ть *uv.* о *ком? чём? mit Präp.* 1 В
Treffen встре́ча 1
treffen sich treffen mit jmdm. встре́титься/встреча́ться с *кем? mit Instr.* 1, собра́ться/собира́ться 5 В
Trekking тре́кинг ! [рэ] *rez.* 2 Б
trinken пить *uv.* 1
Trolleybus тролле́йбус 1
Tschüss! Пока́! *ugs.* 1
T-Shirt футбо́лка 1
tun де́лать *uv.* 1, сде́лать *v.* 1
Tundra ту́ндра 2 Б
Turm (теле)ба́шня 1
Turnen гимна́стика 1
Turnschuh кроссо́вка, *Pl.* кроссо́вки 1
Tüte паке́т 3 А
Tyrann тира́н *rez.* 4 А

U

U-Bahn метро́ *nicht dekl.* 1
über о *ком? (чём?) mit Präp.*; об *(vor Vokalen)* 1, над *чем? mit Instr.* 1, че́рез *что? mit Akk.* 1, про *что? mit Akk.* 5 Б
Überblicks- обзо́рный 2 А
überfahren перее́хать/переезжа́ть 1 Б
überfliegen пролете́ть/пролета́ть над *чем? mit Instr.* 2 В

übergeben переда́ть/передава́ть 6 Б
überhaupt совсе́м *Adv.* 1, вообще́ *Adv.* 5 В
überliefert традицио́нный 1
übermäßig сли́шком 1
übermorgen послеза́втра *Adv.* 1, Bis übermorgen! До послеза́втра! 1
übernachten ночева́ть *uv.* 2 Б
Übernachtung ночёвка 2 Б
überqueren перейти́/переходи́ть 1 А, пересе́чь/пересека́ть 2 Б
Überraschung сюрпри́з 1
überschreiten перейти́/переходи́ть 1 А
Übersetzer(in) перево́дчик, перево́дчица 1
Übersiedler переселе́нец, *Pl.* переселе́нцы 4 Б
überzeugt уве́ренный 3 А
übrig остально́й 4 В, ли́шний 5 Б
übrig lassen оста́вить/оставля́ть 1 Б
UdSSR СССР (Сою́з Сове́тских Социалисти́ческих Респу́блик) 1 Б
Ufer бе́рег, *Präp.* на берегу́ 1
Uhr часы́ *nur Pl.* 1, Wie viel Uhr ist es? Кото́рый час? 1
um в 1, um wieviel (bei Vergleich) на *mit Zahl* 4 Б
um zu что́бы 2 А
Umbau перестро́йка 4 Б
umbringen уби́ть/убива́ть 4 А
Umfrage опро́с 6 Б
umgekehrt наоборо́т 1 А
Umgestaltung перестро́йка 4 Б
Umsiedlung переселе́ние 6 В
Umwelt окружа́ющая среда́ 2 Б
umziehen перее́хать/переезжа́ть 1 Б
unabhängig незави́симый, незави́симо *Adv.* 3 Б
unbedeutend ма́ленький 1
unbedingt обяза́тельно *Adv.* 1
und а 1, и 1, usw. (und so weiter) и т.д. (и так да́лее) 1
unerfüllbar нереа́льный 6 А
Ungarn Ве́нгрия *rez.* 6 В
Ungeduld нетерпе́ние 5 Б
ungefähr приблизи́тельно *Adv.* 6 Б, приме́рно 1, о́коло *чего́? mit Gen.* 6 В
Union der Sozialistischen Sowjetrepubliken СССР (Сою́з Сове́тских Социалисти́ческих Респу́блик) 1 Б
Universität университе́т 1
unkontrolliert неконтроли́руемый *rez.* 2 Б
unlängst неда́вно *Adv.* 6 В
unmöglich невозмо́жно *Adv.* 1
unrealistisch нереа́льный 6 А

unser(e) свой, своя́, своё; свой 1 А, наш 1
unsicher нестаби́льный 4 А
unten внизу́ *Adv.* 5 Б
unter под *mit Instr.* 1, среди́ *mit Gen.* 1 А, (bei Regenten) при *mit Präp.* 1 В
Unter-, unterer ни́жний 3 Б
unterhalten sich unterhalten обща́ться *uv.* 3 А, поговори́ть *v.* с кем? *mit Instr.* 5 Б, разгова́ривать *uv.* 3 В
Unterricht заня́тие 5 А
Unterrichtsfach предме́т 1
Unterrichtsstunde уро́к 1
unterschiedlich по-ра́зному 4 Б
untertänig поко́рен, поко́рна, поко́рно; поко́рны 1 А
Untertitel субти́тры *Pl.* 5 Б
Unterwasser- подво́дный 5 А
unvereinbar несовмести́мый 4 В
unweit von недалеко́ от *чего́? mit Gen.* 1
unwichtig нева́жно *Adv.* 2 В
unwirklich нереа́льный 6 А
usw. и т. д. (и так да́лее) 1

V

Valentinstag День свято́го Валенти́на 1, *Karte zum Valentinstag* валенти́нка 1
Vater оте́ц, *Gen.* отца́ 1 Б
Vatersname о́тчество 3 В
Vati па́па *m* 1
verändern измени́ть/изменя́ть 1, sich (ver)ändern измени́ться/ изменя́ться 4 А
Veränderung переме́на 4 Б
veranlassen заста́вить/ заставля́ть 4 А
verbieten запрети́ть/запреща́ть 1, 6 А
verbinden связа́ть/свя́зывать 3 А
Verbindung связь *f* 3 А
Verbrechen преступле́ние 6 В
verbrennen сгоре́ть/сгора́ть 1
verbringen провести́/проводи́ть 1
verehren уважа́ть *uv.* 5 А
verfahren поступи́ть/поступа́ть 1 А
verfassen сочини́ть/сочиня́ть 3 Б
Verfasser а́втор 3 Б
verfliegen пройти́/проходи́ть 1 А
vergangener про́шлый 1
vergehen пройти́/проходи́ть 1 А
vergessen забы́ть/забыва́ть 1
Vergleich im Vergleich zu по сравне́нию *с чем? mit Instr.* 4 Б
Vergnügen mit Vergnügen с удово́льствием 1
vergrößern sich vergrö-ßern увели́читься/ увели́чиваться 4 А

verhaften арестова́ть/ аресто́вывать 1
Verhalten поведе́ние 4 Б
Verhältnisse усло́вия 6 В
verkaufen прода́ть/продава́ть 4 А
Verkäufer продаве́ц 1
Verkaufsstand кио́ск 1
verlangen тре́бовать *uv. чего́? mit Gen.* от кого́? *mit Gen.* 1 В
verleben прожи́ть *v.* 1 А
verliebt; der Verliebte влюблённый 1
Verliebtheit влюблённость *f* 1 А
verlieren потеря́ть/теря́ть 1 А, проигра́ть/прои́грывать 5 А
vermischen sich vermischen смеша́ться/сме́шиваться 4 Б
vermissen тоскова́ть *uv.* по кому́? чему́? *mit Dat.* 3 В
vermögen суме́ть *v.* 6 В
vernehmen слы́шать *uv.* 1
veröffentlichen опубликова́ть/ публикова́ть 1
verpflichtet sein до́лжен *m*, должна́ *f*; должны́ *Pl. mit Inf.* 1
verplanen распланирова́ть *v.* 5 В
verringern sich verringern уме́ньшиться/уменьша́ться 4 Б
verrückt sein nach обожа́ть *uv.* 5 Б, быть без ума́ от кого́? чего́? *mit Gen.* 5 В
Vers(e) стихи́ *Pl., Sg.* стих 1
versammeln sich versam-meln собра́ться/собира́ться 5 В
verschieden ра́зный 1
verschlagen sein сам (сама́, само́; са́ми) себе́ на уме́ 1 А
verschmutzen загрязни́ть/ загрязня́ть 2 Б
Verschmutzung загрязне́ние 2 Б
Version ве́рсия 1
verspeisen съесть 1
versprechen пообеща́ть/обеща́ть 4 В
verständlich поня́тный 1
verstehen поня́ть/понима́ть 5 Б, Ich habe (nicht) verstanden. (Я) (не) по́нял. *m;* (Я) (не) поняла́. *f* 1
versteht sich von selbst само́ собо́й разуме́ется 1 А
versuchen etwas zu tun пыта́ться *uv. mit Inf.* 4 Б
Verwandte ро́дственница 1 А
Verwandter ро́дственник 1 А
verwenden испо́льзовать *uv.* 2 Б
verwirklichen реализова́ть 1
verwundern удиви́ть/удивля́ть 1
Video ви́део *nicht dekl.* 1, (Video) schneiden монти́ровать 1
Videoclip видеокли́п *rez.* 3 Б
Videotechnik видеоте́хника 1

188

viel мно́го *чего́? mit Gen. Pl.* 1,
  Wie viel? **ско́лько?** 1,
  nicht wenig, recht viel **нема́ло**
  mit Gen. 1, nicht viel,
  ein bisschen **немно́го** *Adv.* 1
viele мно́гие 1
Vier *(Zensur)* четвёрка 1
Viertel райо́н 1
Villa ви́лла *rez.* 1 B
violett фиоле́товый 1
virtuell виртуа́льный *rez.* 5 Б
Visum ви́за 1
Volk наро́д 2 A
Volleyball волейбо́л 1
vollkommen соверше́нный,
  соверше́нно *Adv.* 3 A
Vollpension по́лный пансио́н 2 Б
vollziehen соверши́ть/соверша́ть 4 A
von о ком? (чём?) *mit Präp.;*
  об *(vor Vokalen)* 1, от *mit Gen.* 1
von alters her и́здавна *Adv.* 1
von dort (aus) отту́да *Adv.* 1
von hier (aus) отсю́да *Adv.* 1, 5 Б
von hinten сза́ди *Adv.* 5 Б
von morgens bis abends
  с утра́ до ве́чера 1
von oben све́рху *Adv.* 5 Б
von unten сни́зу *Adv.* 5 Б
von vorn спе́реди *Adv.* 5 Б
vor пе́ред *чем? mit Instr.* 1,
  (zeitlich) vor наза́д 4 Б
vor allem пре́жде всего́ 4 A
vor kurzem неда́вно *Adv.* 6 B
Voraussetzung усло́вие 6 B
vorbereiten гото́вить *uv.* 1,
  пригото́вить *v.* 1,
  подгото́виться/гото́виться *v.*
  к чему́? *mit Dat.* 1
Vorbereitung подгото́вка 5 A
Vorbereitungskurse
  подготови́тельные ку́рсы 1 B
Vordergrund пере́дний план 6 Б
vorhanden sein есть 1
Vorhersage прогно́з 2 B
vorkommen быва́ть 2 B
vorlesen почита́ть *v.* 3 B
vorn впереди́ *Adv.* 5 Б
Vorname и́мя 1
Vorortzug электри́чка 1
vorschlagen предложи́ть/
  предлага́ть 1
vorsichtig осторо́жный,
  осторо́жно *Adv.* 5 B
vorstellen познако́миться/
  знако́миться с *кем? чем?*
  mit Instr. 1, sich etw. vorstellen
  предста́вить/представля́ть
  себе́ 1 A
Vorstellung сеа́нс 5 Б,
  спекта́кль *m* 1
Vortrag докла́д 1
vortragen испо́лнить/исполня́ть 3 Б

vorüberfahren прое́хать/проезжа́ть
  что? mit Akk. 2 Б
vorwärts вперёд *Adv.* 5 Б
Vulkan вулка́н 1

W

Waage Весы́ *(Sternzeichen)* 1
wachsen вы́расти/расти́ 6 B
Wagen ваго́н 1
Waggon ваго́н 1
Wahl вы́бор 4 A
Wahlen вы́боры *Pl.* 2 A
Wahlkurs факультати́в 1
wahr настоя́щий 1 A
während во вре́мя *чего́? mit Gen.* 1
wahrscheinlich наве́рное *Adv.* 1
Waise сирота́ *m, f; Pl.* сиро́ты 4 A
Wand стена́ 1
Wandern тре́кинг! [рэ] *rez.* 2 Б
Wanderung похо́д 1
wann? когда́? 1
Ware това́р 1
warm тёплый, тепло́ *Adv.* 2 B
warten ждать *uv. mit Akk.* 1
warum? почему́? 1
was für ein? како́й? 1
Was ist das? Что э́то тако́е? 1
was? что? 1
Waschmaschine
  стира́льная маши́на 1
Wasser вода́ 1
Wasser- во́дный 1
Wasserfall водопа́д 1
Wassermann
  Водоле́й *(Sternzeichen)* 1
WC туале́т 1
Web-Designer веб-диза́йнер 1
Website веб-са́йт 1
Weg путь *m* 1 A, тропа́ 1
wegfahren уе́хать/уезжа́ть 2 B
wegfliegen улете́ть/улета́ть 2 B
weggehen уйти́/уходи́ть 2 B
wegnehmen отобра́ть/отбира́ть 6 A
weh tun боле́ть *uv.* у кого́?
  mit Gen. 3 A
Weihnachten Рождество́ 1
weil так как *Konj.* 4 A,
  потому́ что *Konj.* 1
weinen пла́кать *uv.* 4 B
weise му́дрый 4 A
weiß бе́лый 1
weit далеко́ *Adv.* 1, да́льний 3 Б,
  nicht weit **недалеко́** *Adv.* 1,
  nicht weit von **недалеко́ от** *чего́?*
  mit Gen. 1
weiter да́льше *Adv.* 1, usw. (und so
  weiter) и т. д. (и так да́лее) 1
welcher кото́рый 1
welcher? како́й? 1, an welchem Tag
  (Datum)? **како́го числа́?** 1
welk вя́лый 4 B
Welle волна́, *Pl.* во́лны 1 Б

Wellensittich попуга́й 1
Welt мир 1
Weltall ко́смос 1
wenden поверну́ть *v.* 1,
  повора́чивать *uv.* 1
wenig ма́ло *Adv.* 1, nicht wenig,
  recht viel **нема́ло** *mit Gen.* 1
weniger ме́нее
  Komparativ zu ма́ло 2 A
wenn когда́ 1, е́сли 6 A
wer? кто? 1, Wer hat ...?
  У кого́ есть ...? 1
Werbe- рекла́мный 1
Werbung рекла́ма 1
werden стать/станови́ться *кем?*
  mit Instr. 1
Werk произведе́ние 3 B,
  тво́рчество 6 A
Werken *(Schulfach)* труд 1
Werkstatt сту́дия 1
wessen? чей, чья, чьё; чьи 5 B
Westen за́пад 1
Wettbewerb ко́нкурс 3 Б
Wetter пого́да 1
Wettkampf матч 1, состяза́ние 5 A,
  соревнова́ние 5 A
Wettspiel матч 1
wichtig ва́жный 1
Wichtigkeit ва́жность *f* 1 A
Widder Овен *(Sternzeichen)* 1
Wie alt bist du? Ско́лько тебе́ лет? 1
Wie alt ...? Wie alt ist (bist, seid, sind)
  ...? **Ско́лько ... лет?** *mit Dat.* 1
Wie geht's? Как дела́? 1
Wie heißt du? Как тебя́ зову́т? 1
Wie kommt man ...?
  Как дое́хать ...? 1
Wie schrecklich! Ужа́с! *ugs.* 1
Wie spät ist es?
  Ско́лько (сейча́с) вре́мени? *ugs.* 1
Wie viel Uhr ist es? Wie viel Uhr
  ist es? **Кото́рый час?** 1
wie viel? ско́лько? 1
wie? как? 1
wieder опя́ть *Adv.* 1 Б
Wiederaufbau реконстру́кция 1
wiedergeben переда́ть/передава́ть 6 Б
wiederholen повтори́ть *v.* 1,
  Wiederhole. Повтори́. 1
Wiedersehen Auf Wiedersehen.
  До свида́ния. 1
Wind ве́тер 4 Б
windig ве́треный, ве́трено *Adv.* 2 B
Windsurfing виндсёрфинг 1
Winter зима́ 1, im Winter
  зимо́й *Adv.* 1
Winter-, winterlich зи́мний 3 Б
wir мы 1
wirklich неуже́ли? 1, пра́вда *Adv.* 1,
  настоя́щий 1 A
Wirtschaft эконо́мика 1
wirtschaftlich экономи́ческий 4 A

Wirtschaftsexperte экономи́ст 1
wissen знать *uv.* 1
Wissen зна́ние 1
Wissenschaft нау́ка 5 Б
Witz анекдо́т 4 В
Wo denkst du hin! Что ты! 2 В
wo? где? 1
Woche неде́ля 1
Wochenende выходны́е *Pl.* 2 Б
Wochenendhaus да́ча 1
woher? отку́да? 1
wohin? куда́? 1
wohl наве́рное *Adv.* 1
wohnen жить *uv.* 1
wohnlich ую́тный 1
Wohnung кварти́ра 1
Wohnzimmer гости́ная, *Präp.* -ой 1
wollen хоте́ть *uv.* 1, захоте́ть *v.* 4 Б,
 хоте́ться *uv. кому́?*
 mit Dat. der Person und Inf. 6 Б
Wort сло́во 1
Wörterbuch слова́рь *m* 1
Wrestling ре́слинг *rez.* 5 А
Wunder чу́до, *Pl.* чудеса́ 1
wunderbar удиви́тельно *Adv.* 1,
 чуде́сный 1
Wunderkind вундерки́нд 1
wunderschön чуде́сный 1,
 прекра́сный 1
Wunsch жела́ние 4 Б
wünschen пожела́ть/жела́ть *чего́?*
 mit Gen. 1, хоте́ться *uv. кому́?*
 mit Dat. der Person und Inf. 6 Б
würdig досто́йный,
 досто́йно *Adv.* 5 А
Wurst колбаса́, *Pl.* колба́сы 1
Würstchen соси́ски *Pl., Sg.* соси́ска 1
Wurzel ко́рень, *Pl.* ко́рни 1 Б

Z

Zahl число́ 1
zählen счита́ть *uv.* 1
Zar(in) царь *m, Gen.* царя́, цари́ца 1
Zaren- ца́рский 4 А

zaristisch ца́рский 4 А
Zärtlichkeit не́жность *f* 1 А
Zebra зе́бра 1
Zeichen сигна́л 1, знак 1
Zeichentrickfilm мультфи́льм 1,
 му́льтик *ugs.* 1
zeichnen рисова́ть *uv.* 1,
 нарисова́ть *v.* 1
Zeichnen рисова́ние 1
Zeichnung рису́нок, *Pl.* рису́нки 6 Б
zeigen показа́ть/пока́зывать *кому́?*
 mit Dat. что? mit Akk. 1, 3 Б
Zeit вре́мя *n* 1,
 die genaue Zeit то́чное вре́мя 1,
 Moskauer Zeit моско́вское
 вре́мя 1,
 Es wird keine Zeit für Langeweile
 bleiben! Скуча́ть бу́дет не́когда! 1
Zeitdauer вре́мя *n* 1
Zeitplan расписа́ние 1
Zeitpunkt вре́мя *n* 1
Zeitschrift журна́л 1
Zeitung газе́та 1
Zeitungsartikel газе́тная статья́ 1 Б
Zelt пала́тка 1
Zensur цензу́ра 3 Б
Zentrum центр 1
zerfallen распа́сться/
 распада́ться 4 А
Ziel цель *f* 1
ziemlich дово́льно *Adv.* 5 А
Zierfisch ры́бка 1
Zimmer ко́мната 1
Zirkel ци́ркуль *m* 1
Zirkus цирк 1
Zivilisation цивилиза́ция *rez.* 2 Б
Zoo зоопа́рк 1
Zoologe зоо́лог 1
zu к *кому́? mit Dat.* 1, сли́шком 1
zu Abend essen поу́жинать *v.* 1
zu etwas erklären объяви́ть/
 объявля́ть *чем? mit Instr.* 1
zu Fuß пешко́м *Adv.* 1
zu Hause до́ма *Adv.* 1

zubereiten гото́вить *uv.* 1,
 пригото́вить *v.* 1
zuerst снача́ла *Adv.* 1,
 впервы́е *Adv.* 6 В
zufällig befinden sich zufällig befinden
 оказа́ться/ока́зываться 4 А
zufrieden дово́льный *кем? чем?*
 mit Instr. 4 А
zufriedenstellend удовлетвори́тельно
 Adv. 1
zufrieren замёрзнуть/замерза́ть 6 В
Zug по́езд 1
zuhören слу́шать *uv.* 1
Zuhörer слу́шатель *m* 1
Zukunft бу́дущее 6 А
zukünftig бу́дущий 4 А
zum Beispiel наприме́р *Adv.* 1
zum ersten Mal впервы́е *Adv.* 6 В
zum Thema про *что? mit Akk.* 5 Б
Zuname фами́лия 1
zurück обра́тно *Adv.* 1
zurückkehren, zurückkommen
 верну́ться *v.* 4 А,
 возврати́ться/возвраща́ться 6 В
zusammen вме́сте *Adv.* 1
zusammen sein встре́титься/
 встреча́ться с *кем? mit Instr.* 1
zusammenreißen
 sich zusammenreißen
 взять/брать себя́ в ру́ки 1 А
Zuschauer зри́тель *m* 5 Б
Zuschauer- зри́тельный 5 Б
Zustand положе́ние 4 Б
zustande kommen состоя́ться *v.* 4 А
Zwei *(Zensur)* дво́йка 1
Zweibett-, zweisitzig двухме́стный 2 Б
zweitens во-вторы́х 6 В
Zwillinge Близнецы́ *(Sternzeichen)* 1
zwingen заста́вить/заставля́ть 4 А
zwischen ме́жду *чем? mit Instr.* 1

5

5-Sterne- пятизвёздочный 2 Б

Ключи́ к зада́ниям портфо́лио

Ауди́рование

Упр. 1 на стр. 105
1. в 1942-м году́ в Буэнос-А́йресе, в Аргенти́не
2. в Росси́и
3. 8 (во́семь) лет
4. на пиани́но (фортепиа́но)
5. в 1952-м году́
6. в 1953-м году́, в 11 (оди́ннадцать) лет
7. во Фра́нции
8. в Пари́же и Ло́ндоне
9. дирижёром
10. в Чика́го, США
11. с 1991-го го́да
12. с тремя́
13. Жизнь в Берли́не ему́ нра́вится, он чу́вствует себя́ там как до́ма. Берли́н — его́ но́вая ро́дина.
14. z. B. Биогра́фия (карье́ра) пиани́ста и дирижёра (Да́ниэля Ба́ренбойма); Берли́н — но́вая ро́дина знамени́тых люде́й

Упр. 2 на стр. 105
1. Конце́рта не бу́дет, потому́ что дирижёр заболе́л.
2. Конце́рт бу́дет 25 февраля́.
3. Она́ уе́дет из го́рода (бу́дет за грани́цей).
4. В ка́ссе филармо́нии она́ полу́чит вме́сто э́тих биле́тов биле́ты на друго́й конце́рт.
5. Она́ могла́ бы прийти́ в ка́ссу и получи́ть де́ньги за биле́т.

Чте́ние

Упр. на стр. 106
2 Д, 3 Е, 4 В, 5 Б, 6 Г, 7 Ж

Письмо́

Hier können deine Formulierungen selbstverständlich auch etwas anders ausfallen.

Упр. 1а на стр. 108
Я роди́лся в (1985) году́ в ... (ме́сто). Вы́рос в ... (стране́, напр., в Герма́нии) и жил не́сколько лет в ... (стране́, напр., в Аме́рике), поэ́тому отли́чно говорю́ и ... (на како́м-то языке́, напр., по-неме́цки) и ... (ещё на како́м-то языке́, напр., по-англи́йски). В шко́ле у меня́ всегда́ бы́ли отли́чные оце́нки по всем предме́там. Свобо́дно говорю́ и на ... (други́х языка́х, напр., ру́сском, францу́зском и т. д.) Я око́нчил университе́т быстре́е всех други́х студе́нтов и, коне́чно, то́же на отли́чно. Учи́лся на ку́рсах, занима́лся би́знесом.
Я о́чень спорти́вный и тво́рческий челове́к.
Я абсолю́тно здоро́вый мужчи́на и никогда́ не быва́ю бо́лен. Могу́ де́лать всё, и всё де́лаю лу́чше и быстре́е всех. Никогда́ не допуска́ю никаки́х оши́бок. Я хоро́ш для любо́й рабо́ты. Поэ́тому прошу́ приня́ть меня́ на рабо́ту.

Упр. 1б на стр. 108
Уважа́емый господи́н ... !
К сожале́нию, мы не мо́жем предложи́ть вам рабо́ту в на́шей фи́рме. Нам не ну́жен челове́к, кото́рый уме́ет всё и де́лает всё лу́чше и быстре́е всех, так как дире́ктор у нас уже́ есть. Вам бы́ло бы ску́чно у нас рабо́тать, а нам ну́жен просто́й программи́ст. Жела́ем вам успе́хов в ва́шей карье́ре, наприме́р, в поли́тике.
С уваже́нием, (по́дпись)

Упр. 2 на стр. 108
Э́ту карти́ну написа́л изве́стный худо́жник Марк Шага́л в 1914—1918 года́х. На ней мо́жно уви́деть, как в све́тлом, почти́ бе́лом, не́бе летя́т наверху́, на пере́днем пла́не, па́рень и его́ де́вушка. На них я́ркая тёмно-зелёная оде́жда. Де́вушка в си́ней блу́зке. Их ли́ца пока́зывают, что и им удиви́тельно, что они́ лета́ют. Па́рень смо́трит наве́рх, в не́бо, а де́вушка смо́трит на наблюда́теля. Ка́жется, она́ говори́т: «До свида́ния». На за́днем пла́не, под ни́ми, — стари́нный городско́й ландша́фт. Ма́ленькие дома́ почти́ все изображены́ в не о́чень я́рких тона́х, но есть и оди́н кра́сный дом. Сле́ва от него́, на за́днем пла́не, — бе́лая це́рковь. Но кро́ме э́того, в э́том го́роде ничего́ я́ркого нет. Э́то стра́нная карти́на. Дета́ли похо́жи на пра́вду, но так не быва́ет. Сце́на нереа́льна — лю́ди так никогда́ не лета́ют. Хотя́ они́ мо́гут себя́ так чу́вствовать, е́сли они́ о́чень влюблены́.

Говорéние

Упр. 1 на стр. 109
См. речевые обороты на стр. 198

Упр. 2 на стр. 109
1. У одного мáльчика не лимонáд, а кóфе.
2. Пéред дéвушкой на столé не тóлько лимонáд, но и торт (десéрт).
3. Спрáва на доскé реклáма не кóфе, а морóженого.
4. На передне́м столе́ лежа́т два меню́.
5. Мáльчик на зáднем плáне не весёлый (не рад).
6. Мáльчик слéва, на передне́м плáне, покáзывает, что он дýмает, что он победи́тель.
7. Оди́н стул другóго цвéта, крáсный вмéсто жёлтого.
8. Дéвушка — блонди́нка.
9. На ней голубóе плáтье.
10. У неё на рукáх одногó кольцá нет (одногó из двух колéц нет).
11. Оди́н из мáльчиков нóсит часы́.
12. Под реклáмой сиди́т кóшка.

Медиáция

Auch hier können deine Formulierungen etwas anders ausfallen, denn es kommt darauf an, den Inhalt sinngemäß zu übertragen.

Упр. 1 на стр. 110
Die russische Redaktion der Zeitschrift *Forbes* hat ein Rating der reichsten russischen Stars erstellt, wobei auch deren Popularität bis zu einem gewissen Grad berücksichtigt wurde. Die Information über ihre Einkünfte kam von den Stars selbst und von ihren Agenten. Dabei kam heraus, dass die 50 Reichsten zusammengenommen insgesamt sinkende Einkünfte hatten —Mitte 2009 waren es 44 Milllionen Dollar weniger als Mitte 2008. Wie auch früher ist die Tennisspielerin Maria Scharapowa der Star, der am meisten verdient hat (22 Millionen Dollar). Zweitreichste sind die Leute vom *Comedy Club* mit 8,3 Millionen Dollar, dritter ist der Fußballer Andrej Arschawin mit 7,2 Millionen Dollar. An vierter Stelle kommt ähnlich wie schon früher Alla Pugatschowa mit 3,7 Millionen. Der Analyse von *Forbes* zufolge verdienten die Sportler insgesamt viel mehr als andere Stars, obwohl diese in den Massenmedien öfter zu sehen waren als die Sportler.

Упр. 2 на стр. 110
Сосéдка говори́т, что ты должнá вставáть ýтром в полседьмóго, а не пóзже, чтóбы в семь пойти́ в дéтский сад с Ни́ной.
Lina sagt, sie meint zu wissen, dass Nina erst um 8 dort sein muss. Es seien doch insgesamt hin und zurück nur 20 Minuten zu gehen.
Онá говори́т, что э́то непрáвильно, потомý что Ни́на в рáнней грýппе, ей нáдо быть там в полвосьмóго. А в вóсемь ты опя́ть должнá быть дóма, чтóбы идти́ в шкóлу с Реги́ной.
Sie hat aber auf Reginas Stundenplan gesehen, dass die erst ab 9 Unterricht hat, und zwar täglich außer montags, und da beginnt der Unterricht sogar noch eine halbe Stunde später.
Онá говори́т, что в э́том ты прáва, ведь у Реги́ны нóвое расписáние, а онá об э́том забы́ла. Но Ни́не нáдо быть в дéтском садý в полвосьмóго, её подрýги всегдá ужé ждут её там. А когдá ты вернёшься, смóжешь позáвтракать с Реги́ной. А с Тóмасом не бýдет проблéм, емý не нáдо помогáть, он сам éздит в шкóлу на велосипéде.
Lina sagt, dass das schon geht, nur fällt es ihr einfach schwer so früh aus dem Haus zu gehen, sie sei das nicht so gewöhnt.
Онá говори́т, что тебé лýчше бы́ло бы идти́ спать рáньше, а не в пóлночь. Дéти спят ужé в 9 и́ли полдеся́того. Éсли бы ты не сидéла пéред телеви́зором до двенáдцати часóв, бы́ло бы лýчше.
Lina gibt zu, dass das stimmt, aber sie wolle doch so schnell wie möglich Deutsch lernen.
Ну, кáжется, вчерá ты спалá пéред телеви́зором и замéтила э́то тóлько тогдá, когдá он бóльше не рабóтал. Онá дýмает, что так не вы́учишь мнóго нóвых слов по-немéцки.
Lina entschuldigt sich, sie hat tatsächlich nicht gemerkt, dass sie eingeschlafen war und der Fernseher weiterlief.
Да и осóбенно не смотри́ рýсские прогрáммы, говори́т онá. Онá предлагáет тебé смотрéть вмéсте с ни́ми нóвости в 8 часóв. Они́ тебé помóгут всё поня́ть, ты мóжешь спрáшивать, что тебé не поня́тно.
Das findet Lina prima. Sie bedankt sich für dieses Angebot. Sie will dann nur noch die neuen Wörter wiederholen und gleich schlafen gehen, sagt sie.

Это надо знать!

Стандартные выражения для урока

вспомнить	**Вспомни(те)** как можно больше существительных.	Ruf dir (Ruft euch) so viele Substantive wie möglich in Erinnerung.
вставить	**Вставь(те)** ~ правильное окончание. ~ правильный глагол движения. ~ правильную форму глагола в прошедшем времени.	Setze (Setzt) ... ein. ~ die richtige Endung ~ das richtige Verb der Bewegung ~ die richtige Verbform im Präteritum
выбрать	**Выбери(те)** ~ правильную форму. ~ одного знаменитого человека. ~ одну картину.	Wähle (Wählt) ... aus. ~ die richtige Form ~ einen berühmten Menschen ~ ein Gemälde
выписать	**Выпиши(те)** из текста ~ существительные в именительном падеже. ~ все наречия.	Schreibe (Schreibt) ... heraus. ~ die Substantive im Nominativ ~ alle Adverbien
выражать	Какие чувства выражает автор в этой песне?	Welche Gefühle bringt der Autor in diesem Lied zum Ausdruck?
выразить	Вырази своё мнение о ...	Äußere deine Meinung zu (Thema) ...
высказать	**Выскажи(те)** своё мнение о ... *см. Дискуссия и Выражение собственного мнения* → *стр. 198*	Sag(t), was du (ihr) von ... hältst (haltet).
выучить	**Выучи(те)** ~ роль. ~ наизусть. ~ новые слова.	Lerne (Lernt) ~ die Rolle. ~ auswendig. ~ die neuen Wörter.
говорить	**Говори(те)** ~ громче. ~ тише. ~ внятнее. ~ медленнее. ~ связно. ~ целыми предложениями. ~ без конспекта. Короче говоря, ...	Sprich (Sprecht) ~ lauter. ~ leiser. ~ deutlicher. ~ langsamer. ~ zusammenhängend. ~ in ganzen Sätzen. ~ frei (ohne das Konzept zu benutzen, aus dem Stegreif). Kurz gesagt, ...
сказать	**Скажи(те)** ~ ещё раз. ~ своими словами. ~ по-другому. ~ другими словами. ~ то же самое в нейтральном стиле. Я сказал(а) не то. Где в тексте сказано, что ...? Как это ещё можно сказать?	Sage (Sagt, Sagen Sie) ~ noch einmal. ~ mit eigenen Worten. ~ anders. ~ mit anderen Worten. ~ das Gleiche in neutralem Stil. Da habe ich etwas Falsches gesagt. Wo wird im Text gesagt, dass ...? Wie kann man das noch anders sagen?
дать	**Дай(те)** ~ соседу (соседке) ~ лист бумаги. ~ (рабочую) тетрадь на проверку. ~ смотреть в учебник.	Gib (Gebt) ~ dem Nachbarn (der Nachbarin) ~ ein Blatt Papier. ~ das (Arbeits)Heft zur Kontrolle. Lass (Lasst) den Nachbarn mit in das Buch schauen.
делать вывод	Какой вывод (Какие выводы) можно сделать на основе данной информации?	Was für einen Schluss (Was für Schlüsse) kann man aus der vorliegenden Information ziehen?
договориться	Договорись с другом или подругой о ...	Sprich dich mit einem Freund oder einer Freundin über ... ab.

дополнить	**Дополни(те)** правильные формы.	Ergänze (Ergänzt) die korrekten Formen.
забыть	Я забыл(а) принести ... Это новое слово, или я его забыл(а)?	Ich habe vergessen ... mitzubringen. Ist das ein neues Wort oder habe ich es vergessen?
задать	**Задайте** друг другу вопросы о ...	Stellt einander Fragen über ...
закрыть	**Закрой(те)** ~ учебники. ~ тетради и папки. ~ текст (картину) листом бумаги.	Schließe (Schließt) / Mache (Macht) ... zu. ~ die Lehrbücher ~ die Hefte und Ordner Deckt den Text (das Bild) mit einem Blatt Papier ab.

записать	**Запиши(те)**
	 ~ несколько предложений о ...
	 ~ самое главное.
	 ~ даты словами.
	 ~ даты исторических событий.
	 ~ (главные) факты о ...
	 ~ информацию о ...
	   в своей тетради.
	 ~ результаты сегодняшней работы.
		Notiere dir (Notiert euch)
		 ~ ein paar Sätze über ...
		 ~ das Wichtigste.
		 ~ die Daten in Zahlen.
		 ~ die Daten der historischen Ereignisse.
		 ~ die (wesentlichen) Tatsachen über ...
		 ~ die Information über ...
		   im Heft.
		 ~ die heutigen Arbeitsergebnisse.

запомнить	Я не запомнил(а) задание.	Ich habe mir die Aufgabenstellung nicht gemerkt.
идти	**Иди** к доске. О чём здесь идёт речь? см. *Дискуссия* → стр. 198	Gehe zur Tafel. Worum geht es hier?
использовать	**Используй(те)** при этом ~ (следующие) слова: ... ~ в своих предложениях следующие выражения: ... ~ конъюнктив. ~ текст на странице ... ~ Интернет. ~ ролевые карточки.	Verwende(t) dabei ~ die folgenden Wörter: ... ~ in deinen (euren) Sätzen folgende Ausdrücke: ... ~ den Konjunktiv. ~ den Text auf Seite ... ~ Internet. ~ Rollenkarten.
назвать	**Назови(те)** ~ (аналогичные) примеры. ~ тему. ~ новые для тебя (вас) факты. ~ принципы честной игры. см. *Игра* → стр. 198	Nenne (Nennt) ~ (entsprechende) Beispiele. ~ das Thema. ~ die für dich (euch) neuen Fakten. ~ die Grundregeln (Prinzipien) des Fair Play.

найти	**Найди(те)**
	 ~ лучшее решение.
	 ~ дополнительную информацию.
	 ~ название города в атласе.
	 ~ подходящий рисунок.
	 ~ подходящие картины к текстам.
	 ~ в тексте все причастия.
	 ~ подходящий немецкий перевод.
	 ~ название (заглавие).
	 ~ подходящее выражение.
	 ~ значение слова
	   ~ в словаре.
	   ~ по контексту.
	 Найди(те)
	 ~ информацию о людях, о которых идёт речь.
	 ~ больше информации о ...
	 ~ в Интернете
		Versuche (Versucht) ... zu finden.
		 ~ eine bessere (die beste Lösung)
		 ~ weitere Informationen
		 ~ den Namen der Stadt im Atlas
		 ~ eine passende Zeichnung
		 ~ die zu den Texten passenden Bilder
		 ~ alle im Text enthaltenen Partizipien
		 ~ eine passende deutsche Übersetzung
		 ~ den Titel (eine Überschrift)
		 ~ den passenden Ausdruck
		 ~ die Bedeutung des Worts
		   ~ im Wörterbuch
		   ~ aus dem Zusammenhang
		 Suche (Sucht)
		 ~ Informationen über die Menschen, um die es hier geht.
		 ~ mehr Information über ...
		 ~ im Internet

	Где мо́жно найти́ информа́цию на э́ту те́му?	Wo kann man Informationen zu dem Thema finden?
	Я э́то нашёл (нашла́)	Das habe ich ... gefunden.
	~ в Интерне́те, на са́йте ...	~ im Internet auf der Seite ...
	~ в те́ксте на страни́це ...	~ im Text auf Seite ...
	~ в стро́чке ...	~ in Zeile ...
	На како́й мы страни́це?	Wo sind wir (gerade) im Buch?
написа́ть	Напиши́(те)	Schreibe (Schreibt) / Verfasse (Verfasst)
	~ биогра́фию.	~ eine Biografie.
	~ небольшо́й расска́з.	~ eine kleine Erzählung.
	~ репорта́ж о ...	~ eine Reportage über ...
	~ как мо́жно бо́льше пра́вильных предложе́ний.	~ so viele korrekte Sätze wie möglich.
	~ предложе́ния на те́му ...	~ Sätze zum Thema ...
	~ за 10 мину́т.	~ innerhalb von 10 Minuten.
	~ с по́мощью информа́ции из Интерне́та.	~ mit Hilfe von Information aus dem Internet.
	~ табли́цу в тетра́дь.	~ die Tabelle ins Heft.
	Где в те́ксте напи́сано, что...?	Wo steht im Text geschrieben, dass...?
	Кто написа́л э́ту карти́ну?	Wer hat dieses Bild gemalt?
	Карти́на напи́сана ма́слом.	Es ist ein Ölgemälde.
	см. Описа́ние карти́ны → стр. 199	
нарисова́ть	Нарису́й(те) карикату́ру на (те́му) ...	Zeichne(t) eine Karikatur zum Thema ...
образова́ть	От како́го сло́ва образо́вана э́та фо́рма?	Von welchem Wort ist diese Form gebildet (abgeleitet)?
обрати́ть внима́ние	Обрати́(те) внима́ние на	Achte(t) / Gib (Gebt) acht auf
	~ произноше́ние.	~ die Aussprache.
	~ правописа́ние.	~ die Rechtschreibung.
	~ вы́бор слов.	~ die Wortwahl.
	~ ударе́ние.	~ die Betonung.
	~ чи́сла.	~ die Zahlen.
	~ да́ты.	~ die Datumsangaben.
	~ са́мое гла́вное.	~ auf das Wichtigste.
обсуди́ть	Обсуди́те результа́ты опро́са (интервью́) в кла́ссе.	Besprecht die Ergebnisse der Umfrage (des/der Interviews) in der Klasse.
объясни́ть	Объясни́(те)	Erkläre (Erklärt),
	~ почему́ ты лю́бишь (вы лю́бите) ...	~ warum du ... magst (ihr mögt).
	~ како́й о́браз челове́ка изображён на плака́тах.	~ was für ein Menschentyp auf den Plakaten dargestellt wird.
описа́ть	Опиши́, что ты ви́дишь / Опиши́те, что вы ви́дите (на карти́не).	Beschreibe, was du siehst / Beschreibt, was ihr (auf dem Bild) seht.
	см. Описа́ние карти́ны → стр. 199	
отве́тить	Отве́ть(те) на вопро́сы	Beantworte(t) die Fragen
	~ с по́мощью табли́цы.	~ unter Verwendung der Tabelle.
	~ по образцу́.	~ nach dem Muster.
откры́ть	Откро́й(те)	Schlag(t)
	~ уче́бник на страни́це ...	~ das Buch Seite ... auf.
отлича́ться	Чем отлича́ется ... от ... ?	Worin unterscheidet sich ... von ... ?
относи́ться	К како́й те́ме (сфе́ре) отно́сится ... ?	Zu welchem Thema (Themenbereich) gehört ...? / Welchem Thema (Themenbereich) ist ... zuzuordnen?
	см. Диску́ссия → стр. 198	
перевести́	Переведи́(те)	Übersetze (Übersetzt)
	~ на .... язы́к.	~ ins ... (z. B. Deutsche)
	~ выраже́ния.	~ die Ausdrücke.
	~ со словарём (с по́мощью словаря́).	~ mit Hilfe des Wörterbuchs.

переда́ть	Переда́й ~ но́вую для тебя́ информа́цию. ~ гла́вную информа́цию. ~ гла́вные фа́кты из жи́зни ... ~ не то́лько фа́кты, но и своё мне́ние о ... свои́ми слова́ми. ~ гла́вное содержа́ние.	Gib ... wieder. ~ die für dich neue Information ~ die wesentliche Information ~ die Hauptfakten aus dem Leben von ... ~ nicht nur die Tatsachen, sondern auch deine eigene Meinung über ... mit eigenen Worten´ ~ den wesentlichen Inhalt.
повтори́ть	Повтори́(те) ~ склоне́ние существи́тельных.	Wiederhole (Wiederholt) ~ die Substantivdeklination.

подгото́вить	Подгото́вь(те)
	~ презента́цию.
	~ докла́д
	  ~ об одно́м произведе́нии ...
	  ~ о своём люби́мом а́вторе (исполни́теле).
	  ~ о значе́нии ико́н.
		Bereite(t) ... vor.
		~ eine Präsentation
		~ einen Vortrag
		  ~ über ein Werk von ...
		  ~ über deinen (euren) Lieblingsschriftsteller(-sänger)
		  ~ über die Bedeutung der Ikonen

подходи́ть	Что подхо́дит? Каки́е карти́ны (фотогра́фии, си́мволы) подхо́дят к каки́м те́кстам?	Was passt hier? Welche Abbildungen (Fotos, Symbole) passen jeweils zu welchen Texten?
познако́миться	Познако́мься с жи́знью и тво́рчеством ...	Mach dich vertraut mit Leben und Werk von ...
показа́ть	Покажи́(те) маршру́т ... на ка́рте.	Zeige (Zeigt) die Route ... auf der Karte.
помо́чь	Помоги́(те) ~ сказа́ть по-ру́сски и по-неме́цки. ~ вы́брать подходя́щий фильм.	Hilf (Helft) ~ das auf Russisch und auf Deutsch zu sagen. ~ den passenden Film auszuwählen.
посети́ть	Посети́(те) сайт ... в Интерне́те.	Mach dich (Macht euch) im Internet auf der Seite ... kundig.
посмотре́ть	Посмотри́(те) ~ на диагра́мму. ~ на рекла́му. ~ на рису́нок.	Schau dir (Schaut euch) ... an. ~ das Diagramm ~ die Reklame ~ die Zeichnung
предста́вить предста́вить себе́	Предста́вь(те) ~ исто́рию свое́й семьи́. Предста́вь(те) себе́ ~ таку́ю ситуа́цию: ... ~ что ты (вы) на ме́сте ... ~ како́й могла́ бы быть ситуа́ция, е́сли бы ... ~ что могло́ бы случи́ться, е́сли бы...	Präsentiere (Präsentiert) ~ deine Familiengeschichte. Stell dir (Stellt euch) vor ... ~ folgende Situation: ... ~ du wärst (ihr wärt) an ... Stelle. ~ wie die Lage sein könnte, wenn ... ~ was passieren könnte, wenn ...
приду́мать	Приду́май(те) ~ исто́рию к карти́нкам. ~ други́е приме́ры. ~ други́е вариа́нты исто́рии о ... ~ виктори́ну по истори́ческим те́мам. *см. Игра́* → стр. 198	Denk dir (Denkt euch) ... aus. ~ eine Geschichte zu den Bildern ~ weitere Beispiele ~ andere Varianten der Geschichte über ... ~ Quizfragen zu geschichtlichen Themen
провести́	Проведи́(те) ~ ко́нкурс в кла́ссе. ~ интервью́ с ...	Führe (Führt) ... durch. ~ einen Wettkampf in der Klasse ~ ein Interview mit ...
продо́лжить	Продо́лжи(те) текст.	Führe (Führt) den Text weiter. / Setze (Setzt) den Text fort.
проинформи́роваться	Проинформи́руйся о да́нных в Интерне́те.	Mach dich im Internet über die Fakten kundig.

прослу́шать	Прослу́шай(те) ~ пе́сню. ~ разгово́ры.	Hör dir (Hört euch) … an. ~ das Lied ~ die Gespräche
прочита́ть	Прочита́й(те) ~ назва́ние уро́ка. ~ отры́вок из газе́тной статьи́. ~ газе́тную статью́. ~ ло́зунги. ~ те́ксты из путеводи́телей со словарём. ~ вслух.	Lies (Lest) ~ den Titel der Lektion. ~ den Abschnitt aus einem Zeitungsartikel. ~ einen Zeitungsartikel. ~ die Losungen. ~ die Texte aus den Reiseführern mit Hilfe des Wörterbuchs. ~ laut.
разыгра́ть	Разыгра́й(те) ~ телефо́нный разгово́р. ~ пантоми́му. ~ ми́ни-диало́г.	Spiele … vor (Führt … auf). ~ das Telefongespräch ~ eine Pantomime ~ einen kurzen Dialog
сде́лать	Сде́лай(те) колла́ж с фотогра́фиями.	Fertige (Fertigt) eine Collage mit Fotos an.
собра́ть	Собери́(те) ~ информа́цию о … ~ да́нные (да́ты и собы́тия) из жи́зни … в хронологи́ческом поря́дке в табли́це.	Sammle (Sammelt) ~ Information über… ~ Fakten (Daten und Ereignisse) aus dem Leben von … in chronologischer Reihenfolge in Form einer Tabelle.
соедини́ть	Соедини́(те) те́ксты и карти́нки.	Verbinde(t) die Texte mit den Illustrationen.
соста́вить	Соста́вь(те) ~ колла́ж. ~ ассоциогра́мму к те́ме … ~ небольшо́й расска́з. ~ предложе́ния. ~ спи́сок вопро́сов для интервью́. ~ хит-лист после́дних хито́в для ва́шего кла́сса. ~ кра́ткие за́писи.	Fertige (Fertigt) … an / Erstelle (Erstellt) ~ eine Collage. ~ eine Mindmap zum Thema … ~ eine kleine Geschichte. ~ Sätze. ~ eine Liste mit Interviewfragen. ~ die Hitliste der neusten Hits in eurer Klasse. ~ kurze Notizen
состоя́ться	Скажи́, когда́ состоя́лось э́то собы́тие.	Sage, wann dieses Ereignis stattfand.
спроси́ть	Спроси́(те) свои́х роди́телей (знако́мых, ро́дственников, друзе́й) что они́ по́мнят о …	Befrage (Befragt) deine (eure) Eltern (Bekannten, Verwandten, Freunde) darüber, was sie aus eigener Erfahrung erzählen können von …
сравни́ть	Сравни́(те) ~ прилага́тельные. ~ посло́вицы из ра́зных языко́в. ~ свою́ жизнь с жи́знью … ~ анекдо́ты с официа́льными ло́зунгами и плака́тами. ~ что вы узна́ли о … с ва́шими предположе́ниями о …	Vergleiche (Vergleicht) ~ die Adjektive. ~ die Sprichwörter in verschiedenen Sprachen. ~ dein (euer) Leben mit dem Leben von … ~ die Witze mit den offiziellen Losungen und Plakaten. ~ was ihr über … erfahren habt mit dem, was ihr vermutet habt.
угада́ть	Угада́й(те), что подхо́дит.	Errate(t), was zusammenpasst.
узна́ть	Узна́й(те) ~ как мо́жно бо́льше о … ~ что идёт в теа́тре.	Finde(t) … heraus ~ so viel wie möglich über … ~ was im Theater gegeben wird.
хвата́ть	**Не хвата́ет** ~ ме́ла (пи́счей бума́ги). ~ рабо́чего вре́мени. ~ фотоко́пий.	**Es ist nicht genug** ~ Kreide (Schreibpapier) da. ~ Die Arbeitszeit ist zu kurz. Die Fotokopien reichen nicht.

Речевы́е оборо́ты

Дискуссия

- Кто бу́дет веду́щим?
- Wer macht die Diskussionsleitung?
- На́ша те́ма сего́дня ...
- Unser Thema ist heute ...
- Э́то (не) отно́сится к те́ме.
- Das gehört (nicht) zum Thema.
- Кто хо́чет пе́рвым вы́сказать своё мне́ние о ... ?
- Wer will sich als Erster zu ... äußern?
- Твоя́ о́чередь.
- Du bist dran.
- О́чередь за (И́горем/Ни́ной).
- (Igor / Nina) ist an der Reihe.
- По поря́дку, пожа́луйста.
- Bitte der Reihe nach.
- Извини́(те), не по́нял (поняла́).
- Entschuldigung, ich hab's nicht verstanden.
- Я не расслы́шал(а), повтори́, пожа́луйста, что ты сказа́л(а).
- Ich konnte nicht hören, was du gesagt hast, sag es bitte noch einmal.
- Ти́ше (Гро́мче), пожа́луйста.
- Bitte etwas leiser (lauter).
- Да́й(те) ему́ (ей) досказа́ть своё мне́ние.
- Lass(t) ihn (sie) ausreden.
- Не прерыва́йте (перебива́йте) друг дру́га.
- Unterbrecht einander nicht.
- Fallt euch nicht gegenseitig ins Wort.

Выраже́ние со́бственного мне́ния

- Как ты ду́маешь?
- Was meinst du?
- Что вы ду́маете об э́том?
- Was haltet ihr davon?
- А каково́ твоё мне́ние?
- Und was ist deine Meinung?
- По-мо́ему (по-тво́ему, по его́ (её, их) мне́нию) ...
- Meiner (deiner, seiner, ihrer) Meinung nach ...
- Ты согла́сен (согла́сна) с его́ (её) пози́цией?
- Bist du der gleichen Ansicht wie er (sie)?
- Обосну́й своё мне́ние.
- Begründe deine Meinung.
- А почему́ ты так счита́ешь?
- Warum meinst du das?
- Э́то ниче́м не обосно́вано.
- Das ist völlig unbegründet.
- Докажи́ своё мне́ние на осно́ве те́кста.
- Belege deine Meinung anhand des Texts.
- Приведи́ фа́кты.
- Führe Tatsachen an.
- По каки́м причи́нам (Почему́) ты так ду́маешь?
- Was für Gründe hast du für deine Meinung?
- Э́то (не)уважи́тельная причи́на.
- Das ist ein zwingender (kein hinreichender) Grund.
- А каки́е аргуме́нты мо́жешь ещё привести́?
- Was für Argumente kannst du noch anführen?
- Чем ты мо́жешь доказа́ть, что ты прав(а́)?
- Womit kannst du beweisen, dass du Recht hast?
- Ты э́то то́чно зна́ешь, и́ли то́лько предполага́ешь, что э́то так?
- Weißt du das ganz sicher, oder vermutest du das nur?
- На мой взгляд, ...
- Meiner Ansicht nach ...
- У меня́ тако́е впечатле́ние, как бу́дто ...
- Ich habe den Eindruck, dass...
- Я в э́том уве́рен(а).
- Da bin ich mir sicher.
- Э́то действи́тельно так.
- Das stimmt, das ist wirklich so.
- Э́то факт.
- Das ist eine Tatsache.
- В э́том мо́жно не сомнева́ться, э́то зна́ют все.
- Da gibt es nichts daran anzuzweifeln, das wissen doch alle.
- Э́то сто́ящий (ве́ский, убеди́тельный) аргуме́нт.
- Das ist ein sinnvolles (wichtiges, schlagendes) Argument.
- Э́то нагля́дный приме́р.
- Das ist ein überzeugendes Beispiel.
- Но ведь э́то совсе́м не так!
- Aber das stimmt doch überhaupt nicht!
- Э́то на́до обду́мать.
- Darüber muss ich mir erst eine Meinung bilden.
- Как ты понима́ешь э́то?
- Wie siehst (verstehst) du das?

Игра́

- Пра́вила игры́ вот таки́е: ...
- Das sind die Spielregeln: ...
- Разбе́йтесь на кома́нды.
- Teilt euch in Mannschaften auf.
- Вы́играет та кома́нда, кото́рая...
- Sieger ist das Team, das...
- Э́то (не) по пра́вилам!
- Das gilt (nicht)!
- Вот призы́ для победи́телей: ...
- Die Preise für die Sieger sind: ...
- Ва́ша кома́нда проигра́ла.
- Euer Team hat verloren.

Оце́нка уро́ка и результа́тов рабо́ты

- Сего́дня уро́к прошёл
  - интере́сно (бы́стро, норма́льно).
  - ску́чно (пло́хо).
- Я (почти́) всё по́нял (поняла́).
- Я узна́л(а)
  - мно́го но́вого (интере́сного).
  - ничего́ но́вого (интере́сного).
- Мне (осо́бенно) понра́вилось
  - то, что ...
  - презента́ция ...
- По-мо́ему, ... не допусти́л(а)/ не сде́лал(а) оши́бок.

- Heute verlief (war) die Unterrichtsstunde
  - interessant (schnell, normal).
  - langweilig (schlecht).
- Ich habe (fast) alles verstanden.
- Ich habe ... erfahren.
  - viel Neues (Interessantes)
  - nichts Neues (Interessantes)
- (Besonders) gefallen hat mir
  - , dass...
  - die Präsentation von ...
- Meiner Meinung nach hat ... keine Fehler gemacht.

- Ты допусти́л(а) оши́бку
  - по грамма́тике.
  - по правописа́нию.
  - по ударе́нию.
- Ты пропусти́л(а)
  - сло́во.
  - стро́чку.
- Тут ты не то сло́во вы́брал(а).
- Мо́жешь сам(а́) испра́вить оши́бку?
- В э́том предложе́нии не́сколько серьёзных оши́бок.
- Перепиши́(те) э́то ещё раз без оши́бок.

- Du hast ... gemacht.
  - einen Grammatikfehler
  - einen Rechtschreibfehler
  - einen Betonungsfehler
- Du hast ... ausgelassen.
  - ein Wort
  - eine Zeile
- Da hast du ein falsches Wort gewählt.
- Kannst du den Fehler selbst verbessern?
- In dem Satz sind ein paar schwere Fehler.
- Schreib(t) das noch einmal ohne Fehler ab.

Описа́ние карти́ны

- Что пока́зывается на вы́ставке?
- Э́то ... худо́жника ...
  - карти́на, напи́санная ма́слом
  - портре́т
  - цветно́й, чёрно-бе́лый рису́нок
  - гра́фика
  - акваре́ль
  - карикату́ра
  - скульпту́ра
  - ста́туя
  - шеде́вр (объе́кт, прое́кт)
- Его́ (Её) разме́ры: ... на ...
- Он (Она́) был(а́) со́здан(а) в ... году́ в сти́ле ...
- Изображе́ние –
  - реалисти́ческое.
  - абстра́ктное.
- Что ви́дит наблюда́тель пе́ред собо́й?
- Что ви́дно (изображено́)
  - сле́ва (спра́ва)?
  - на пере́днем (за́днем пла́не)?
  - све́рху (внизу́)?

- Was gibt es in der Ausstellung zu sehen?
- Das ist ein(e) ... von ...
  - Ölbild
  - Portrait
  - farbige (bunte), schwarz-weiße Zeichnung
  - Grafik
  - Aquarell
  - Karikatur
  - Skulptur
  - Statue, Standbild
  - Meisterwerk (Objekt, Projekt)
- Es (Sie) hat die Maße: ... mal ...
- Es (Sie) ist im Jahre ... im Stil ... entstanden.
- Die Darstellung ist
  - realistisch.
  - abstrakt.
- Was sieht der Betrachter vor sich?
- Was sieht man ... (Was ist ... dargestellt)?
  - links (rechts)
  - im Vordergrund (Hintergrund)
  - oben (unten)

- Како́й у карти́ны сюже́т?
- Осо́бенно броса́ется в глаза́ ...
- Что критику́ет карикатури́ст?
- Худо́жник хо́чет, что́бы челове́к, смотря́щий на э́то произведе́ние, чу́вствовал (по́нял), ...
- Како́е настрое́ние передаёт ... ?
  - гру́стное
  - ра́достное
  - пра́здничное
  - мра́чное
- Каки́е чу́вства вызыва́ет ... у тебя́ (вас)?
- Каки́е кра́ски (тона́) испо́льзует худо́жник?
  - све́тлые
  - тёмные
  - я́ркие
  - му́тные
  - пасте́льные

- Was ist das Sujet des Bildes?
- Besonders fällt auf ...
- Was kritisiert der Karikaturist?
- Der Künstler (Maler) möchte, dass der Betrachter dieses Werks fühlt (versteht), ...
- Was für eine Stimmung gibt ... wieder?
  - eine traurige
  - fröhliche
  - eine festliche
  - finstere
- Welche Gefühle ruft ... bei dir (euch) hervor?
- Was für Farben (Farbtöne) verwendet der Künstler (Maler)?
  - helle
  - dunkle
  - leuchtende
  - matte (trübe)
  - Pastell-

Präpositionen und ihre Rektion

Genitiv

без	ohne	Я люблю́ пить ко́фе **без** молока́.
для	für	Он купи́л цветы́ **для** подру́ги.
до	bis	Как мне дойти́ **до** вокза́ла?
из	aus	Он **из** Москвы́. Оле́г вы́шел **из** авто́буса.
кро́ме	außer	На конце́рте бы́ли все, **кро́ме** Ни́ны.
напро́тив	gegenüber	Шко́ла нахо́дится **напро́тив** па́рка.
о́коло	neben, bei, an; ungefähr *(bei Zahlenangaben)*	Э́тот магази́н нахо́дится **о́коло** музе́я. Отсю́да до о́зера **о́коло** пяти́ киломе́тров.
от	von	Она́ живёт недалеко́ **от** Екатеринбу́рга.
по́сле	nach	**По́сле** обе́да мы встре́тились в спортза́ле.
про́тив	gegen	Кто сего́дня игра́ет **про́тив** на́шей люби́мой кома́нды?
с (... по ...)	von (... bis) *(Jahresangabe)*	Мы жи́ли здесь **с** 2005 го́да (по 2009 год).
среди́	unter, inmitten	Андре́й победи́л на олимпиа́де **среди́** шко́льников.
у	bei *(jmdm.)*	Вчера́ она́ была́ **у** врача́.

Dativ

к	zu, an, nach	Я е́ду **к** свое́й сестре́ в Сама́ру.
по	entlang; in	Мы шли **по** мосту́. Де́вушки ходи́ли по магази́нам. **По** хи́мии у меня́ не о́чень хоро́шие оце́нки.

Akkusativ

в(о)	nach; an *(Wochentag)*; um	Тури́сты прие́хали **в** Москву́. **Во** вто́рник у меня́ день рожде́ния. Она́ встаёт **в** семь часо́в.
за	für *(mit Preisangabe)*	Ма́ма купи́ла мне рюкза́к **за** три́ста рубле́й.
на	an *(Richtung)*; zum *(z. B. Frühstück)*; um *(bei Vergleich)*;	Тре́нер е́дет **на** стадио́н. Что ты обы́чно ешь **на** за́втрак? Мой брат **на** три го́да моло́же меня́.
по	bis *(einschließlich)*	С пе́рвого **по** пя́тое ма́я у нас бу́дут го́сти из Уфы́.
че́рез	über; in, später	Вам ну́жно перейти́ **че́рез** мост и поверну́ть напра́во. Я око́нчу шко́лу **че́рез** год.

Instrumental

за	hinter	**За** собо́ром нахо́дится краси́вый парк.
ме́жду	zwischen	Музе́й нахо́дится **ме́жду** по́чтой и библиоте́кой.
над	über	**Над** дива́ном виси́т по́стер.
пе́ред	vor	Стол стои́т **пе́ред** окно́м.
под	unter	Де́ти сиде́ли **под** де́ревом.
с	mit	На́ша кварти́ра **с** балко́ном.

Präpositiv

в	in, an	Он живёт **в** ма́ленькой дере́вне. **В** ию́ле у нас кани́кулы. Он лю́бит ходи́ть **в** джи́нсах.
на	auf, an, in *(Ort)*; in *(Zeit)*; mit *(Transportmittel)*	Мы отдыха́ем **на** краси́вом о́строве. **На** про́шлой неде́ле мы бы́ли в теа́тре. Я обы́чно е́зжу в шко́лу **на** велосипе́де.
о	über, von	Мы до́лго говори́ли **о** но́вом фи́льме.
при	bei, unter *(bei Regenten)*	**При** Петре́ Пе́рвом в Росси́и бы́ли проведены́ рефо́рмы.